上海交通大学
人文社会科学成果文库

童清艳 著

传媒产业发展研究

从传统媒体到新兴媒体

Media Industry:

A Development Perspective

上海交通大学出版社
SHANGHAI JIAO TONG UNIVERSITY PRESS

内容提要

全书围绕传媒产业独特内容产品、产业关联产品、新兴媒体创新三条主线，让读者了解传媒产业发展自身独特品质——融文化价值、艺术价值和娱乐价值于一体，从广告到信息流、实体电影到网络电影、电视剧到剧集、电视综艺到网络综艺以及版权发展、品牌创意、传媒产业波及效果、传媒产业经营变革、传媒产业管理创新等，运用大量国内外传媒发展案例，揭示传媒产业独特运作规律和管理特点，研究传媒产业的合理发展。

本书有助于提升人们的媒介素养知识，让业界进一步理解媒体融合的原动力，让读者懂得传媒创意经济的魅力，用一种与时俱进的眼光审视多变的媒体发展。

图书在版编目(CIP)数据

传媒产业发展研究：从传统媒体到新兴媒体/童清
艳著.—上海：上海交通大学出版社，2019
ISBN 978-7-313-22661-7

Ⅰ.①传…　Ⅱ.①童…　Ⅲ.①传播媒介-产业发展-
研究-中国　Ⅳ.①G219.2

中国版本图书馆 CIP 数据核字(2019)第 281736 号

传媒产业发展研究：从传统媒体到新兴媒体
CHUANMEI CHANYE FAZHAN YANJIU: CONG CHUANTONG MEITI DAO XINXING MEITI

著　　者：童清艳
出版发行：上海交通大学出版社　　　　　　　地　　址：上海市番禺路 951 号
邮政编码：200030　　　　　　　　　　　　电　　话：021-64071208
印　　制：上海万卷印刷股份有限公司　　　　经　　销：全国新华书店
开　　本：710 mm×1000 mm　1/16　　　　印　　张：21.5
字　　数：340 千字
版　　次：2019 年 12 月第 1 版　　　　　　印　　次：2019 年 12 月第 1 次印刷
书　　号：ISBN 978-7-313-22661-7
定　　价：68.00 元

前　言
Preface

如何看待目前传统媒体整体下滑的现状？如何发展各类新兴媒体，振兴传媒经济？

显然，技术力量导致传媒生态环境发生巨变，例如媒体用户的内容接触、需求发生变化。传统媒体每日生产大量无效信息产品，却难以满足媒体用户不断升级的随时随地选择、再传信息的需求。这就要求推进媒体结构调整，淘汰无效、低能媒体，加快向信息传播主战场、最前沿转移，需要用发展的眼光审视传媒产业。

与此同时，国内外各类新兴科技媒体公司不断主动融合传统媒体，或兼并收购，或进行内容资源合作，不断改变用户的信息选择、接收方式，"迁徙"媒体用户，使其逐渐疏远传统媒体，而自身演变成人们喜爱接触、普遍使用的新兴媒体，这已成为未来媒体的发展趋势。

对照媒体的未来发展大趋势，传统媒体的遗憾在于"双无"：

（1）无以大数据、云计算、机器学习、智能化推荐的媒体全球化科技平台公司；

（2）无将内容传播与社交、娱乐、服务相融合的互联网社群精神。

如何解决这种媒体有效供给不足的问题？一靠政府制定一定的传媒发展政策，为传统媒体的"关、停、并、转"创造条件；二是媒体机构需改正"内容过剩"的缺点，主动转型，为人们提供愿意获取、吸收的内容。

但政府的关注点何在？媒体机构又该怎样进行改革？

上述问题已然成为国家乃至全球层面的重要议题，各类新兴媒体直接影响和冲击着传统媒体在内容生产领域的绝对地位，直接引发传统媒体商业模式根基的动摇。特别是随着各类社交媒体的出现，移动新媒体不断颠覆着传统媒体的传播形式、传播渠道和商业模式。

为应对变化的环境因素（技术、经济、文化或制度等方面），传媒不断演变，在科学技术的塑造下，从报刊纸质媒体的诞生，到广电、网络视频、App 应用程序为基础的电子"触媒"（touch media）的"随时、随地"，永远在线的"人—机"共体，可以说，科学技术使媒介从最初的那张《威尼斯商报》，演变为有政党意志、有"精英文化"、有"大众文化"的社会公器。如今，各类社会化媒体（如微博、微信、直播、短视频等）更是突破各种限制，为人类提供了广泛接收信息和表达观点的渠道。数字化信息流（information flow）时代，已经从"日事日毕模式"① 转换到"实时模式"，"即时性""原生性""个性化""解释性""可靠性""可触性"等展现其价值，数字技术顺利将媒体内容演变成"信息流"，信息变得可共享、可分享，似乎每个人都可以拥有它。

此时的信息流媒体成为"人体的延伸"，各类云端诞生；云端成为连接数据的网络，使得媒体迁移进一个点对点的状态，"中心化的领导机制"转变为"点对点网络机制"。在信息丰富的时代，人的注意力成为最稀缺的资源。人对信息的选择与再传是一个难点。过滤器技术很重要，它可以向用户建议各类喜欢、可能喜欢的信息，对用户的搜索结果进行反复判断。动态"筛子"对用户进行个性化搜索信息追踪和过滤，建立用户信息档案，开拓内容定制服务。

---

① "日事日毕，日清日高"：海尔集团早期的管理口号，"日事日毕"是指今天的事情今天必须做完。

　　如今，各类虚拟现实、增强现实技术的发展使得用户的体验性加强，这也是个性化媒体科技的一种展现。虚拟现实会捕捉用户的动作、情绪，并尽可能地将用户的特征压缩传递到另一个世界，同时还让用户相信自己身在那里。互动程度也在提升，用户可以被嵌入技术之中。甚至有学者认为，未来将诞生一个"全球化心智"的媒体平台。

　　媒体技术的日新月异，媒体用户需求的不断提高，使媒体内容呈现出以下特征：

　　（1）精简化：媒体信息的丰富导致用户出现"选择恐惧"，精简设计、精简内容大受欢迎，如短视频。

　　（2）唯一化：媒体用户最需要的就是"for me"（独到性内容）。

　　（3）社区化：互联网时代，用户不再以地域划分。未来移动媒体时代，一端是传统权威媒体，一端是社会化自媒体，中间是网络社区。

　　（4）娱乐化：时代发展迅速，人们承受各方压力，期望在接触和使用媒体时减压，舒缓现实紧张节奏。人们还有一丝余力时，便会选择娱乐，这也是娱乐类内容，如体育、综艺、剧集、网络游戏等受欢迎指数飙升的原因。

　　（5）品位化：人类有向上的娱乐方式，也有低级的娱乐需求，关键看媒体发布者的自身品位与修养状况如何。相对成熟的用户群，职业发展到一定程度，就一定需要有品位、有格调、有设计感的优质内容，而非低俗化、网红化的内容。

　　关于未来媒体，一是组建圈子，聚人气；二是融合内容产品，可以兜售时间、情感、思想，可以让媒体用户随时随地阅读、收听，自主选择、编辑、再加工与再传。未来媒体会是沉浸感更强的虚拟现实，在生活方式、生活美学方面向用户提供信息和娱乐等服务。

　　本书关注媒介技术对传媒产业的创新与迭代，以及人类获取信息方式的变革，着重分析各类传媒内容产品，如：

　　（1）广告是媒体主要收入来源之一，不同媒体广告各有其独特魅力：传统媒体广告形式多样，新兴媒体广告信息流利用用户标签进行精准投放，算法领先、形式丰富、体验感好。

（2）多次销售及版权问题也存在巨大创意效应，但版权的评估、法律均很复杂，传媒每一次销售与版权的形成都基于创意。又该如何开发？

（3）看电影成为人们的生活方式，票房不断刷新纪录，就是挖掘不尽的金山银矿，未来在线电影因 VR、AR 技术有无限的可能。

（4）电视剧、网络剧如今被合称为"剧集"，其魅力何在？剧情、导演、演员、特技等如何创新？

（5）综艺节目有哪些特质？网络综艺节目的成长与发展又开辟出哪些新的营利点？

（6）媒体品牌的魅力何在？网络媒体品牌建设有哪些黄金法则？其社会化媒体中的口碑营销如何才有效？

（7）传媒关联产业——主题公园的创意如何表现？影视旅游产业关联如何创新推动？

（8）传媒贵在创意，其创意人基因、特质如何挖掘？

我的应用经济学博士后导师苏东水先生（世界管理协会联盟中国委员会主席、国家重点学科产业经济学术带头人、中国国民经济管理学会会长）曾为我《传媒产业经济学导论》一书作序："传媒产业是从产业经济学视角研究传媒的经营与管理，借助宏观把握与微观透视，来分析传媒独特的产业特性，该方向在国内是首次，属于开创性的研究课题，不仅是传播学，也是目前我国产业经济学尚未涉及的课题，是我国经济发展的现实需要。"童兵先生（复旦大学新闻学院学术委员会主任）作序指出："从产业经济学角度考察与研究传媒产业的经营管理，催生了一门新的学科即传媒产业经济学，童清艳是复旦大学新闻学院培养的博士，后来又在复旦大学管理学院应用经济学博士后流动站从事研究工作，是我国第一位传媒产业经济学博士后研究人员。她有多年传媒从业及项目策划经历，有着复合型的知识结构和学理同实践结合互补的优势。"本书是在《传媒产业经济学导论》一书的基础上，结合本人在美国哥伦比亚大学商学院远程信息研究院做 CITI 访问学者的产业观察实践，同时吸收了本人在上海交通大学为研究生讲授"传媒产业发展研究"、全校通识课程"媒体创意经济"及本人专著《媒体创意经济》等教学科研的成果。

　　感谢我的硕士研究生吴晓淳、邓乐园、艾丽娜、王圣烽、齐佳蕊为本书稿收集资料、归纳整理，以及杨晨对书稿格式的统筹；感谢我所就职的媒体与传媒学院的鼎力支持，感谢上海交通大学文科处对本书的关注，感谢上海交通大学出版社黄强的督促，以及每一位给本书带来思路的同仁，谢谢大家！

　　期望本书能透视传媒产业，以发展的眼光审视未来媒体走势。

童清艳

2020 年春于上海

目　录
Contents

第一章
无所不在的传媒

　　媒体无处不在。从古至今，传媒被赋予不同的解释和内涵，是物与物之间信息传播、人与人之间沟通交往的技术介质。随着科学技术的发展，特别是互联网与数字技术的兴起，在以报纸、杂志、广播、电视等平面媒体为主的传统媒体之外出现了依托网络技术所形成的各类新兴媒体，并在人工智能出现之后迎来了智能媒体时代。本章认为应动态地研究各类不断涌现的新兴媒体，其中基于各类新技术不断进行交互所产生的数字化融媒体是未来的发展趋势。在新兴媒体的生产过程中，内容不再由单一的媒体平台把控，用户内容生产与专业内容生产相结合才能满足媒体的发展需求，由大数据、机器学习等算法构成的计算机生成内容也成为新的内容生产方式。在未来，各项新技术交互生成的"合媒体"是大势所趋，同时也催生出各类新的媒体行业，不断满足传统媒体下的"受众"转化成"个性化媒体用户"的新市场需求，创造更新的产业空间。

第一节　媒介、媒体与传媒

一、媒介、媒体

　　"媒"字中国古已有之；"媒"的基本含义即为"联系、沟通"。
　　当与西方文化碰撞之后，"媒"出现了变体，"媒介""媒体""传媒"

等说法出现。

"媒介"重在强调不同的传播技术特性，如电子媒介、数字媒介、纸质媒介、智能媒介。

"媒体"则强调传播的内容，也常"突出传播活动的主体性和体制性，常是新闻事业的代名词，如中央级媒体、外国媒体等"。[①]

二、传媒

"传媒"是指"传播媒体"这一理论用语，是由日常用语演变而来的，是西方使用的"media"的对译词，是信息传播的载体、手段、途径、体制等的统称。

英文中的"media"一词来源于拉丁语"medium"，如今含义不甚准确，可以指报刊、电影、广播、电视、网络等承载的文字、图片、声音等信息内容的介质，也可以指某个专业信息传播平台，如"抖音、快手"等直播短视频平台、腾讯视频，还可以指具体的传播内容，如网络直播节目、游戏、综艺节目等，这些都可以称为"media"。

自古至今，传媒被赋予不同的解释和内涵。有些学者认为，传媒是人体的延伸，传媒几乎存在于世界的每个角落，存在于人类生活的方方面面。因此，能够联结人与人、人与事物、事物与事物之间关系的中介物都形成了广泛意义上的传播媒介，一切可以传播信息的载体都可以被称为传播媒介。

传媒即传播的媒介和介质，可谓无处不在、无所不能。狭义的传播活动是指信息的传递，而从广义上来说，地球上所有的能量、物质和信息的传递都是传播活动。绿色植物通过光合作用利用太阳的光能，吸收二氧化碳和水制造有机物并释放氧气的活动，也是自然界中最常见的一种传播活动，绿色植物就是这场能量转换活动中的媒介；蝙蝠通过喉头发射超声脉冲并用耳朵接收回波，可以侦测到附近极小的昆虫和障碍物，而空气就是"声呐定位"活动中必不可少的媒介。

无论是在自然界还是在人类社会中，传播媒介和传播活动都是必不可

---

① 雷米·里埃菲尔. 传媒是什么［M］. 北京：中国传媒大学出版社，2009.

少的。

"传媒是传播信息的媒介，它延伸于世界的各个角落，能连接人与人在精神方面的交往，也涵盖物与物交往的领域，当然，即使是物与物的信息传播，也是以人为核心，并为人与人之间的交往所服务的，其中新闻传播是精神交往的重要组成部分。对于传媒的定义，全世界不同的学者给出的定义角度不同、内涵各异，但总体均认为，传媒就是传递大规模信息的载体。"①

美国传播学专家德弗勒（M. L. Defleur）从广义上这样解释："传播媒介可以是任何一种用来传播人类意识的载体或一组安排有序的载体。"② 它是指人用来传递信息与获取信息的工具、渠道、载体、中介物或技术手段，也可以把传播媒体看作实现信息从信息源传递到受信者的一切技术手段。

概言之，"传媒"是"传播媒介"或"传播媒体"的简称。狭义传媒指图书、音像制品、报纸、期刊、广播、电视、电影、互联网等大众传播工具。其中，图书、报纸、期刊为纸质媒介，又称平面媒体；广播、电视、电影和互联网又称电子媒介③，其传媒的内容称"电子媒体"。本书认为，"媒介""媒体""传媒"可以等同使用，可以理解为传播信息的载体，也可以理解为传播的信息，如麦克卢汉所言，皆为"人体的技术延伸。"④ 根据出现时代和信息传播方式的不同，媒体可分为传统媒体、新兴媒体。

第二节　传统媒体、新媒体、
新兴媒体与融媒体

随着科学技术的发展，特别是互联网与数字技术兴起后，我们可以将媒体划分成传统媒体和新兴媒体两类。

---

① 吴昊天. 中国传媒产业发展研究［D］. 成都：西南财经大学，2014.
② 转引自：郭庆光. 传播学概论［M］. 北京：中国人民大学出版社，2011.
③ 李放. 中国传媒产业发展研究［D］. 北京：北京交通大学，2009.
④ 马歇尔·麦克卢汉. 理解媒介［M］. 南京：译林出版社，2015.

一、传统媒体

确切来讲，传统媒体是相对于网络媒体而言的，是以传统的大众传播方式，即通过某种载体，定期向社会公众发布信息或提供教育娱乐、交流活动的媒体，采用的是点对多的传播方式。

传统媒体通常指报刊、广播和电视，基本上可以等同于"大众传播媒体"。19 世纪末 20 世纪初，西方大众报刊发展强势，大众传播时代开始，随后广播、电视等媒介承载形式扩充了大众传媒队伍，信息传播的范围扩大，效果提升，而互联网出现后，网络传播媒介由于有传播速度快、传播信息量大、传播符号多样化、信息个人化等优势，对大众传播媒介产生了冲击。学界和业界对"新媒体"的关注也日益增多。

二、新媒体

新媒体（new media）是相对于传统媒体、旧媒体来说的，最早于 1998 年 5 月在联合国新闻委员会召开的年会上被提出，当时主要是指互联网，认为其是继报刊、广播、电视等三大传统媒体之后的第四种主要大众传播媒体。目前，学界还没有统一的定义，学者、专家、媒介组织等都从不同角度对新媒体进行界定。

联合国教科文组织提出："新媒体就是网络媒体。"

国内有学者认为："（新媒体）广义上是指近半个世纪以来陆续涌现的一系列传播新技术，包括传真、录像、卫星通信、光纤通信、有线电视、互联网、手机等，狭义上是指继报刊、广播、电视这三大媒体后出现的第四媒体互联网和第五媒体手机。"另有学者认为，新媒体是"数字化互动式新媒体"的简称，数字化代表其技术层面的特征，互动式代表其传播上的特征，两者缺一不可。如车载电视，虽然运用了数字化技术，却缺乏有效的互动，并不能称为新媒体。①

但有一点是肯定的，新媒体融合了网络、移动手机、社交媒体甚至在

---

① 刘世文. 新媒体和新媒体艺术［J］. 艺术科技，2013，26（4）.

线游戏，就新闻层面而言，是以跳出传统采编的"非结构化"内容进入人们生活的，并通过连续的人际互动和无处不在的信息来源塑造了新的模式。①

进入新媒体时代，传统的"受众"被进化为"媒体用户"，数字化和互动性的特征改变了传统媒体线性传播的特点，以非线性传播的方式颠覆了人们在大众传播时代被动接收信息的位置；依托于互联网技术的快速发展，以及随时随地可接入网络的便捷性和低成本，新媒体彻底打破了以往信息传递在时间和空间上的限制，拥有即时与快捷的特征；海量信息的开放与共享，使用户可以迅速找到自己所需要的内容，没有距离因素的干扰；而新媒体借助网络的掩护，在一定程度上给予人们自主隐藏个人角色或形象的匿名性，每个人在网络空间都可以拥有自己的虚拟属性，不同于现实，仅靠一个 IP 地址或 ID 号来代表自己等。

新媒体是一个相对的概念，新是相对而言的，是一种新出现的信息载体的受众达到一定数量，就可以被称为"新媒体"。②

总体而言，互联网科技的出现，标志着新媒体时代的到来，被报刊、广播及电视主宰的大众传播时代受到了颠覆性的挑战，已经成为过去时。

然而，新媒体相对于传统媒体，是一个不断变化的概念，是在网络基础上的延伸（熊澄宇，2008）。美国互联网实验室认为："新媒体是基于计算机技术、通信技术、数字广播等，通过互联网、无线通信网、数字广播电视网和卫星等渠道，以电脑、电视、手机等实现个性化、细分化和互动化，能够实现精准投放，点对点的传播。"有学者认为，是媒介终端或功能创新的媒体（陆地 2014）；有学者从文化学角度解读新媒体是一种新的文化。③

大数据、移动互联网、社交媒体是全球新媒体发展的主要动向，已经形成新的媒体产业，是基于互联网、电信网和有线网等数字化网络，以实时、互动、自由的点对点传播模式为主体，以规模化内容产品的生产与传播为主业的各类经营实体及相关价值链集群体，产业前景巨大。在新媒体这个技术与创意高度集中的行业，将会出现行业引领力量。

---

① LIN Chao-Chen. Convergence of New and Old Media：New Media Representation in Traditional News［J］. Chinese Journal of Communication，2013，6（2）.
② 刘世文. 新媒体和新媒体艺术［J］. 艺术科技，2013，26（4）.
③ 张国良. 传播学原理［M］. 上海：复旦大学出版社，2009.

而且在新媒体之后，出现了一些更新鲜的智能媒体：谷歌的可穿戴智能设备、虚拟现实（virtual reality）技术在新闻报道或体感游戏中的应用、代表人工智能技术成果的 Alpha Go 在围棋界战无不胜，都说明了"智能媒体"的到来。可如果再用单一的新媒体来概括上述出现的事物，似乎并不能完全体现它们的新生性和独特性，加之现代科技的不断突破，甚至诞生了第一个被赋予公民身份的智能机器人。未来高新技术将不断推出新的媒体，原先被称为"新媒体"的则因新技术改造又成为旧媒体，因而本书中以"新兴媒体（emerging media）"来描述传统媒体之后出现的各类新型媒体。

三、新兴媒体

本书认为，应动态地研究新媒体。新兴媒体——目前是"交互式数字化融合媒体"——向用户提供信息和娱乐等服务。信息技术是各类新兴媒体必要的技术保障；用户多元化、个性化的信息需求是各类新兴媒体产生的社会基础；各类新兴媒体不断变革人们的生活方式，用户从以往的被动接受媒体内容到当下可自主进行传播，出现各类社会化媒体（social media）。

（一）动态理解媒体

新兴媒体对传统媒体之内容、形式及类型产生颠覆性质变，可以实现点对点个性传播。

美国《连线》杂志对新兴媒体的理解是：所有人对所有人的传播。

舍基在《认知盈余》一书中认为："媒体是社会的链接组织（connective tissue），可以分为公共媒体（专业人士的大众媒体，如电视、报刊、网络等）和私人媒体（信件、电话等），这两种模式已经合二为一了。'媒体'可以让人们了解 10 米之外发生什么事，媒体永远不断地在演变发展。在传统媒体的世界里，我们就像孩子一样，安静地在边上围坐成一圈，吸收着圆圈中央大人们为我们创造的一切。但如今，人人皆媒体的世界已经出现，只有能帮助人们做其想做的事情时，新兴媒体才得以被采用。"①

---

① 舍基. 认知盈余：自由时间的力量［M］. 北京：中国人民大学出版社，2012.

在仅拥有电视的社会，人们做得最多的三件事是：工作、睡觉和看电视，看电视减少了人与人之间接触的时间，即"社交替代"，人们对"人与人"之间的"关系活动"投入不足，只花很少的时间用于社交，而自由支配的时间在激增，如果把这种自由时间当作一种普遍的社会资产，用于大型的共同创造的项目，而不是一组仅供个人消磨的一连串时间，便可形成时间盈余。

想象一下，如果将全世界受教育公民的自由时间看成一个集合体，是一种集合行为，那么这将是多么巨大的媒体创造力！正是新的媒体技术使其得以实现。于是，年轻人看电视的时间在减少，各类新兴媒体可以快捷互动，这使得年轻人正从单纯对媒体的消费中转变过来。甚至在观看在线视频的同时，有机会针对视频素材发表评论、分享、贴上标签、评分或者排名，还可以与世界上其他观众一起讨论。

利用计算机信息处理技术进行内容数字化转换，通过互联网、宽带局域网、无线通信网、卫星等数字化渠道，以及电脑、手机等数字终端，向用户提供信息和娱乐服务的传播形态便是新兴媒体。

基于传播和营销价值认知的新兴媒体，在形式上是不胜枚举的，如门户网站、移动视频、网上即时通信群组、对话链（chatwords）、虚拟社区、搜索引擎等等。

从媒体发展自身出发，新兴媒体就是能对大众同时提供个性化内容的媒体，是传播者和接收者融合变成对等的交流者，而无数的交流者相互间可以同时进行个性化交流的媒体。一种真正的媒体，是可以将人们包含进去的，人们可以参与，可以获得与外界沟通的渠道。

凡是和真实生活贴近的媒体的生命力越来越强；反之，与真实生活远离的媒体，其地位在下降。未来的媒体消费者与生产者相融合；个人可以根据兴趣寻找媒体表达；免费与去中心化是其特质，"媒介即讯息""处处皆中心，无处是边缘""人人可传播"。①

从宏观的角度来看，全球新兴媒体主要围绕几个重点方向实现突破，较为明显地体现出新兴媒体的发展动向，具体如下：

（1）各类新兴媒体更加广泛地渗入人类社会生活，从"互联网＋"到

---

① 保罗. 新新媒介［M］. 上海：复旦大学出版社，2014.

"+互联网"都很重要，从"万物互联"到"万物智能"，电商、人工智能，各类VR（virtual reality，虚拟现实）技术将极大地改变人们未来的生活。

"互联网+"是用互联网技术去对接配置、迭代甚至取代传统的或者现有的一些生活或者商业模式，有机会重塑传统行业；"+互联网"则更多的是从传统的行业思考如何利用互联网技术优化现有要素，有一个有序的增效过程。

我们正在从"万物互联"走向"万物智能"的演变中，如何通过技术、感知场景，使用户连接服务变得更加智能，而且让人机交互不为人们所意识，这是未来媒体的系统工程。

人工智能极大地改变着人类的生活，覆盖大数据、机器学习等很多方面，包括语音，包括图像处理，还有很多感官方面的大数据的分析和处理。更多的服务型机器人产品走进工作、走进生活，机器与人之间的智力界线或将不断消弭。

人工智能（artificial intelligence，AI）的发展正不断出现突破。工业机器人走进车间代替流水线上的工人工作；搭载语音识别功能的机器人不但可以陪聊，还能给出建议、提供服务。人工智能的爆发，也会让许多假设中的问题加速成为现实：机器人取代工人，机器人写作新闻，会带来大范围新闻从业人员失业吗？人类的角色是否会发生改变？学习和思考能力超群的机器人，会有一天不再听命于人类吗？人工智能会如何改变人类的信息传播模式？人工智能面临没有正确答案的情感性选择时，能否做出合理判断？

从虚拟到现实，更多的黑科技比如黑科技全息眼镜，今天可能是虚拟的，甚至是匪夷所思的，但是在不久的将来会变成现实，利用互联网技术的创新将明显加速这一进程。如今包括Facebook、谷歌、微软、索尼等几乎所有IT业巨头都在向虚拟现实领域发力。VR技术有望在游戏、影视、动漫、体育等大娱乐领域率先提速，提早投资布局的企业可能有更好的发展前景。[①]

（2）各类新兴媒体发展进入"大数据"时代，"智能云"成为各类传媒企业走向国际化的途径。现在越来越多的传媒企业将个人资料、生产资料

---

① CHATZICHRISTODOULOU Maria. New Media Art，Participation，Social Engagement and Public Funding [J]. Visual Culture in Britain，2013，14（3）.

的管理、查询、交易、计算上放在云端，这能有效降低传媒企业在 IT 资源的投入，使它们可以专注于主业和核心竞争力。这是中国和全球的趋势，特别适合创新型的中小传媒企业。

（3）移动互联网进一步改变新兴媒体发展态势。在传统媒体（报刊、广播、电视、书籍等）与移动互联网的互动融合过程中，人们的视听、阅读体验不同程度地受到了媒介形式的影响。移动终端自身的基本特征就是数字化，最大优势就是携带方便，同时具有网络媒体交互性强、信息获取快、传播快、更新快等特点。[①] 视频的受众与传播机构的互动更加灵活。用户在观看节目的同时，可以通过文字、图片、声音、图像等方式随时与传播机构进行互动交流。随着技术的发展，移动互联网用户本身的拍照、摄像功能也可以使受众的身份转变为信息的提供者（user generated content，UGC）。全民参与的新兴媒体形式不断出现。

以广播为例，移动互联网下的广播具有得天独厚的多媒体特性，使得多向互动成为现实。受众可以在线收听或者回放节目，也可以通过微博、微信等方式，即时参与节目讨论。不同于传统广播的节目，受众倾向于个性化、自主化的节目。

（4）社会化媒体（social media）仍将成为新兴媒体发展的焦点，"分享经济"出现。移动化、无线化是互联网未来发展的趋势，但是按照目前的态势，移动互联网全面超越有线互联网还需要几年的发展时间，而社会化媒体向无线互联网转移的趋势更为明显，其移动终端的使用率增幅明显高于桌面电脑。社会化媒体的发展将和无线互联网的发展紧密交织在一起，相互促进、相互带动。

随着"社会化媒体融入主流社会"，[②] 其逐渐发展成为可与搜索引擎、门户网站和电子商务相匹敌的互联网基础应用，并基于社会化媒体平台延伸出第三方应用，从而引发全新的社会化商业变革。[③] 社会化媒体将会被政府、企业广泛应用以提高工作效率，成为人们进行有效管理的重要工具，越来越多的应用开发商将转移到社会化媒体的传播平台，为用户提供

---

① LIN Chao-Chen. Convergence of new and old media：new media representation in traditional news [J]. Chinese Journal of Communication，2013，6（2）.

② MILLER William J. We Can't All Be Obama：The Use of New Media in Modern Political Campaigns [J]. Journal of Political Marketing，2013，12（4）.

③ 童清艳. 中国新媒体产业发展的现实议题 [J]. 新闻记者，2012（2）.

更为个性化的服务，而这也将带动更多的投资向社会化媒体领域聚集，并且成为新的产业增长点。

社会化媒体的商业策略与传统媒体迥异，会以免费①、搜索、移动互联、平台策略②、认知盈余③、权力终结④、社交红利⑤等方式取胜。

各类"疯传"策略，如蜻蜓策略（概括为 focus + get），即 focus（专注）：确定一个以人为本、具体的、可测量、能让利益相关者乐意的目标；grab attention（赢得关注）：用一些私人的、出人意料的、发自内心的，以及形象的内容，在嘈杂的社会化媒体中赢得关注；Engage（吸引参与）：创造一种个人联系，通过同情心和真实性逐渐接近更深的感情层面，或者通过讲述一个故事，拉近与受众的心理距离，这种参与能使受众足够地关注媒体，从而促使他们想自己做点什么事；take action（采取行动）：授权他人采取行动，可以将受众变成潜在顾客再变成队友。⑥

公众通过社会化媒体，分享各自所拥有的闲置资源，帮助其他有需求的人完成消费。这种全新的商业模式正在改造媒体的内容传播模式，并影响和改变受众的媒体消费观念。

技术赋予了传媒无限的可能性，使传播介质本身以越来越便捷的形式出现，恰恰印证了"无处不在"。随着网络技术、VR、AI、物联网、可穿戴设备等科技的不断成熟，一切物体都将成为新的媒介。"万物皆媒"的时代正在到来。⑦

【资料阅读 1】谷歌 AI 版"你画我猜"刷屏朋友圈 背后是这样的原理⑧

谷歌总是善于用一种喜闻乐见的方式"秀晒炫"自己的 AI 能力。谷歌推出首款微信小程序"猜画小歌"，这是来自 Google AI 的一款有趣的社交微信小程序，用户可以在有限的时间内进行速写涂鸦，在每一轮体验

---

① 安德森. 免费：商业的未来［M］. 北京：中信出版社，2013.
② 陈威如，等. 平台战略：正在席卷全球的商业模式革命［M］. 北京：中信出版社，2013.
③ 舍基. 认知盈余：自由时间的力量［M］. 北京：中国人民大学出版社，2013.
④ 莫伊塞斯·纳伊姆. 权力的终结［M］. 北京：中信出版社，2013.
⑤ 徐志斌. 社交红利［M］. 北京：北京联合出版公司，2013.
⑥ Noor Al-Deen H S, Hendricks J A. Social Media and Strategic Communications［J］Social Media and Public Relations，2013，10.
⑦ 参阅彭兰：《智媒来临与人机边界：2016 中国新媒体发展报告》.
⑧ 太平洋电脑网. 谷歌 AI 版"你画我猜"刷屏朋友圈. 背后是这样的原理［EB/OL］.［2018-10-29］https：//baijiahao. baidu. com/s？id＝16063997691894430622&wfr＝spider&for＝pc.

中，用户需要在规定时间内勾勒出一幅日常用品的图画（比如狗、钟表或鞋子），人工智能则需要在时间结束前猜出图画中的物体。

若你画的东西在 20 秒内被谷歌人工智能猜中，则过关；反之游戏结束。还有排行榜来统计你的闯关数在好友中的排名，这也是微信小游戏一贯的社交板块。很多网友感叹："AI 比我想象的要厉害一些啊。"还有网友说："这个游戏其实挺无聊的，我就是过来尝尝鲜。"

猜画小歌由来自 Google AI 的神经网络驱动，该网络源自超过 5 000 万个手绘素描的数据群，在此前谷歌推出的类似游戏 *Quick，Draw!* 之中，对于这个神经网络有较多的介绍。如果你对猜画小歌很感兴趣，也可以在谷歌上搜索 "Quick，Draw!"。

谷歌说，这一技术既能在视频通话中识别出你的朋友，以便加上对应的标签，也能帮助识别人类眼底，诊断早期糖尿病症状。而且，得益于"神经网络"技术，一些看起来极其困难的事情，计算机也能处理得非常好，比如：通过粗糙的草图就能识别出它是什么物体，计算机已经能"看到"你随意涂鸦的一团长着耳朵的墨迹可能是一只熊猫。

（二）新兴媒体内容的生产方式

1. UGC 用户贡献内容

UGC（user generated content）指用户生成内容，是伴随着以提倡个性化为主要特点的 Web2.0 概念而兴起的。[①] UGC 被 Wikipedia 定义为"在线用户生成的内容"。

2. PGC 专业生产内容

与 UGC 相对的内容生产方式就是 PGC（professional generated content），即专业生产内容。

在日新月异的媒体环境下，单一的内容生产模式已经不能满足媒体的发展需求，因此 UGC ＋ PGC 的内容生产模式也会形成。

3. CGC 计算机生成内容

CGC（computer generated content），计算机生成内容的生产方式目前被运用于新闻机器人生产新闻。所谓"新闻机器人"，实际上是一套软件

---

① 仲钇霏，杜志红. UGC 时代电视媒体的被动与主动［J］. 视听界，2013（2）.

或算法语言，它自动采集数据，然后撰写成人类可读的内容。算法包含一系列非常复杂的数学规则，能通过预先设定的步骤解决特定问题。[①] 目前这项机器人新闻算法源代码的专利属于谷歌公司专有，同时授权给了"叙事科学""自动洞见""耶索"以及"未来幻象记者"等公司使用。国内字节跳动公司的技术推送也属此类。

（三）新兴媒体内容产品呈现

新兴媒体内容信息多样，呈现元素涵盖文字、语音、视频、游戏等。

1. 搜索引擎

搜索引擎是用户获取信息极为重要的方式，因此搜索引擎也具有较强的媒体属性。搜索引擎通过用户输入的关键词提供信息，一方面帮助用户在海量信息中找到丰富的信息；另一方面通过信息的排列顺序影响用户对信息的获取。当用户输入的关键词属于新闻信息时，搜索引擎也就成了一个全媒体，信息的出处包括各种门户、论坛、微博、微信等所有地方，信息的类型包括文字、图片、声音和视频以及各种综合形式。[②]

2. 知识付费产品

付费订阅、付费看问答、付费听语音、付费听讲座等"知识付费"类产品，也是具有商业价值的新兴媒体内容产品。

3. 网络音视频

有一些是将传统电视节目经由互联网等新的媒体渠道播出，还有的是制作公司专门定制并只在网络媒体渠道播出的节目，例如《奇葩说》《十三邀》《晓松奇谈》等网络综艺、访谈类节目。还有一类视频网站，内容多以用户自制为主，其特有的弹幕文化又增强了视频网站的社交属性。

语音类新兴媒体内容产品如喜马拉雅 FM 及网易云音乐。喜马拉雅 FM 引入全球最大的中文数字阅读平台——阅文集团作为战略投资者，保证了在有声读物方面的强内容输出。同时，喜马拉雅 FM 平台拥有 6 万认证主播，主播阵容极为庞大，保证其在 UGC 方面的内容产出。而网易云

---

① 邓建国. 机器人新闻：原理、风险和影响［J］. 新闻记者，2016（9）.
② 栾轶玫. 新媒体新论［M］. 北京：人民出版社，2012.

音乐的目标则是建造一个音乐社交的社群，用户在听歌时实现的大多是放松和娱乐诉求，因此，网易云音乐主界面有一个类似微博的朋友圈板块，在听音乐的同时能够刷到娱乐信息。

4. 网络游戏

网络游戏简称网游，是电子游戏与互联网结合而成的一种新型娱乐内容。中国互联网络信息中心将网络游戏定义为以电脑为客户端、互联网络为数据传输介质，通过 TCP/IP 协议实现多个用户同时参与的游戏产品。[①]网络游戏不仅是一项娱乐内容产品，网络游戏产业更是传媒产业中的支柱产业。网络游戏可分为单机游戏和多人在线互动游戏，多人在线互动游戏中强调玩家之间的互动性和协作能力。以网络游戏为基础开发的网络游戏周边产品，比如影视剧、人偶玩具、服装鞋帽等均拓展了新兴媒体内容产品的业务范围。

（四）新兴媒体的内容产业特质

衡量新兴媒体内容价值的方法有很多，如果要量化一篇微信公众号文章的价值，可以其阅读量、转载量、点赞量为参照标准。常有人将阅读量达到"10万+"（微信文章阅读量显示的上限）作为一篇优秀文章的标准，每月完成几篇"10万+"的文章成了不少微信从业者的业绩考核标准。虽然每个人对好文的评判标准不一，但阅读量在一定程度上展现了一篇文章被阅读的程度。

以付费问答产品"分答"为例，这是果壳网推出的一款语音答题产品。"分答"称其目标是让每个人找到最合适的问题回答者，回答者一般是娱乐、体育、商界和新闻行业的名人，通过自行设置自己的答题费，遇到有人提问并支付答题费用后，回答者需使用不超过 60 秒的语音进行回答。衡量一个问题的价值，不仅可以看回答者设置的答题费，更重要的衡量指标是有多少人"偷听"这条问题。偷听问题回答的费用是 1 人 1 元，若偷听的收入低于答题费，则认为问题没有太大价值；若偷听的收入 10 倍甚至百倍高于答题费，那么这条问题包括题目和回答者的回答都会被视为十分有价值。因为在这种情况下，新兴媒体内容的价值是直接转换成现金

---

① 张国华，雷雳. 网络游戏体验的概念、测量及相关因素［J］. 心理与行为研究，2016（3）.

来计算的，可以更加清晰和直观地衡量内容的价值。

无论是单篇文章获得多少阅读量，还是一条问答给提问者和回答者带来多少经济收益，体现的都是单个媒体内容的短期商业价值。新兴媒体的内容产品要期望获得长期的商业价值或认可，还需要对产品的品牌树立、运营和策划等进行产业运营。

四、融媒体

关于媒体融合的探索性研究不断涌现，虽然目前尚未形成清晰思路，但有两个趋向可以观察：

一是传统媒体已经跨越 PC 互联网渠道，选择入驻智能手机移动媒体；但是目前融媒体思路常局限在新闻这块内容，未深入影视剧、综艺等娱乐内容。其具体表现为原先通过报刊、广播以及电视载体发布的内容，目前以手机 App 应用软件、微信公号等内容呈现，以"内容找渠道"的路径向各类新兴媒体融合，甚至延展出"内容+电商"媒体。

二是智能手机载体上各类社会化媒体，如腾讯、爱奇艺、优酷、B 站、今日头条等纷纷主动推出传统媒体上的新闻、综艺、影视剧等内容，以"内容找受众"的路径向传统媒体获取内容资源，变成"电商+内容"的精准推送型媒体。

显然，媒体融合绝不是传统媒体简单地向新的媒体"整体转型"，也不是移动互联媒体粗暴地对传统媒体的取代与颠覆，而是两者之间彼此互相需要、相向而行的融合。融媒体是现阶段媒体发展的必经历程。①

但现状是，"新闻融合"是传统媒体的一种融媒体策略行为，是以内部自建方式向新兴媒体空间传播的拓展，以至于同一媒体组织自身结构内的联合远超于媒体与外部新兴媒体的联合，是由传统媒体自身内部孵化一些所谓新媒体项目，其实质思维、内容传播形式均未创新。这种"融媒体矩阵"使原先内部之间的配合规律被肢解，迅速出现内容生产部门与发送等部门间配合困难的问题。部门间人力、财力等资源协调麻烦，甚至出现

---

① 网络传播杂志. 关于县级融媒体中心，22 位传媒大咖奉上干货！［EB/OL］.［2018 - 10 - 22］https：//www. sohu. com/a/277068425 _ 181884.

"姿态性融合"，即简单将原有传统媒体新闻内容搬运到新兴媒体渠道；大多数新闻从业者虽然感到媒体融合的必要性，但其传统的新闻惯常思维与互联网思维之间尚未达成有效的对话，新的媒体技能缺乏实际操作，行动上便不由自主地沿用传统经营媒体方式，态度上也很难规避路径依赖，一定程度上连新闻融合都难以实现。

"新闻融合"要在一个极速变化的媒介生态环境中跟上变化并继续保持和扩大其影响力，首先要清楚自身权威性、可信性的品牌优势，突破传统媒体固化的"以我为主"的经营思维，方能以互联网"去中心化"的思维进行融合开放，彰显自身"新闻专业"精神。

传统媒体的融合不应局限于"新闻融合"，而应关注"社交＋"这个移动互联网随时、随地传播交流信息的特质，需实现影视娱乐、综艺等内容全方位的融合，要和运营商合作获得新的传播渠道，要借用第三方平台的影响力来获得媒体用户资源，甚至进行产业 IP 拓展，与相关传媒产业结合，将媒体内容生产、线上传播与线下实体经营融合，是立体、全方位的融合创新与引导服务的媒体融合。

"媒体融合"最先被看作各种媒体趋于多功能、一体化，不同媒体间不断模糊边界的过程。美国麻省理工学院教授伊契尔认为，电子技术是导致融合的主要原因。[1] 随着媒体融合的发展，美国戈登教授梳理出融媒体的五种类型，即新闻表达融合、信息采集融合、策略性融合、结构性融合、所有权融合。[2]

目前我国媒体融合虽呈现媒体一体化、媒体界限不断模糊的特点，但仍处于新闻表达融合阶段，尚未进入"融合连续统一体"阶段。[3]

传播学派关注媒体形态的历史演变，"地球村"实质也是媒体融合的一种传播学发现，是在继承英尼斯、麦克卢汉、梅罗维茨、利文森等传播学者思想基础上的一种媒体融合哲学思辨；科技学派则认为，科技汇流才导致媒体融合，进而打破各媒体界限；经济学派则认为，媒体融合是市场经济规律的作用，最终导致各媒体互相兼并与收购；文化学者詹金斯将上

① Ithiel de Sola Pool. Technologies of Freedom [M]. Cambridge，Massachusetts：Belknap Press，1984.
② 转引自林孟雷. 融媒体时代湖北日报十九大报道探析 [J]. 传媒论坛，2019(16).
③ 童清艳. 智媒时代我国媒体融合创新发展研究 [J]. 人民论坛·学术前沿，2019(3).

述媒体融合概括为技术融合、社会或机构融合、经济融合、文化融合和全球融合。除传播学派、科技学派、文化学派之外，国外对媒体融合的研究，还有经济学派、管理学派和社会学派等，学科切入点不同，观点也有所侧重。[①]

媒体融合实质是技术趋势下不同媒体特征、功能的融合，以及全球媒体相融，由此引发各媒体利益集团间资源的融合，包括经济与文化资源的融合。

也就是说，技术、市场是媒体融合的驱动力，也是媒体内在创新的需求，但皆离不开媒体受众的推动。可以说，受众是融媒体汇聚点，尤其是年轻的受众群体决定了融媒体的未来。

我国当下融媒体的建设分为两种类型：一是"传统媒体"＋"新媒体"，是传统媒体被迫相融，是政府行政力量的推动，也是媒体生存所迫；二是腾讯、阿里这样的科技平台公司主动向传统媒体的新闻、综艺、动漫、影视剧等内容生产与发布渗透，是资本资源、技术力量、市场拓展的驱动，不断为受众建立随时、随地可触的媒体。

未来，人工智能、计算推送、大数据等技术会催生各类新型媒体，一定程度上决定了媒体发展走向，具体可通过解读媒体格局和舆论生态，从技术发展的趋势推断融媒体该融什么，朝何处融，如何发展这种"合媒体"。传统的论调认为，任何一个新的媒体的诞生都不会取代旧的媒体，而是成为新的通道，会如此吗？

思考题：

1. 你是如何理解媒体、媒介与传媒的？

2. 请对比分析传统媒体与各类新兴媒体的传播优劣。

3. 你认为有技术决定论吗？未来的传媒会是怎样？

---

① 苏培. 引导融媒体健康发展——访上海交通大学媒介素养研究中心主任童清艳［N］. 中国社会科学报，2018－2－6.

第二章
传媒的功能

　　传媒的基本功能是传递信息，有监测环境、协调社会、传承文化以及娱乐功能，在本章中被笔者概括为"社会整合功能"，传媒在信息的连续传播过程中，不断调适、修整和融合由传播引起的各类信息交流，从而对社会产生影响和效果，成为人们获取和传递信息的最主要渠道。在传播信息的同时也为传媒组织带来赢利；传媒可带来利润的这种经济功能，笔者将之概括为产业功能，正在发挥强劲资本运营经济效能。传媒与生俱来的产业功能与社会整合功能构成传媒的两面，这两种功能在不同时期，不同环境，需找到最佳平衡点；传媒产业具有内容与渠道的独特性，多次销售、版权经营、品牌的无形资产、媒体的竞争与兼并收购、规模经济与范围经济以及创意人才资源都是传媒产业核心议题。

第一节　社会整合功能

一、相关学者观点

　　关于传媒的作用，麦奎尔（McQuail，2002）指出，传媒基本上是关于最广义的知识"生产与分配"问题。这些知识透过传媒，以大规模的方式触及社会。[①] 他认为，传媒的功能是守望（surveillance）、对话（correlation）、

---

　　① D. McQuail. McQuail's Mass Communication Theory (4th ed) [M]. London：Sage，2002.

传递（continuity）、娱乐（entertainment）和动员（mobilization），即传媒除了传递信息、传承文化，成为公共事务的交流空间以及当代休闲娱乐的中心之外，还可以进行意见整合和动员召集。

传媒的基本功能是传递信息。从结构-功能主义的角度出发，社会可以被看作一个总系统，而传播媒体则是子系统。作为社会子系统的传播媒体，其行为和规范受到社会总系统的制约，但同时，传播媒体的一举一动，亦能对社会总系统的运行起到牵一发而动全身的作用。

对于传播媒体和社会的关系，英国传播学者丹尼斯·麦奎尔进行了较为详尽的表述。麦奎尔认为，大众传播媒体是社会关系的中介，传播媒体在社会总系统中可以是：

（1）事件和经验的窗口——传播媒体能够延伸人们的生活经验和事业，使人们能通过传播媒体观察到他人的生活和思想。

（2）社会和世界事件的镜子——传播媒体信息是对现实映射式的反应，媒体反映什么，人们就只能看到什么。

（3）过滤器或守门人——为了特定目而主动筛选出一部分信息，隐瞒其他信息（无论是否有意）。

（4）路标、指南或诠释者——指引方向和意义，为人们总结意义，指点迷津。

（5）受众表达信息或观念的论坛或平台——给受众发声机会，让他们有提供反馈的处所。

（6）对话者或在谈话中消息灵通的搭档——传播媒体不仅传递信息，还以准互动的方式对问题做出回应。[①]

1948 年，拉斯韦尔在《传播的社会结构与功能》一文中，归纳了传播媒体的三种社会功能，即监视社会功能、协调社会关系、传衍社会遗产。而传播学家施拉姆认为，大众传播媒体除了比较显著的政治功能和经济功能之外，其一般社会功能还包括传递社会规范及作用、协调公众的了解和意愿以及行使社会控制等。这几种功能相互作用，在发挥传播信息、文化交流等基本功能的同时，不断规范社会秩序、矫正其发展方向等——从某种意义上讲，引导社会稳定、协调各方利益、规定良好秩序等乃传播媒体

---

① 张国良. 传播学原理［M］. 上海：复旦大学出版社，2004.

必须承担的社会责任。1959 年，社会学家查尔斯·赖特在《大众传播：功能的探讨》一书中则补充了一个功能：提供娱乐。[①]

学界长期倡导的是拉斯维尔和赖特提出的"四功能说"。

（1）监测环境：用"新闻"不断地向整个社会及时报告环境的变动。

【**案例 1**】微博热搜基于对用户大数据的挖掘，以搜索量进行话题排序，每 10 分钟更新一次，用户在首页上迅速了解到最新最热的新闻，获取新近变动的事实报道。

（2）协调社会：以"宣传"聚合社会各团体和个人对环境采取一致、有效的行动。

【**资料阅读 1**】**各媒体合力撕信息裂口，众网友倾囊援寿光灾情**

受台风"温比亚"影响，山东省寿光市部分地区出现强降雨导致严重洪涝灾害。而由于信息传播不畅，该地居民孤立无援。直至灾情发生的 3 天后，《寿光日报》才在新媒体平台上发声："急！急！急！寿光上口镇西景明村急需挖掘机堵羊田路涵洞，大水正在往村里倒灌！请扩散转发，急需挖掘机！"

在此之后，紫光阁、《人民日报》、凤凰新闻等官方媒体，腾讯新闻等网络商业媒体纷纷转发，短期内为寿光带来了大量关注。信息的传播有如星星之火，顷刻即成燎原之势，政府救灾物资、公益组织和以个人名义捐赠的救灾物资在信息发布不久后即到达灾害现场，使灾情得到控制，避免了大量的人力、物力损失。

（3）传承社会遗产：通过教育使社会规范和知识等精神遗产代代相传。[②]

（4）提供娱乐：媒体信息通过娱乐方式传播，能够调节大众身心，为后续工作提供充足动力。

---

① 邵培仁. 传播学［M］. 北京：高等教育出版社，2000.
② 张国良. 传播学原理［M］. 上海：复旦大学出版社，2004.

当下传媒以娱乐功能为主导，是不少媒体经营者获取瞩目、高额利润的"必杀技"——他们只看重单一娱乐功能，认为严肃、权威的新闻不再被需要，娱乐信息铺天盖地地占据了版面头条，甚至有些人认为娱乐可以带动一切，媒体就是娱乐。[①]

【案例2】 法国中间党派候选人马克龙参选总统期间，国内外诸多媒体并不关注其政治主张，而是着力报道其感情生活方面（马克龙与年长24岁的妻子之间的恋爱故事）。

二、社会整合功能内涵

本书认为，上述几大功能可以概括为传媒的社会整合功能，这是借用物理学和社会学的有关原理和概念，来描述媒体对社会事物的作用，以及媒体与社会的互动关系。简单地说，如果媒体的新闻传播活动所产生社会舆论力量，与现实某个社会事物运动变化的脉搏同步，一旦两者的节奏和频率相互契合、相互激荡，就会发生共振。这种共振能够聚合起一种能量作用于该社会事物，使其产生突变、产生飞跃，推动和促进社会事物向前发展。媒体的社会整合功能体现在如下几个方面。

（一）舆论引导功能

传媒最主要的功能是在特定社会的内部和外部收集和传达信息，提供人们生活环境的信息，用"新闻"和媒体内容不断地向整个社会及时报告环境的变动。现在通常把传媒比作航船上的瞭望者，即是对媒体监测环境功能的一种表达。

媒体监测环境功能的发挥，主要在于及时揭示涉及公众生命安全和重大生活事项的信息，对即将来临的自然灾害或战争威胁，媒体能够及时地向人们发出警告，促使他们及早防御，同时提供政治、经济、社会发展的相关信息，保障公众的知晓权，也提示社会规范，在信息中表露社会行为规范和公德、法律。

---

① 肖飞，徐慧萍. 媒体功能泛娱乐化与社会责任的反思 [J]. 新闻界，2008 (2).

（二）协调社会功能

协调社会是一种组合功能，即传媒通过对新闻信息的选择、解释与评论，提出相应的解决方案与策略，以"宣传"聚合社会各团体和个人对环境采取一致、有效的行动。它假设社会是一个有机体的存在，社会各部分只有互相协调才能维持社会的正常运转，而传媒是执行联系、沟通、协商功能的重要角色。

（三）传承文化功能

人类文明的发展已有漫长的历史，其中积累的经验、智慧和知识需要源源不断地传递给后代子孙，传媒是保证这些社会文化遗产得以代代相传的重要机制。媒体通过传播把文化传递给后代，使社会成员共享统一的价值观、社会规范和社会文化遗产；通过"教育"使社会规范和知识等精神遗产代代相传；媒体记录同代人的探索与创新，引领社会时尚与风气，传播共同的主流文化，增强社会凝聚力、向心力。媒体的文化传承是社会化的继续、学校教育的继续。

（四）娱乐大众功能

娱乐功能已成为传媒的一种突出功能。借助"娱乐"，传播媒体使整个社会获得休息以保持活力。媒体提供大量文学、艺术、休闲等方面的内容，丰富人们的日常生活，陶冶了人们的性情。

媒体可以提供许多奇闻趣事、制作各种文娱节目，让人们在紧张的工作之余得到媒体娱乐内容享受，提高人们的欣赏水平，满足人们正当的好奇心和放松的心理需求。在注意力经济时代，娱乐的作用越来越重要，如何充分发挥媒体的娱乐功能，是传媒产业发展需要探索的重要方向。

第二节　传媒产业功能

波德里亚从商品化与消费主义的立场出发，认为传媒的功能在于向大众提供精神消费产品，传媒实际上建构了一个平行于客观世界的消费世界。"因此大众媒介的真相就是：它们的功能是对世界特殊、唯一、只叙述事件的特性进行中性化，代之以一个配备了多种相互同质、互为意义并互相参照的传媒宇宙。在此范围内，他们互相成为内容——而这便是消费社会的总体'信息'。"①

一、产业概念内涵

"产业"一词的英文是 industry，有"行业""产业""事业"和"工业"之意。在我国，学界一般认为"产业"具有较强倾向性，暗含着企业的营利性行为，被认为是"具有某种同类属性的企业经济活动的集合"。②

近现代以来，关于"产业"的理解也在不断进步。学者苏东水先生归纳总结道：

（1）它是社会分工和社会生产力不断发展的产物。

（2）它是具有某种同类属性的企业经济活动的集合。从需求角度看，是具有同类或相互密切竞争关系或替代关系的产品或服务；从供求角度看，它是具有类似生产技术、工艺、过程等特征的物质生产活动或类似经济性质的服务活动。

（3）它是介于宏观经济和微观经济之间的中观经济。③

在《产业经济学》一书中，苏东水认为，"产业即具有某种同类属性的具有相互作用的经济活动组成的集合或系统"；"到了今天，凡是具有投入产出活动的部门都可列入产业的范畴"。

概言之，在产业经济学中，可以从多个角度来定义产业。从生产角度来看，产业是指同类产品（或服务）及其可替代产品（或服务）的生产活动的集合；从生产者的角度来看，产业是指生产和经营同类产品（或服务）及其可替代产品（或服务）的企业集合；较通行的定义是："生产同类产品（或服务）及可替代产品（或服务）的企业群在同一市场上的相互关系的集合。"④

① 波德里亚. 消费社会［M］. 南京：南京大学出版社，2000.
② 苏东水. 产业经济学［M］. 北京：高等教育出版社，2010.
③ 苏东水. 产业经济学［M］. 北京：高等教育出版社，2010.
④ 国家体改委，等. 中国国际竞争力发展报告 1997［M］. 北京：中国人民大学出版社，1998.

"一个产业的任何定义实质上就是划定已立足竞争者与替代品的界限、现有公司与潜在公司的界限，以及现有公司与供方、买方公司的界限。"①

有关"产业"的定义，还有很多，但大同小异，其中三个要素是必不可少的：

（1）必须是一种生产或劳务活动；

（2）提供的产品或服务必须具有同一属性，不会与其他产业的产品相混淆；

（3）是生产同类产品（或服务）并在同一市场上发生关系的企业的集合概念。

广义的"产业"概念既包括产业结构（产业间的关系结构），又包括产业组织（某产业内企业间的相互关系及其发生、发展和衰落的过程）。从逻辑概念上来说，产业是指相关行业以一种有序的价值流动结构进行排序的集合，而企业是行业内部的单元组成。②

显然，产业是具有某种同类属性的具有相互作用的经济活动组成的集合或系统。

二、传媒产业的独特性③

关于传媒产业经济这一概念，可从三个层面来思考。

（1）理论层面：将经济学中的新兴学科——产业经济的概念、原理和理论应用于媒体公司和传媒产业的研究中。这属于应用经济学范畴，涉及传媒产业经济学研究的范式和理论。这使得新闻学与传播学的学者们可以"如产业经济学家一样去思考"。

（2）操作层面：传媒机构和一些媒体公司都属于经济体制内运行的组织，在全球经济一体化趋势下，现今越来越不得不表现出以营利为营运目标的态势。对传媒产业的研究已成为我国经济发展的现实需要，意义重大。这迫使传媒人借鉴经济学、管理学理论去分析现实问题。

（3）传媒自产生以来具备"产业运营"的经济特性，这一特性与"社

---

① 米切尔·波特. 竞争战略 [M]. 北京：华夏出版社，1997.
② 王旭东，史朝，吴楚克. 知识经济全书 [M]. 北京：中国经济出版社，1998.
③ 童清艳. 传媒产业经济学导论 [M]. 上海：复旦大学出版社，2007.

会整合功能"共同构成传媒的双面性，即传媒同时具备"产业功能"与"社会整合功能"。只不过传媒的这两种功能在不同时期，其角色特征轻重不同而已。但一直以来，传播学只是停留在经济学科与管理学科之外去思考传媒的社会整合功能，难免在圈地中有失"半壁江山"。

无论在哪一层面思考问题，传媒作为物资和服务均有其独特的经济和商业特点，传媒的许多媒体产品从本质上属于"公共物资"，可以被多次使用，而且再次使用往往比第一次使用更赚钱，具备"滚雪球"效应。如一条好的社会新闻，见诸一种媒体后，会被其他媒体转载，最终甚至会被改编为流行小说或电影、电视剧，等等。其艺术生产过程不同于其他工业生产过程，其价值链更具复杂性。如《我不是药神》这一类高票房收入的电影，便是改编自一条发生在上海市闵行区的真实新闻。

但是根据上述的理解，我们依然很难给"传媒产业"（media industry）下准确的定义。

因为狭义地讲，传媒产业就是以生产（制作）文章及图片、图像、声音，并营销此类信息为主的企业组织及其在市场上相互关系的集合。

目前这里的"企业"，一是指大大小小的影视节目制作公司、各类网络内容与信息制作与经营公司；二是指各类别的报社、杂志社、广播电台、出版社、影视与娱乐集团、网络传播公司等；三是指各类信息、数据、内容咨询与评估公司等，属于信息产业范畴。

但广义地讲，传媒产业还应包括内容信息的采集、制作、存储、传送（微波、线缆、卫星）、监控、播出和接收设备制造等，因为这些设备是内容节目的物质载体。[①]

诚然，传媒产业同一般信息产业一样，其基本的原材料是信息；所应用的基础设施和技术设备都是信息技术产业部门提供的高技术产品；所执行的职能是收集、整理、加工、存储、传输信息；进行信息生产的目的主要是为社会公众提供信息服务。

据此分析，笔者认为，传媒产业是指具有经济学投资价值，围绕文字、音像的生产经营和播出的系列相关活动，向公众提供相应的文

---

① 1978年9月，国务院专门成立了国家广播电视工业总局作为自己的直属机构（1988年4月，并入重新组建的机械电子工业部）。资料来源：赵玉明，王福顺. 中外广播电视百科全书[M]. 北京：中国广播电视出版社，1995.

化信息产品和服务的企业群所组成的相互作用的经济活动的集合或系统。

本书所述"传媒产业"，包括广播、电视、网络视频、报刊、电影、音像以及各类网络与数字内容等主要媒体的产业，并涉及为之配套的相关产业，由此初步形成传媒产业链雏形——包含了广告公司（客户代理公司、媒体购买公司、媒体销售公司）、节目制作公司、发行公司、发行监测机构、收视收听监测公司、数据内容与媒体用户分析公司、广告监测公司和其他配套服务商。

一切有传播能力的载体都可以被称为媒体，传媒产业在发挥其产业经济功能时会与一切有传播能力的载体发生关联，产生其他产业难以达到的多赢产业关联效应。

【资料阅读 2】创造 101，向阳而生还是资本的新花样？

由腾讯视频、腾讯音乐娱乐集团联合出品，企鹅影视、七维动力联合研发制作的中国女团青春成长节目《创造 101》在腾讯平台独家播出。播出之后即刻成为"爆款"，该款综艺在腾讯视频上拥有 4.4 亿累计播放量，长期占据同期综艺榜首。

该节目成为"造星""明星养成"的代名词，号称选手出道与否、出道位都由观众投票决定，"pick 小姐姐""女儿一定要出道"……伴随着社交媒体营销，全民 pick 狂欢席卷互联网。偶像经济的背后，粉丝爆发的力量惊人。据不完全统计，截至该节目决赛前夕，各家粉丝的众筹总额超过 3 000 万元，第一名孟美岐的粉丝集资更是超过了1 200 万元。微博红人@陈菵笋更直言"创造 101 其实就是资本的游戏"。

传媒依托其流量和吸引消费者的内容，形成对信息流和意见流的绝对垄断，完成其产业利润的实现。

三、传媒产品类型

"传媒产品是指传媒组织能够提供给目标使用者以引起其注意、选择、使用的传播内容与服务的复合体，是传媒组织与社会系统实现价值交换的手段和载体。"①

德国媒介经济学者瑞安·比尔（Ryan Bill 1996）将传媒产品划分为三种：私人产品（private goods）、准私人产品（quasi-private goods）和准公共产品（quasi-public goods）。其中，私人产品包括书籍、杂志等，如同任何工业化产业生产模式，大量制造并经由零售渠道到达消费者手中；而准私人产品则包括电影、演唱会、戏剧表演等，这些产品需要在一个固定的场所为特定人口所消费；准公共产品则指每天接触的影视节目，这些产品在技术与经济层次上属于公共产品，但是消费形态（个人在家中使用）趋近于私人产品。

笔者认为，传媒产品大体可以分为以下三类：

第一类：传媒内容产品，即文化产品，如影片、书刊等，具有有形价值和无形价值，并且其无形产品具有不可消耗性。② 网络与数字媒体时代，各大传媒集团开始逐渐减小在收益较低的出版、纸媒、电视等领域的投入，加大互动娱乐与视频方面的内容产品投入。

第二类：大量媒体受众可为传媒带来经济价值。③ 加拿大政治经济学家达拉斯·斯麦兹提出受众商品论，其主要观点为：媒介生产的商品是受众。媒介根据手中受众的多寡和质量（年龄、收入、受教育程度等）的高低向广告客户收取费用，因此媒介的主要功能就是将受众打包移交给广告商。

【案例3】微信朋友圈广告

作为中国最大的社交平台之一，微信有超过 10 亿用户，年龄集中在 20～50 岁，是拥有一定消费能力的人群。借此，宝马、兰蔻等知名企业通过微信朋友圈进行产品推广，在用户时间流中展示产品，并可通过点赞等方式进行"互动"。

第三类：媒体的各种传播渠道。一切有传播能力的载体均可产生经济效应。例如，媒体可与企业联合，及时抓住备受关注的社会新闻、事件以

---

① 郭庆光. 传播学教程［M］. 北京：中国人民大学出版社，2007.
② 童清艳. 传媒产业经济学导论［M］. 上海：复旦大学出版社，2007.
③ 同上.

及明星效应，结合该企业和产品的特点展开一系列的相关活动。甚至可以策划制造具有新闻价值的事件或是其他传媒内容，吸引公众的关注。[①] 如今，各类网络科技平台公司，如苹果公司、腾讯公司都成为内容信息传播的主要载体。

【案例 4】

百雀羚和公众号"局部气候调查组"合作，发布了一条画风精美、脑洞大开的长图广告，极高的传播量为百雀羚吸引了充足的用户注意力，并唤醒了新一轮的国货风潮。"双 11"前，在外资品牌包围、竞争残酷的美妆行业中，百雀羚以 2.94 亿元的成绩连续三年蝉联美妆品类销售冠军。

另一方面，传媒产品也在生活当中具象化，出现了如智能家居、可穿戴设备等较多衍生品。以可穿戴设备为例，它是可以直接穿在身上，或是整合到用户的衣服或配件上的一种便携式设备。可穿戴设备不仅仅是一种硬件设备，更是通过软件支持以及数据交互、云端交互来实现强大的功能，可穿戴设备将会对我们的生活、感知带来很大的转变[②]，如智能手表、智能手环等目前市场上较为普及的产品都是可穿戴设备的具化形式。

四、传媒产业特征

经济学者通常认为，所有资源都是有限的，是稀缺的，资源是用来生产物资和服务事物的。但是，传媒产品似乎公然违反经济学的常规，一部剧集、一首歌、一条新闻，在播出之后，在被受众消费之后，并没有被耗尽，可能还会出现增值的现象。媒体的内容可以被重复使用并做成不同的形式和格式去发行，这是因为传媒的资源分为有形的和无形的两种生产内容。这也是传媒产业独特的经济学特征的体现。

---

① 童清艳. 传媒产业经济学导论［M］. 上海：复旦大学出版社，2007.
② 百度百科——可穿戴设备［EB/OL］. https：//baike. baidu. com/item/可穿戴设备/5968591? fr＝aladdin.

（一）传媒产品的经济学特征

传媒生产三类产品。第一类是内容，包括各媒体生产的娱乐和新闻等各类资讯信息。可以将传媒产品大体上分为资讯（同新闻相关的内容）和娱乐（影视剧、综艺、音乐、游戏等）两大块，对人们产生有形的和无形的影响，这构成传媒产业能够销售的第一类产品。第二类是受众，一系列解读者[①]，如网民、听众、观众与读者。这一类有价值的产品是被传媒吸引过来的大量人群，可以被媒体出售给广告商，也可以进行会员收费等知识付费。第三类是发行渠道，如各种频道资源、发送通信设备等。各种可接近受众的途径中，有些途径可被包装和定价，如媒体配合发行做的一些宣传与推广活动。

第一类产品即传媒内容，通常被归类于"文化产品"，所有的媒体内容产品，均不是一般的商业产品，而是被人们赋予某种文化意义被欣赏，具有有形与无形价值。人们在购买手机等有形实物的同时，也购买手机中传媒商品的讯息和意义。并且因为讯息和意义是无形的，使得传媒产品具有不可消耗性，这是传媒产品具有"公共"的特性表现——传媒的产品绝不会在消费中被消耗掉，再一次使用往往比第一次使用更赚钱，内容重复可被制造成不同的版本和格式。这样，创造传媒产品的初始成本相对多些，但随后提供额外单位的这种商品的边际成本[②]却接近于零。

第二类产品即大量的受众可为传媒带来收入，如付费内容在数据挖掘中解读了受众购买行为，在产生大量的发行收入后，还可被媒体作为资源销售给广告商，为媒体带来可观的广告收入，成为许多媒体的主要收入来源。受众根据自己想要和必要的两种需求来使用媒体。想要，是指为改善生活质量而需要的内容；必要，是指为生存而需要的内容。传媒源源不断地为人们提供着想要和必要的内容信息。

第三类产品是指媒体的各种传播渠道。正如前文所言，一切有传播能力的载体均可产生经济效应。例如，媒体可与企业联合，及时抓住备受关

---

① 网络时代，受众的互动性增强，实际已成为现代传媒的理性主体，是解读者（READER）。见：童清艳. 超越传媒——揭开媒介影响受众的面纱 [M]. 北京：中国广播电视出版社，2002.

② 边际成本：最后一单位产量所导致的总成本的增加量。见：埃德温·曼斯菲尔德. 应用微观经济学 [M]. 北京：经济科学出版社，1999.

注的社会新闻、事件以及人物的明星效应，结合该企业和产品的特点展开一系列的相关活动。甚至可以策划制造具有新闻价值的事件或是其他传媒内容，吸引公众的关注。现在各类科技媒体平台公司也为媒体用户开拓了新的传播渠道。

（二）多次销售及版权（IP）经济特征

传媒产品具有多次销售的功能，是在通过向受众提供内容、向广告商提供有效受众的过程中实现的。这个过程中存在着制造和包装知识产权，尽可能广泛地向受众传播，尽可能以高的价格出售知识产权以求利润最大化。所以，版权问题便成了传媒产业链中一个重要的概念。

具体而言，任何一个传媒企业在力求利润最大化时，都会不断地对自己的内容产品进行战略定位，进行内容知识产权开发，探求真正的现金流（收入减去费用、税费、利息以及考虑贬值因素等）。这样，开辟渠道建设，实现版权 IP（intellectual property）多次销售和让版权效益最大化也成为传媒产业运营中的现实问题。一个好的传播渠道可为传媒企业开辟通畅的版权利润流。

相应地，好的传播渠道可使得传媒企业版权利润如自来水管道中的水，形成版权利润流。

（三）媒体品牌的无形经济效应

这是传媒产业经济里又一个关键概念。21 世纪的传媒产业竞争日趋激烈，不仅存在同类传媒市场争夺，还有新兴媒体对传统媒体的资源侵占，因此品牌建设对于传媒企业而言，具有非凡的价值。

传媒企业通过设立品牌来建立受众对媒体内容的知晓度、记忆度和忠诚度。传媒名家（名记者、名编辑、名主持、名总裁等）、名栏目等是传媒组织在竞争激烈的市场环境里安身立命的保证。这需要传媒组织不断开发传媒品牌资源，有效利用，形成自身的品牌强势优势。

大多数受众和广告商看重品牌，一些大的传媒企业不惜投入上亿元的资金来建立品牌或购买其他品牌。

品牌不仅能够使媒体企业获得暂时的认同感，也能使媒体企业在激烈的商战中获得受众长期的关注。传媒品牌是一种能够为媒体消费者和传媒企业提供附加值的资产建设内容。

【资料阅读 3】互联网品牌建设六大黄金法则①

法则一：把品牌变成可记忆、易于传播的符号

传统产业的品牌塑造很大程度上是基于产品而形成的，而互联网企业的产品基本上是无形的，是一种服务，是消费者看不见摸不着的。因此，对于互联网企业来说，必须创造一个非常强烈的品牌记忆符号，才能让消费者形成实在的感知。

比如谷歌，其强烈的品牌记忆符号就是每逢特别节日，其网站的徽标（logo）就会变身，变成节日卡通形象，节日徽标已经成为谷歌品牌文化重要的一部分。

法则二：把产品体验生动化、娱乐化

强化互联网网民对互联网产品的体验，尤为重要。比如，百度在推广其搜索引擎时，就编撰了一个"小度"和"白依依"的爱情故事，并且让网友自发续写故事，让网民在续写中感知其产品；再如，淘宝网采用大片营销方式深度推广，将大片的明星道具全部搬到淘宝网上拍卖，使得淘宝用户在与大片的深度互动中得到很好的体验。

法则三：学会讲故事

互联网企业要发展，就必须把自己的模式转化为风险投资者容易理解的一个故事或者是一个梦。百度上市时股价飙升到 150 美元一股，整整超越发行价 6 倍，并且成为美国股市 IPO 首日股价上扬最高的 10 大案例之一，就是因为百度在上市路演中讲了一个"中国的谷歌"的故事。

法则四：要学会借势，不能借势就自己造势

所谓借势，即时刻注意跟踪社会上的文化热点、娱乐热点、体育热点，激起市场和社会的多元化反应。最懂得借势和造势的非马云旗下的淘宝网莫属。淘宝网只是一个在"非典"期间冒出来的游戏之作，然而诞生伊始，就给当时中国国内 C2C 网站大哥一记闷棍，宣布"淘宝网将永远免费"，以至于后来 EBAY 收购易趣后，跟三大门户网站签订了排他性广告协议封杀淘宝。然而就是这一轮封杀，让淘宝开辟了一条截然不同的品牌

---

① 参阅：钟伟山. 上海市场营销网，2006 - 4 - 20.

建设之路，淘宝网将视线转移到"娱乐营销"，通过与各种热门大片合作，从《韩城攻略》到《天下无贼》，再到《头文字 D》，淘宝网赚足了人气、出尽了风头，同时也着实吸引了很多用户到淘宝网开店。

法则五：创造需求比寻找心理区隔更加重要

互联网通过某种信息模式的重组，给消费者一个全新的体验，而不是诉求上的所谓不同。他们不是在简单地取悦或者满足消费者的心理，而是在创造需求。谷歌之所以能够成为世界上市值最高的互联网公司，就是因为谷歌一直以来都把创造客户需求放在首位，通过对自身搜索技术和搜索产品的创意开发和升级，不断地推陈出新。

法则六：忘记大众传媒，让网民主动传播

进入"个人传媒时代"后，受众对大众传播的免疫力逐日增长。网民的口口相传，成为互联网企业塑造品牌的重要手段。比如百度，一直以来，都是以"口碑传播"作为其传播的主要原则，现在许多电影的营销也是采取微信朋友圈等口碑营销方式。

（四）媒体竞争是在一定的市场结构中

传媒的竞争存在于产业链的每一个环节，即"策划—生产—销售"中。

在媒体产品生产之前，传媒企业需要进行有效的策划，这时传媒人才竞争便开始了；接着是媒体产品的生产竞争，包括生产出有独特价值、受众想要和必要的内容，其实质是内容竞争；再下来是销售即传媒发送渠道建设方面的竞争，其实质是影响力创造的竞争，包括品牌建设、内容建设、版权建设、广告客户数据库管理等种种要素。例如，一个好的创意往往就能变成一个成功的影视剧本，这会在编剧的时候存在竞争，就要从最基本的剧本开始抓。[①] 有经验的摄影师、制作人、导演和编辑都会成为争夺的对象，当然他们要有出众的才干。

关于传媒的竞争，还必须放在一定的传媒市场结构中去分析。在完全竞争的市场结构、完全垄断的市场结构、垄断竞争的市场结构、寡头垄断的市场结构中，传媒竞争的表现形态不一样，传媒表现出的竞争品位也不

---

① 陆地. 解析中国民营电视［M］. 上海：复旦大学出版社，2005.

一样，有时会是恶性竞争，为了自身企业利益，不择手段，置对方于死地；有时是保守竞争，着眼挖掘自身竞争力，不顾竞争对手；有时则是追求"竞合"双赢境界。传媒组建集团，便是构筑传媒产业价值链，构筑有序的市场竞争环境，传媒竞争需兼顾受众、自身与对手。

传媒的竞争不仅存在于同类媒体之间、不同媒体之间，还存在于新兴媒体与传统媒体之间，可通过竞争战略、竞争优势进行分析。

（五）规模经济和范围经济

规模经济和范围经济指的是传媒企业在不同市场经营涉及成本效率的问题。规模经济是指生产同一种产品达到一定规模之后，平均成本降低。例如，制作一部影视剧的固定成本和可变成本都很高，但如果发行量高的话，那么单片的成本就会大幅下降。

同样，当媒体机构合并后，机构就可以得到精简，不需要原来那么多的行政人员和技术人员。由于传媒产品的成本主要集中在创意和前期制作阶段，产品本身容易复制和传播，因此在不断复制和传播的过程中，产品的边际收益不断递增〔边际收益（marginal revenue）是指增加生产、传播一个单位的信息产品所获得的收入〕。而大多数一般产品每增加生产一个单位的产品往往会减少边际收益，因此商家要找到一个平衡点以保证媒体企业利润的最大化。传媒公司往往享受递增而不是递减的边际收益。

规模经济就是边际成本低于平均成本。传媒企业的边际成本是指向增加的额外消费者提供一个产品和服务的成本。它的平均成本就是向所有受众提供产品和服务的总成本除以受众数。简言之，当生产一个特定产品的平均成本更低，而产出水平更高的时候，就出现了规模经济。媒体企业之所以可以实现规模经济，主要是由于可以获得更低成本的资源投入、专业化生产，以及劳动分工。传媒产业是规模经济，因为它的边际成本总是低于它的平均成本。

范围经济指的是横跨传媒市场的多种产品组合，以实现效益最大化。例如，维亚康姆可以通过它旗下的派拉蒙电影公司来制作电影，然后通过它的付费频道"娱时刻"（showtime）将之推给观众，还可以通过百视达音乐商店（Blockbuster）租赁获得额外利润，最后通过旗下其他的发行放映以及出版合力向外推广，如今还可以借助手机平台进行发放。

传媒要经营成功，必须不断追求规模经济性与范围经济性。其中，获得范围经济效应的关键在于选择合理的业务结构，使得相互之间能充分共享资源、活动与技能；而获得规模经济的关键在于筹集大量资金，公开上市是筹集大量资金的主要途径之一，否则易出现规模不经济的"马歇尔效应"。[①]

（六）并购是传媒做大做强的路径

随着所有权限制的松动、融资利率的降低、商业表现的走强以及技术手段整合，一系列宏观经济政策的利好共同推动了传媒并购的浪潮。

传媒并购是传媒进行资本运营的重要表现形式。传媒的并购可以出现在产业链的任何一个环节，其主要目的是实现资源效益最大化。传媒边际成本递减为其并购、追求规模效益带来了经济基础，而传媒内容生产的创新性又决定了传媒并购的内在动因，特别是在传媒日趋形成全球性战略同盟的背景下，传媒并购成为境内外资本、国有与民营资本融合的有效路径。

与此同时，并购也是形成市场垄断，造成市场缺乏竞争机制的行为。因而一些维护公共利益的团体担忧传媒的过度整合会影响媒体传播的公正性与真实性，对个别媒体集团垄断话语权的状态表示担忧。

传媒并购不同于其他产业的并购行为，主要体现在其独特的内容生产涉及精神产品方面。传媒并购中的文化整合、无形资产评估等都是难题。

（七）创意经济中的人力资源

人才是任何组织中最大的财富，传媒业也不例外。发行、广告等经营人员、制作和技术人员可称为产业链中"链下人才"，采编、制片、编剧、导演、演员和管理人员属于"链上人才"，他们共同为传媒的内容、渠道与资本运营建设而工作。传媒独特的功能使其对人才需求与其他行业不一样。

---

① 詹正茂，赵晶. 香港上市传媒公司业务结构分析 [J]. 传媒，2006（2）.

首先，传媒产品本质上属于"公共物资"，同时具备"社会整合功能"，涉及政治、舆论导向的问题，绝不是简单的"原材料＋制作"的过程，这要求传媒人才，特别是"链上人才"有极为敏感的政治意识；又因传媒具有"产业功能"，便同时要求传媒人才还应具备一定的市场判断能力，要求传媒人才具备复合型知识结构。

其次，传媒属于智力密集型产业。创意以及策划能力是传媒人力资源建设中的关键问题，传媒产业又是技术、艺术与文化含量密集的产业，因而传媒资本运营人才、系统数字艺术软件开发人才、传媒产业经营与管理人才也独具资本价值。

另外，人才建设，包括传媒组织的人力资源开发以及传媒高等教育人才培养战略，均是传媒人才涉及的现实问题。

随着智能媒体崛起，智能屏幕将不再仅仅限于手机、电视、电脑、户外等媒体终端，汽车已经变为装在轮子上的屏幕，冰箱已经变为放在厨房里的屏幕，越来越多与能源网络、通信网络和运输网络连接的终端都将通过安装屏幕的方式变得更具互动性。物物皆媒，事事皆数据，人人皆传播。原来只属于少数传媒机构和部分专业传媒精英的话语权被进一步解构直至崩塌。有人的地方就有手机，有手机的地方就有信息，有信息的地方就有传播，网民都变成了自媒体的生产者与消费者，所有企业、政府的官方沟通工具都具备了媒体的属性。

如今，完成了数字转型的媒体均发现，数字化只不过是转型的中点而非终点，它是通向智能媒体的必由之路。算法提升个性化推荐，写稿机器人已经不是什么新鲜事儿了，从国际赛事报道到财经新闻撰写，从数据的采集到内容的编辑再到信息的发布，自动化程序浪潮已经席卷了媒体，数据思维和算法逻辑预测用户的媒体习惯和消费需求的计算推送也在逐渐推进，懂得计算推送媒体内容的技术人才也必不可缺。

第三节　两种功能的平衡

关于大众传媒的角色与功能，早在 1948 年，传播学奠基人之一、美国学者拉斯韦尔就在《传播在社会中的结构与功能》一文中，运用社会学的结构功能理论，把整个社会比拟成生物有机体，提出传播活动对于社会的存续和发展具有三大功能，即监视环境功能、协调关系功能、传承文化功能。

就监视环境而言，媒体以其全面的生态环境扫描、社会环境报道和舆论环境反映，使人们对社会问题形成整体印象和思考；就协调关系而论，媒体通过提供翔实的资讯和社会各方面意见，使问题的讨论能在最大范围内进行，以实现最大限度上的理解和共识；就传承文化功能而言，媒体源源不断地向大众展现各类通往外界的信息，并在文字和图像等各类符号交织的世界里，为大众编织一个奇妙的世界。在这里，受众获取相应的价值观，满足审美、情感等需求，使得文化在传播和融合中得以延续和发展。[①]

笔者将大众传媒的上述功能理解为社会整合功能，即无论是监视环境、协调关系，还是传承文化，大众传媒在大众传播信息的连续传播过程中，都不断调适、修整和融合由传播引起的各类信息交流，从而对社会产生影响，多年来这在我国被称为"新闻的宣传功能"。

但是，在知识经济时代，传媒将扮演多重角色：作为社会意识形态的载体之一，传媒是信息传播的主力军，其影响力越来越大，对社会生活的参与程度达到前所未有的层面；传媒成为人们获取和传递信息的最主要渠道，因而也成为信息产业的生力军，在传播信息的同时也为传媒组织带来盈利。传媒可带来利润的这种经济功能，笔者将之概括为产业功能，正在发挥强劲的资本运营经济效能。

大众传媒的这两种功能在不同时期和不同环境中，其最佳平衡度都是不一样的。如图2-1、图2-2所示。

具体而言，社会中共有四大机构互相影响，机构之间不能存在根本冲突，否则社会凝聚力便不复存在。

例如，在美国"9·11"事件爆发前期，社会舆论多谴责传媒组织的经济色彩太浓，但在事件后一段时期，又被传媒的正义所征服，充分认识到媒体在社会整合方面的作用。

---

① 童清艳. 超越传媒——揭开媒介影响受众的面纱［M］. 北京：中国广播电视出版社，2002.

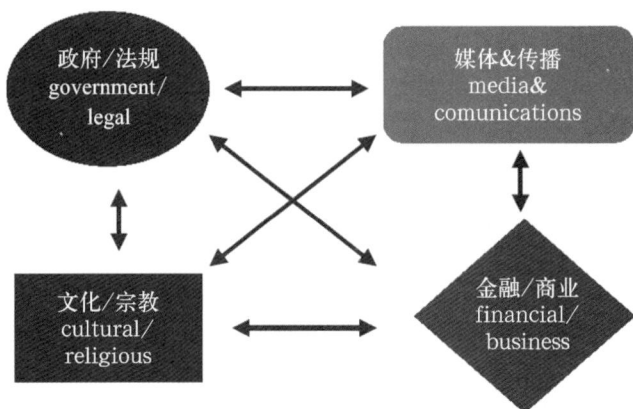

图 2 - 1　各个社会机构依仗大众传媒来平衡

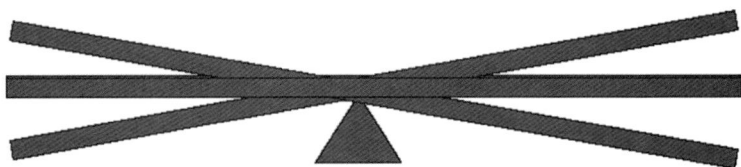

图 2 - 2　在不同的时间和不同的环境里，
最佳平衡的成功程度是不同的①

　　总之，传播学科是一个学术圈地领域，是一门多学科交叉、渗透的边缘学科。由于传播领域的多样性和广泛性，从传播学作为独立的学科诞生以来，它就涉及政治学、社会学、心理学、语言学、新闻学以及数学等各种不同的学科，人文科学和社会科学的研究方法被同时引入传播学的研究中。经济学对于传播学的专家来说，也是一个颇有价值的学科领域。传媒经营管理人员的决策或多或少都受到资源和财政因素的影响。因此，研究传媒公司乃至传媒产业如何运作对于传播学科的发展也很有必要。②

　　传媒产业经济学将传媒企业作为经济单元进行研究，从这一角度去理解传媒的行为和功能。从产业经济学角度可以进一步了解传媒的角色和功能；在理论层次上，传媒产业经济学弥补了现有传播学的不足，增加了一

---

　　①　阿尔巴朗有关传媒经济课程讲义，见上海交通大学传媒 EMBA 课件，2005.
　　②　吉莉·安道尔. 理解传媒经济学［M］. 北京：清华大学出版社，2004.

些重要的经济考量因素。作为一个研究领域，传媒产业经济学为传媒学研究做出了贡献。

思考题：

1. 你认为传媒当下突出表现为哪种功能？其利弊如何？
2. 你对传媒产业是如何解读的？

第三章

传媒产业发展动因

传媒产业的发展受到内外各种动因的影响，而其中对于产业本身来说，最为重要的推动因素主要在技术、经济、受众需求以及政策方面。从传媒发展的历史来看，技术总是伴随着社会的变革，它能在观念上通过总结与反思超越当前现实，为传媒的未来提供制作蓝图。再者，传媒服务于经济社会发展，同时也依赖于经济的助力，离不开可支配的各种资源和生产要素的运筹、谋划和优化配置。其受众需求的多样化，对传媒产品提出了更高的要求，也使得传媒资本的布局和技术的发展导向成为传统媒体的一种颠覆式的变革。国家政策变化的新趋势可以成为传媒产业的发展良机，如何把握国家的政策、法律，对传媒产业的发展具有战略性的意义。

第一节 技术动因

一、传媒产业因技术而迭代

近代人类经历了农业时代、工业时代、信息时代三次大规模变革。进入信息时代后，技术创新对于任何社会子系统的演化推进作用更加凸显。反映在传媒生态圈内，"传媒＋技术"表现为媒体的"智能化"和"泛在化"。

技术层面上，移动互联网、物联网、大数据、人工智能、VR/AR 等技术，正在推动新一轮传媒业生态的重构，机器、数据、"云"也在逐渐涌现，而这样的时代也意味着专业媒体与媒体人的价值重塑。在信息终端方面，可穿戴设备、智能家居、智能汽车将为未来人们的信息消费带来全新的模式①。

作为技术动因之一的网络与数字技术为传媒产业带来新的机遇，并使其发展成为"互联网经济"中独特的组成部分。人工智能给传媒产业带来的变革，未曾止步于机器人写稿、智能编辑分发新闻，新闻源开采、新闻专题策划等，物联网技术的发展，将"万物皆媒"从概念转向实际，谷歌眼镜、可穿戴设备等都将媒体延伸变为现实。可以说，任何一种新的媒体的诞生都是技术力量催成的。

与此同时，网络与数字的迅速崛起打破了原来由西方大型传媒集团主导的世界传播秩序，世界传播体系正在进行解构后的重新建构，互联网的发展及移动互联网和下一代互联网的不断创新，使得这种体系重构的过程变成一种变动的"新常态"。② 传媒体系与网络空间交织不断深入，传统媒体和传媒集团的式微之态，与社交媒体的井喷式发展形成鲜明对比。

二、"技术决定论"与"驯化理论"

技术是推动传媒产业发展的最主要动因，新闻传播学的重要奠基人麦克卢汉被看成技术决定论的主要支持者，该理论最早是由索斯滕·凡伯伦（Thorstein Veblen）在 1929 年所著的《工程师与价格系统》一书中提出的③，其核心观点认为，技术是自主的，有其特定规律和自身确定性；技术变迁导致社会变迁。

"技术决定"理论认为，传播在人类文化结构和人类心智中居于首位，传播技术和符号对文化产生深远的宏观或微观影响。媒介技术对社会和人的发展起决定作用，甚至决定了人类的生活方式。从 20 世纪初的"火星人入侵"、拟态环境再到信息茧房，新的技术正不断朝着沉浸、虚拟、高度

---

① 彭兰. 未来传媒生态：消失的边界与重构的版图 [J]. 现代传播（中国传媒大学学报），2017（1）.
② 崔保国，何丹嵋. 世界传播体系重构下的中国传媒发展战略机遇 [J]. 传媒，2017（12）.
③ 石国贞. 可持续发展的前提：技术决定批判理论 [J]. 中州学刊，2002（5）.

娱乐化的趋势发展。

"驯化理论"（domestication theory）是与"技术决定论"相反的理论之一，该理论源起于20世纪80年代检讨科技与社会关系的研究背景，它重视人的主动性，并认为使用者消费科技的细节蕴有丰富意义。罗杰·西尔弗斯通（Roger Silverstone）（1994）[①] 在《电视与日常生活》一书中提到，新科技就像野生动物一样，必须加以"驯化"，才能找到属于自己的空间。也就是说，传媒技术通过人们在日常生活中的使用，以及这种使用对日常生活的形塑而实现其社会和文化意义。传媒技术必须进入家居，成为家居这个日常生活场景的有机组成部分。驯化理论认为，科技的意义并非由生产者单方决定，消费者可以通过对科技的使用和诠释而创造出特殊的认同，展现属于消费者的权利。

"技术决定论"又分为强技术决定论和温和的技术决定论[②]。强技术决定论的主要学术流派是奥格本学派，该学派认为，技术是决定社会发展的唯一且最重要的因素，认为技术只需累积到某一程度，整个社会文明就会随之被驱动，发明、革新自然而然成为水到渠成的事[③]。

诸如法国技术哲学家、著名的人文主义技术哲学集大成者埃吕尔这样的学者，并不认为技术完全不受社会制约就能独立存在；相反，他们认为技术的历史就是人类行动的历史，技术在政治、经济、文化等多重社会因素制约下对社会变迁起作用。换句话说，技术与社会之间的关系是相互的，技术既产生于社会，又反作用于社会。[④] 这种规避极端式思维，把技术上升至高于社会存在层面的、为技术与社会建立起互生互动关系的思想被称为"温和技术决定论"。

在媒介研究领域，持"技术决定论"观点尤其是继承"强技术决定论"的学者，最有影响力的要数多伦多学派的英尼斯和他的学生麦克卢汉，而学者麦奎尔将其媒介理论称为"传播技术决定论"（communication technology deter）。他们认为，媒介技术的变迁与社会文明变迁之间存在同步关系，

---

①　Silverstone R. Television and Everyday Life [M]. Routledge，1994.

②　李硕. 技术决定论浅析 [J]. 哈尔滨工业大学学报（社会科学版），2001（3）.

③　同上.

④　王茵. 技术决定论研究综述 [J]. 理论月刊，2004（11）.

传播技术革命直接导致了社会文明的发展。① 英尼斯在《传播的偏向》中，一直强调媒介对文明以及社会的影响，例如通过研究埃及文明中莎草纸对石头以及象形文字媒介的挑战，他认为媒介影响文字与思想的传播，进而导致了社会的变革。②

　　而作为学生的麦克卢汉，提出的"媒介即讯息""媒介是人体的延伸""地球村"等媒介形态理论概念，也被众多学者认为烙上了浓厚的"强技术决定论"色彩。作为传播学学科奠基人之一的施拉姆认为，"麦克卢汉，正如他的老师哈罗德·英尼斯一样，是个技术决定论者。他同英尼斯一样，把西方近代史解释为'建基于印刷文字传播上的偏颇与知识垄断的历史'"。③ 这主要是基于麦克卢汉认为技术引起了工业革命、技术导致了市场经济的诞生、技术造成了个人主义的兴起，乃至激发整个民族国家、民主制度、科学观念与实践的发展。④

　　媒介研究领域中的"温和派立场"认为，技术首先要从属于社会发展，才能推动社会进步，如提出创新扩散理论的著名传播学者罗杰斯认为，媒介技术在社会变迁中起着关键作用，书写的发明、15世纪印刷术的发明、19世纪中叶开始的电讯传播以及1946年因大型计算机的发明而开启的互动传播时代是人类社会重要的转折点。新技术的"互动性""个人化程度以及小众化本质"及"不受时间限制的异步性"将给社会传播体系带来革命性的影响。⑤

　　笔者认为，媒介技术伴随着社会的变革，它能在观念上通过总结与反思超越当前现实，为传媒未来制作蓝图。所有的高新技术，必然通过传媒而进入人类社会，发生功效，与媒体用户需求密不可分。正如麦奎尔所说："经过证明，任何传播技术发展的历史，结果都能够激励发明的步伐

---

　　① 潘祥辉. 论媒介技术演化和媒介制度变迁的内在关联 [J]. 北京理工大学学报（社会科学版），2010（1）.
　　② 谢清果，杜恺健. 媒介环境学派与"技术决定论"关联的再思考 [J]. 现代传播（中国传媒大学学报），2018（2）.
　　③ 左康华. 媒介形态理论是"技术决定论"吗？——对媒介技术本质的再思考 [J]. 东南传播，2012（8）.
　　④ 何道宽. 媒介即文化——麦克卢汉媒介理论批评 [J]. 现代传播（北京广播学院学报），2000（6）.
　　⑤ 潘祥辉. 论媒介技术演化和媒介制度变迁的内在关联 [J]. 北京理工大学学报（社会科学版），2010（1）.

与物质方面的潜力。"①

三、"传媒产业融合"

诸如印刷、出版、广播、电视、电影、网络、手机等媒介技术对于整个传媒产业起着重大作用。媒介技术的发展对传播学者拉斯韦尔所提出的"5W"中的各个因素，即传播的主体（传者与受者）、讯息、渠道与效果产生了重大的影响。现实中，各种新技术之间、技术主体之间、技术资本与管理之间等都在呈现或大或小的融合趋势，这就是一种"传媒产业融合"。在此媒介融合的时代背景下，打造一种以技术聚合为特征的融媒体形态，是媒介形态演进的需要，也是新兴媒介技术时代发展的必然趋势。融媒体传播的时代性趋势，决定了传受关系、技术驱动等融媒体传播特征的存在。② 如今我们所处的时代，有诸多学者称之为"智媒时代"，"智"字的意义则在于为不断涌现的新技术增添更多与人、与社会互动交融、渗透沉浸的可能性，新技术被前所未有地打上"人类智慧"的烙印。持续变革的媒介技术主要有以下几种。

（一）物联网（IOT）

物联网即"物物相连的互联网"（internet of things），是在互联网基础之上延伸和扩展的一种网络；用户端延伸和扩展到任何物品与物品之间，进行信息交换与通信。③ 在这个网络中，有三种互联关系：物品与物品，人与物品以及人与人，实质上更是服务于人与人之间的信息交互。

（二）现实增强（AR）

现实增强技术（augmented reality）是将真实世界与虚拟世界集成在一起的技术。它通过电脑技术，将真实环境与虚拟物体叠加到同一个画面中，真实和虚拟的两种信息相互补充，具有实时交互的特点。

---

① 麦奎尔. 大众传播理论［M］. 北京：清华大学出版社，2006.
② 张成良，甘险峰. 论融媒体形态演进与智媒时代的开启［J］. 中州学刊，2017（9）.
③ 余秀才，黄鹏程. 全媒体语境下新媒体发展的四个维度［J］. 编辑之友，2012（8）.

（三）虚拟现实（VR）

虚拟现实技术（virtual reality）是一种可以创建和体验虚拟世界的计算机仿真系统，它提供一种多源信息融合的、交互式的三维动态视景和实体行为的系统仿真，使用户沉浸于环境中，带来一种身临其境之感。[①]

虚拟现实被认为有沉浸感、交互性、想象性三个基本特征[②]。所谓沉浸感，是指让人沉浸到虚拟的空间之中，脱离现有的真实环境，获得与真实世界相同或相似的感知，并产生"身临其境"的感受。所谓交互性，是指通过硬件和软件设备进行人机交互，VR用眼球识别、语音、手势乃至脑电波等多种传感器，与多维信息的环境交互，并逐渐趋同于同真实世界的交互。所谓想象性，是指在虚拟世界中，用户根据所获取的多种信息和自身在系统中的行为，在逻辑判断、推理和联想等思维过程中，对其未来进展进行想象的能力。[③] YouTube、爱奇艺等视频媒体平台都建立了VR视频的体验服务。

（四）人工智能（AI）

与自然智能（natural intelligence，NI）相对应，机器成为能根据环境处理信息的"智能主体"（intelligent agents），具备人类的认知、学习、分析、解决问题的智能，因此也称为机器智能（machine intelligence，MI）[④]。

四、科技媒体平台公司

独立科技媒体作为报道创业、投资信息以及互联网资讯，为创业者和投资人提供服务的平台，近年来得到飞速的发展。Facebook上线内容平台Instant Articles让用户不再需要跳转到媒体网站去阅读新闻，而且此工具对图片和视频进行优化，内容加载速度极快，让用户在Facebook里就能得到极致的阅读体验。

[①] 喻国明，张文豪. VR新闻：对新闻传媒业态的重构［J］. 新闻与写作，2016（12）.
[②] 虚拟现实（VR）技术特点介绍与发展历程详解［OL］. http://www.askci.com/news/chanye/2015/11/24/151122qjfz_2.shtml.
[③] 喻国明，张文豪. VR新闻：对新闻传媒业态的重构［J］. 新闻与写作，2016（12）.
[④] 仇筠茜，陈昌凤. 黑箱：人工智能技术与新闻生产格局嬗变［J］. 新闻界，2018（1）.

苹果也推出新闻聚合应用 Apple News，并招募编辑组建新闻编辑团队，采用"人工+算法"的方式为读者推荐最有价值的新闻。

谷歌启动"新闻实验室"（news lab），它将成为媒体工作者庞大的资源库，记者可以通过它访问来自谷歌的所有应用程序和平台的数据；并且谷歌还将与媒体初创加速器项目合作，通过 First Draft、Witness Media Lab 和 YouTube Newswire 等项目来帮助自媒体。

Twitter 推出"闪电项目"（project lightning），采用编辑团队对这些新闻进行梳理，并呈现在一个权威且界面简洁的新闻板块上，让用户能更清晰地了解新闻事件的发展。

连图片分享应用 Snapchat 也上线了"Discover"内容发现功能，Snapchat 邀请了 10 多家媒体入驻，用户可以在 Discover 版块中查看或收听到 CNN、Vice 和华纳音乐等 10 多家媒体的内容。

独立科技媒体平台公司的营利方式在于传播信息，在信息的传播过程中，独立科技媒体发挥平台优势，连接用户与企业，从而实现资源互通。一些独立科技媒体平台公司还有广告投放、创新投融资、相关延展服务等，并且与其他投资机构合作，为处于发展初期的项目进行众筹，同时向融资成功的项目收取平台服务费。在注重线上内容报道的同时，也积极开展相关延展活动并从中收取费用。常见的延展服务多为开通 VIP 用户服务，为 VIP 用户提供更专业、更前沿的咨询报道。科技媒体平台公司也举办在线课程、线下活动，通过收取课程费、门票费的方式获得收益。[1]

五、智能传媒

现有的人工智能（artificial intelligence）研究较大程度上依赖计算机科学。以模拟人类思维互动、智能仿生为呈现方式，又有高速运算、无限深度学习等优势，对传媒产业的价值链、生产方式、商业逻辑等都带来了颠覆性的冲击。它可分为逻辑智能、感知智能和认知智能三个阶段。

---

[1] 武旻，王毅蕾. 独立科技媒体盈利模式问题研究分析 [J]. 科技传播，2017 (5).

逻辑智能阶段依赖存储和搜索能力，通过学习人类经验数据库并构建模型，搭建其计算逻辑，代表成果是 IBM 的深蓝。感知智能阶段依靠深度学习工具建立对交互对象的感知，从而计算出智能主体本身的行为，AlphaGo 是此阶段的代表成果。认知智能阶段智能主体自身已内化为感知和情感的生发者，拥有与人一样的情感、思维和想象力[①]。目前人们较为熟悉的人工智能研究领域如语言识别、图像识别、围棋对弈、无人驾驶等，都属于前两个阶段，认知智能研究还有待发力。

传媒产业在从灵感起源到成品面世、效果评估的各个环节，已形成一条较为固化的产业链，包括上游的内容制作公司、中游的出版发行公司、下游的呈现平台公司等。人工智能对传媒产业价值链条的重构，也以节点化的方式均衡发力于各部分。目前探讨较为成熟的领域有机器人写稿、智能算法分发、新闻个性化定制等。

（一）内容：节点化、嵌套式生成，多维信息制作体系

美联社公布了《增强新闻的未来：智能机器时代新闻编辑室手册》（*The Future of Augmented Journalism：A Guide for Newsrooms in the Age of Smart Machines*），介绍了人工智能系统对新闻业的影响，如表 3 - 1。[②]目前，人工智能技术对新闻内容生产现有的结构化推进作用可分为以下几类：

（1）辅助人类内容制作者信息生产全过程，提高信息效率。借助智能信息"现场云"系统，记者只需一台手机，即可实现一键素材采集与同步回传，后方编辑部可与之配合，实时进行在线新闻编辑和播发，新闻报道时效性明显提升。

（2）机器研习内容融创规律，组建基础数据库。智能写稿助手DreamWriter，在财经和体育赛事报道中崭露头角。机器人写稿作品语言流畅，引经据典，写作效率也比传统记者原创提升良多。阿里在戛纳国际创意节上正式发布的"AI智能文案"产品，结合淘宝、天猫的海量优质内容与自然语言算法，可基于商品自动生成文案。阿里智能文案起点颇

---

① 张成龙. 人工智能商业逻辑初探［J］. 企业家信息，2017（2）.
② 仇筠茜，陈昌凤. 黑箱：人工智能技术与新闻生产格局嬗变［J］. 新闻界，2018（1）

表 3 - 1　与新闻生产相关的人工智能技术、机构及应用场景

人工智能技术	机器学习		自然语言		语音处理		视觉信息		机器人
	监督式机器学习	无监督式机器学习	自然语言生成（NLG）	自然语言处理（NLP）	语音转文本	文本转语音	图像识别	图像计算	
从事新闻相关业务的技术公司/媒体	Quartz	美联社的Data Journalism Team	Automated Insights	Agolo	Amazon Echo；Apple Siri；	Reynolds Journalism Institute (RJI) Future Lab；Auto Edit	Clarifai；Vidrovr；Google Gloud Vision API	Wibbitz	德国EarthTV卫星电视公司
新闻生产场景的运用	采访对象情绪判断；海量数据发现新闻线索		结构化消息的自动写作；非结构化数据中提取摘要		新闻消费的语音交互界面；自动听写采访录音；自动抓取视频引用制作标题		面部（微）表情识别；卫星高清图像辨认；视频及照片自动加注标签		自动化写作；无人机非常规角度拍摄；传感器数据收集

高——一分钟可在线生成 20 000 条短文案，且风格各异。机器人内容创作已经从依靠模板填充升级为自动学习生成，模拟人类协作、自由定义字数、实时在线样本学习，这些都体现了智能生成设备对于内容生产的跨越性推动。

（3）以智能语音贯通人机，以一元化轻体验取代手脑并行方式。语音识别是人工智能最早使用深度学习并且迅速取得突破的领域之一，如科大讯飞上线语音识别系统，短短 7 年内，将准确识别率从刚上线时的 55％提升至 95％，使用语音智能识别工具进行信息输出，可大大提高记者的工作效率，实现双手解放和内容生产人力成本的下压。

（4）信息反向筛查，打造立体产、发传输网。后真相时代，新闻真实性问题上升到新闻传播价值链中前所未有的高度。利用智能设备进行新闻信息核实成为新的利益连接点。Google 早已推出图片反向搜索功能，旨在克服 UGC 环境下虚假信息、冗余信息泛滥和拼接信息等问题。TinEye 也上线了比对图片和自家数据库的功能，核查信息的重复出现率和来源。

以人工智能的智能化特征重组内容生产行业，以持续学习、人机协同实现人机交互和信息传播维度的扩充，是人工智能应用于传媒产业的原因。

（二）分发：分众定制，信息初筛共促集约化

人工智能技术主要体现在借助高速运转的算法机制和多平台、多矩阵的沟通互联形成资源优化和效率提升，打造流量工厂。目前，人工智能对传媒产业分发过程的影响可归纳为以下几类：

（1）个性化分发助力用户个人数字画像。国内以今日头条为代表的个性化信息推荐平台依靠数据爬虫和矩阵筛选搭建信息分配与筛选模型，通过个人的浏览偏好选择性推送信息，形成信息和用户的双向闭环互动。人在浏览信息时，信息也在观察人。个人的信息题材选择倾向、界面浏览时间、最后浏览位置等都记录在分发平台大脑中，以选择性地突出和弱化某类信息，长效吸引用户注意力，提高用户黏性。

（2）智慧审校系统强化把关，信息筛查机制严密集约。信息过溢带来了审美疲劳和审核工作压力的加大，利用人工智能识别技术可减轻人工把关的压力。在信息传输的第一道关卡进行初筛，提升社区信息安全性和稳定性。图像识别、深度学习技术为提升信息筛查便捷程度提供了技术支持，如腾讯 SNG（社交网络事业群）的优图团队聚焦图像识别领域，推出了图片识别功能，为腾讯内部产品如图片优化工具"天天 P 图"所用；抖音平台通过比对大量多样化标注训练样本的相似性，提升机器审核的敏感度，减少人工编辑的工作量[①]。就目前状况而言，智能编辑完全取代人工编辑尚未实现，但智能编辑的前置把关作用不可缺位。

（3）无边界式学习成长，产业集约扩大化与资源浪费最小化。微软小冰曾突破出版和人工智能的次元壁，通过打造智能语音儿童故事专栏和与当当云阅读的升级合作，学习经典童话故事、语音输出，借助场景化打造等方式，实现了人工智能和数字出版的联姻。学习无边界、长效快速吸收

[①] 参阅：抖音与人工智能审核，让你浏览无忧. https://cloud. tencent. com/developer/news/249639.

信息是人工智能的显著优势，与人类学习相比，小冰只需 6 分钟即可完成人类 400 小时的工作，成本压缩至人类学习支出的六十万分之一。[①] 学习效率提升，可依据传播对象特征进行内容塑造，成为人工智能入驻传媒产业的强势推动力。

（三）呈现：技术共融与群智并生

人工智能对信息呈现平台的重构，往往与大数据、云计算、物联网等形成耦合作用，良性的互动能扩大信息到达率，深化受众对传播本意的理解程度，提升协商解码的概率。各类信息呈现平台在人工智能推动下的变革有以下特征：

（1）万物皆媒，平台柔性应产业需求而变。人机交互、自然语言处理、机器学习、语音识别和语音合成、计算机视觉是微软研究院成立时最早的五个研究方向，也是今天人工智能的几个最重要的分支。[②] 与可穿戴设备的碰撞带来了移动场景的扩大、生理信息的收集，并因此促成了人工智能仿生学维度的延伸；与传感器技术交叉接入信息分析初始阶段节点，有助于形成容量更大、结果更真实的用户画像。

（2）仿真物理情景投射与再造，扩大虚拟环境体量。美国学者梅罗维茨在《消失的地域：电子媒介对社会行为的影响》一书中细化了戈夫曼提出的情境理论，将情境划分为物理情境和社会情境。[③] 人工智能技术对人类能力的模拟逐步推向深入，也将人类依靠外部环境和社会交往形成的情境打破、重建。对人类生理信息的收集、辨别和机器模拟人类思维的研究，将加深人类和机器的交互行为深度，构建仿真物理情景，拉大现实物理环境和仿真物理环境的间隔，形成李普曼所说的"两个世界"。

【阅读材料 1】知识付费、场景消费成为传媒营利新盘口[④]

微信推出微信公众号平台后，催生了内容创业的热潮。这一轮热潮

---

① 出版是否要步入人工智能新时代？ http：//www. chinaxwcb. com/2017 -12/28/content_365562. htm.

② 张成龙. 人工智能商业逻辑初探 [J]. 企业家信息，2017 (2).

③ 约书亚·梅罗维茨. 消失的地域 [M]. 北京：清华大学出版社，2002.

④ 资料来源：喻国明，赵睿. 从"下半场"到"集成经济模式"：中国传媒产业的新趋势——2017 我国媒体融合最新发展之年终盘点 [J]. 新闻与写作，2017 (12).

惠及大量的内容生产者，一方面，机构化的内容公司集内容生产和分发于一体，成长为垂直领域的独角兽企业，今日头条、知乎、快手等平台迅速崛起；另一方面，草根的力量得以凸显，KOL（"关键意见领袖"）表现出足以与专业机构相匹敌的影响力，如"咪蒙"单月收入超过400万元，而"罗辑思维"估值超过20亿元，"Papi酱"单条广告拍卖至2 200万元等案例都展示了内容创业的巨大能量。但是这一阶段的内容创业红利主要来自传统内容市场的广告资源的迁移，在市场和广告业的需求总体量恒定的情况下，不断增长的内容创业者对于市场的争夺是排他性的。经过了5年的发展之后，内容行业热潮出现了退潮征兆，人口红利在市场上消化殆尽，商业资源逐渐集中于头部内容和机构化媒体，而对于大量处于长尾部的内容创业者来说，传统广告模式在新内容市场上的势能逐渐消退。

相较于内容创业趋于饱和的红海市场，知识付费则成为内容营利的蓝海市场。知乎、果壳、"罗辑思维"等平台相继推出"值乎""分答""得到"等知识付费产品，并在短期内吸引了海量用户；钛媒体和36氪等垂直媒体也纷纷开设付费专栏，知识付费成为内容平台实现流量变现的营利选择。在社会越来越结构化的今天，过去碎片化的知识对于解释和把握结构化世界的能力越来越低，人们的知识焦虑也越来越大，因此稀缺的专业化知识、跨界的知识和方法型知识、高精粹度的知识、量身定制的个性化知识服务都成为人们理解世界、把握世界的"抓手"。而且当前知识付费平台形式多元，订阅专栏、付费问答、付费讲座、付费语音短问答等模式彼此交融，形成了市场合竞关系。当前知识付费平台多为开放式平台，挖掘某一领域专家，形成头部内容引流是借由机构完成的，但其中的受众参与、用户分享则是通过个人得以实现的。这种机构与个人有序协同的内容生产方式也使得知识付费具有更为长远的市场活力。

从形态来看，互联网对资源的连接和整合是一个由虚拟逐渐走向实体化的过程，其经历了三个阶段。第一阶段是线上虚拟连接。通过搜索引擎、门户网站、社交媒体实现了人与信息的连接、人与人的连接。这一阶段的连接都是在虚拟空间中完成的，互联网对个人作为社会运作的基本单位和基本主体进行了激活，人对信息的生产、呈现、传播能力都得到了提升。第二阶段是线上与线下的连接。这种连接方式催生了O2O

商业模式的兴起，打车、外卖等应用成为这一轮连接中的小巨头。这一阶段的连接大大增加了人们社会实践的自由度，并由此带来了更多的社会流动性，实现了共享经济中的个人"赋能"。第三阶段的连接，是线上与线下交融的 OMO（Online Merge Offline）阶段。在此阶段，线上和线下会被彻底打通，互联网对资源的连接逐步实体化，打通的关键节点就是场景。

未来，线下的场景将逐步转至线上。目前通过支付方式的线上化，消费购物的场景已经展现了 OMO 的交融趋势，不仅电商通过直播、VR 试衣间等方式打造了场景化的购物平台，提供了更多消费选择，而且消费者线下在哪里进行了什么消费也都可以直接通过线上得知。

进入智能化阶段后，通过人工智能与数据挖掘技术的部署，医院、商店、教育甚至行政工作，都可能采取线上＋线下的 OMO 模式，而且这种场景建构中所获得的数据都是结构性的。比如，过去针对消费者偏好进行的数据分析，都是根据消费者最终决定购买的交易情况进行推算的，但在虚拟购物场景中，对消费者看了什么、试了什么、最终购买了什么都可以进行监测，对受众的解读更加直观、立体。场景消费也将成为传媒营利的最新风口，将信息传播搭载于智慧交通、智能家居等生活场景将成为传媒场景消费的新方式。科技媒体平台公司如谷歌推出了 Google Assistant、Google Home、Google Drive 等一系列场景应用，大大拓宽了受众信息获取的接口，也提升了服务提供方对受众需求的感知能力。能否将信息产品和信息服务很好地融合与搭载到这些场景应用中，决定着未来传媒营利的新增长点。

第二节　经济动因

传媒经济环境对传媒的影响是直接的。传媒以其传播信息、引导舆论等功能为经济社会发展服务，同时传媒自身的发展也依赖于经济的发展。研究表明，传媒产业增长总是与经济的增长紧密相连的。[①]

① 刘毅. 传媒生态环境及产业创新［J］. 重庆社会科学，2008（3）.

经济繁荣、物力雄厚，是传媒发展不可少的条件。如果经济低迷、百业萧条，传媒业很难一枝独秀。2008 年的全球金融危机，不仅给全世界的金融业和实体经济带来了危机，也给各国的传媒业带来了彻骨寒流。这就是有力证明。[①]

传媒的产业身份赋予其经济价值，经济价值则意味着传媒产业的资本进入，以及无形内容、有形物质产品的输出。因此，传媒产业的资金积累成为其价值链上的关键一环。传媒产业的运作，离不开可支配的各种资源和生产要素的运筹、谋划和优化配置，运营的目标是实现最大效力的收益，实现投资人和运作人等群体的价值回收。资本运营是使传媒产业价值焕发的外部作用力，如今传媒产业的外部作用力的渗透并不罕见。通过价值成本的流动、兼并、重组、参股、控股、交易、转让、租赁等途径，资本得以进入传媒业进行运作[②]。

以时间属性、技术属性和控制方式的不同划分，可将我国的传媒产业分为传统传媒产业（如报刊、广播、电视等）和新兴传媒产业（尤其以商业主导的传媒公司为代表）。就第一类传媒而言，由于其传播话题的严肃性和身份归属的历史沉淀，其在资本运营方面仍属于严肃派，最突出的特点是外来资本渗透率低，渗透审核周期长。当前此类传媒的资本运营方式可分为三类。[③]

（1）合作经营，以投资的形式出现。如三联集团为了经营业务的多元化而投资了《经济观察报》。也可利用资金买断某个时期内的广告经营权，比如 TOM.COM 在进入中国市场以后，为了打开国内市场而花高价买断国内知名报刊以及电视节目广告经营权，大面积进行自有业务宣传。再有就是资源置换，即传媒企业与其他企业进行相应的资源置换，实现优势互补。

（2）证券市场融资。一是借壳上市，即资本运营方式。如《成都商报》为解决其在发展过程中的融资困境，旗下的成都博瑞投资有限公司通过借壳四川电器实现了上市。上市之后，依托上市之后的融资便利，《成都商

---

①　丁柏铨. 传媒生态环境的变化与文化建设面临的挑战［J］. 西南民族大学学报（人文社科版），2018（1）.

②　杨鹏. 我国传媒行业资本运营的现状及分析［J］. 经营者，2015（11）.

③　李东. 我国传媒产业与资本市场融合发展模式［J］. 中国出版，2016（22）.

报》与美国高斯公司实现了战略合作，组建了西南地区最先进的彩印中心，进一步拓展了《成都商报》的产业链。二是子公司上市。由于传统传媒企业面临许多上市制约，所以它们通过子公司上市的方式来配置内部资源。如湖南广电联合湖南星光实业发展公司等，设立传媒子公司电广传媒上市，获取证券市场的融资支持。

（3）金融机构借款。传统传媒产业与其他行业一样，也会通过借款方式壮大自身的资本实力。一般采取固定期限支付利息的形式，受政策的制约较少，成为多数传统传媒产业的最简化选择。

新兴媒体资本进入的途径更加多元，达到的实际效果和取得的口碑则呈现两极趋势。新兴商业媒体的资本来源更加复杂。自有资本、其他企业资金注入、股票市场融资都不少见，国家和地方级补贴也是重要的资金来源。商业传媒机构的经济价值更见诸其营利规模和多样化的营利手法上。狭义的商业传媒的主要商品是以新闻为代表的信息的生产、制作、传播；广义的商业传媒更是以其自由资源为桥梁，搭建起不同群体之间的资源交换渠道并以此获利。新兴商业传媒机构的生产成品纷繁多样，严肃类的新闻深度报道、精华知识课程，娱乐类的短视频、直播、网络综艺、网络自制剧等均有呈现。

【阅读材料 2】"罗辑思维"内容营销的构成①

内容营销的基础是社群经济。"罗辑思维"的社群策略是建立限量会员制度。"罗辑思维"初始招收会员 24 925 位，缴纳会费达 960 多万元。第一期招纳 5 000 个普通会员和 200 个铁杆会员，6 小时即售完，收入 160 万元，实现自媒体变现。随后，"罗辑思维"二期会员开售名额 8 万个，两天售出会员名额 2 万个，共计 800 万元。

"罗辑思维"不仅首创内容行业会员付费模式，而且注重用户体验，将志趣相投、具有认同感的群体吸纳为社群成员，这些成员热爱知识产品，而且相互信任，能付出实际的行动。"罗辑思维"将社群核心会员用户线上、线下互动紧密结合，如展开社群圈子内外的征婚活动、社群组织旅游等，用多种沟通交流方式提高了用户对社群价值的认同感和黏性。

---

① 参阅：张政，刘强. 基于社群经济的自媒体内容营销 [J]. 现代营销，2018（8）.

在自媒体垂直社交平台，"罗辑思维"主要在微博、知乎、豆瓣、App、微信公众号等展开内容营销。微博以在线活动为主，知乎是对于内容不足的批判，豆瓣是侧重线下活动的组织，App 主要是销售图书及在线课程，微信公众号汇聚综合的内容。

【阅读材料3】网红经济的蓬勃发展

新浪微博等社区的出现，刺激了大批网红的出现，其后，直播、短视频平台的批量化，又铺就了大量普通人的造星之路。

网红经济的出现，可以归因为以下几个方面：网络时代的自媒体趋向、个人价值多元化和社会心态多样化、经济结构战略调整和创新创业政策导向。[1]"抖音"上线后一直不温不火，后来通过赞助"中国有嘻哈"和多款抖音爆款的制造（如海底捞网红吃法）走入大众视野，一批新的网红强势进入网络意见领袖行列。抖音研究报告中提到，自发生成短视频的用户中，明星名人类占 12.6%，入驻平台的成熟网红和 KOL 占比达 34.2%，而新生纯素人类用户达 49.1%。在这 49.1% 的用户中，萌宠类、高颜值类、技术类、萌娃类、音乐类占大头，依靠抖音平台走红的新网红不在少数。代表性的网红有技术类 KOL"黑脸 V"和颜值类网红"费启鸣"，他们都依靠抖音走红，粉丝数高达千万，单条短视频获赞量可达万级。值得注意的是，抖音网红分走了平台大部分流量，占比 2.7% 的头部视频，获得了 80% 以上的平台用户关注和参与。而这 2.7% 的头部视频，多出自网红之手。[2]

互联网时代，流量和经济收益是无法完全独立的，网红经济更是如此。从网红传播到网红经济的演变可以窥见新兴媒体的迅速崛起。网红身上的价值，有依靠内容变现的创作型网红的内容价值，有基于内容聚粉、基于社交沉淀的粉丝价值，有依靠流量产生的电商、广告、增值服务带来的商业价值和通过资源整合、行业重塑带来的价值。依托网红宣传的天猫，在每年"双 11"当天交易额都刷新世界纪录。比起以往明星高额的代言费，网红代言价格低且容易与用户互动，增加了品牌黏性。同时，网红

① 王卫兵. 网红经济的生成逻辑、伦理反思及规范引导［J］. 求实，2016（8）.
② 抖音研究报告，2018.9.

依托着时代的力量被捧到高处，赚到盆满钵满，但背后的市场逻辑更迭和行业监管缺位不容忽视。

第三节　受众需求

在传媒商业化的发展路径中，受众的需求成为驱动传媒产业发生变革的内在动因。

早在 20 世纪 70 年代，心理学家卡茨就提出了使用与满足理论，他认为，受众是基于特定的心理需求而使用媒介，从而使其需求得到满足的过程，受众不是被动的、一无所知的，而是主动地寻求信息。受众在传播过程中的作用被肯定，通过各种反馈机制，受众的需求也极大地影响了媒介的发展。[①]

尤其是在以网络与数字技术为主导的信息时代，一定意义上的媒体消费者，其需求越来越多样化，对传媒产品提出了更高的要求。在这个过程中，媒体消费者的主体意识不断提高，倾向于在浩如烟海的媒体产品中寻求适合自己的、有针对性的服务。分众化趋势越来越明显，延伸出无数个细分媒体市场，个性化定制服务的需求显著。在此过程中，还涌现出大批以 UGC 模式出现的网络红人，他们被赋予更多的身份特性，即社交媒体生态圈层中的意见领袖、头部流量、带货能手等。网络红人将流量卖给媒体主，媒体主则通过吸引受众的注意力，再将其售给广告主，广告主再投资网络红人和媒体主。[②]

相应地，为了适应网红力量对于创新内容和生产的需求，直播、AI、VR/AR 技术也在进行深入延展，由此，消费以及消费模式、消费类型的变化在改变着传媒资本的布局和技术的发展导向。

"受众"来源于英文"audience"，在传播过程中往往代表着信息接收者一方——受众身份，经历了从"大众"到"市场消费者"再到"权利主体"的变化。

---

① 孔海啸. 传统媒介网络化发展的动因分析 [J]. 今日中国论坛，2013 (19).
② 冯琳. 传媒消费主义视角下"网红 3.0"现象的理论重构——以自媒体 Papi 酱为例 [J]. 新闻研究导刊，2017 (20).

一、受众信息选择

与传统媒体一对多的传播方式不同，"多对多"（多个受众之间根据同一议题生产内容以面向更多的受众）甚至"多对一"（如微博中的@方式，多个受众将特定信息向一个受众进行传播）。

网络媒体中的受众，其信息选择可遵从以下几个特征：目的性、易用性、习惯性、积累性、经济性和社会性。[①] 受众会出于各种各样的目的进行信息选择，海量信息的冗杂增大了受众进行逻辑检索与选择判断的成本，也加重了受众面对繁重信息时的压力[②]，因此"简单易用"成为受众选择信息的前提与压力疏解方式。受众会更倾向于选择自己更熟悉、更能提升自己的信息。

二、内容需求从严肃正统到泛娱乐

一方面，人们更愿意接触为其提供消遣和情感满足的信息内容（如幽默段子、娱乐八卦等），需求呈现泛娱乐化之态；另一方面，即使是主流媒体发布的重大新闻，人们也更倾向于选择更为直观、报道风格更轻松的内容。

三、从深度报道到"临场"效应

多种信息获取渠道，日趋严重的碎片化阅读习惯导致人们急需高密度的信息刺激——信息的"量"正在取代"质"，受众需要在更短的时间内获得更多的信息。因此，读图、资讯短视频应运而生。以直播、VR等更具临场感的信息发布形式使得用户获得了更为真实的临场感体验。

四、从沉默受众到发声者

互联网时代，媒体评论区为反馈者提供了互动的平台；"弹幕"则通

---

① 邓小咏，李晓红. 网络环境下的受众信息行为探析［J］. 情报科学，2008（12）.
② 同上.

过实时发送等方式，为用户营造了前所未有的交互感。无论是微软小冰还是谷歌开发的新闻聊天机器人 chatbot，都传递着这样一个未来媒体的发展趋势：能够做好智能交互的媒体，就成了受众的"朋友"，就会获得更多用户的青睐。

第四节　政　策　动　因

如果说国家的政治体制对传媒产业的影响是宏观的，那么国家的法律法规对传媒产业的影响就是中观或微观的。[①] 同样地，针对传媒产业制定的各项政策，对其发展也至关重要。敏感地捕捉到国家政策变化的新趋势，就可以为传媒产业的发展取得先机，因而如何把握和符合国家的政策和法律法规，即业界所称"合规"，对传媒产业的发展具有战略性的意义。

传统媒体（报刊、电视、广播）以其公信力和传播效能往往被视作"喉舌"，其强大的舆论监督和传播影响力使得监管与扶持一直是传媒政策的两大主题。针对新兴媒体发展中出现的网民素质不够均衡、信息环境有待治理的情况，国家不断出台各类相关政策法律以规范网络空间。

【阅读材料 4】上海报业大力变革：《东方早报》停刊，澎湃新闻引进 6.1 亿元国有战略投资[②]

摘要：《东方早报》休刊，其原有的新闻报道、舆论引导功能，将全部转移到澎湃新闻网。而《东方早报》休刊后，仍将以适当的电子或书刊形式，将原《东方早报》的品牌内容存续下去。

6 家国有独资或全资企业对澎湃新闻网运营主体——上海东方报业有限公司（以下简称"东方报业公司"）战略入股，增资总额为 6.1 亿元。增资完成后，上海报业集团对东方报业公司的持股比例由 100% 变更为 82.2%，仍保持对东方报业公司的绝对控股地位。

---

① 刘毅. 传媒生态环境及产业创新 [J]. 重庆社会科学，2008（3）.
② 钛媒体. 上海报业大力变革：东方早报停刊，澎湃新闻引进 6.1 亿元国有战略投资. http：//www. tmtpost. com/2551368. html.

其他战略入股的 6 家投资人分别是：上海久事（集团）有限公司下属全资子公司上海久事投资管理有限公司、上海精文投资有限公司、上海东浩兰生国际服务贸易（集团）有限公司、百联集团有限公司、上海仪电（集团）有限公司、锦江国际（集团）有限公司。

作为第一个定位于互联网原创新闻的新媒体，第一个直接切入移动端的新媒体转型产品，全国第一个传统媒体整建制向新媒体转型的试验性产品，对于澎湃新闻来讲，通过引入国有战略投资者，运用国有资本的力量，发挥多方国有资本的优势，按照现代企业制度要求，构建数字传播市场运作新模式，必将形成主流新媒体持续发展的强大后劲。同时，也在互联网舆论宣传阵地构建命运共同体，拓展互联网数字传播平台。

第五节 传媒产业的发展

传媒产业在不同历史时期形成了差异化的产业发展模式。以我国为例，改革开放后，原有的国有控制型传媒产业模式调整为国有制为主体、注入私有资本的传媒改革。资本参与到传媒产品的生产过程中，将国、私并行内化为传媒产业的固定化模式，通过内生和外源性力量的交互，使传媒产业焕发新的活力，打破原有的"喉舌"格局。

通过传媒产业相关企业的改制上市或借壳上市，或通过其他形式绕过政策壁垒到资本市场筹集资金，为引进社会资本、国际资本投资带来可能。

以资本为纽带而不是以行政隶属关系为纽带的真正意义上的跨地区、跨行业、跨媒体的综合文化产业集团成为中国文化产业体制改革的真正组织形式。① 中国的传媒产业也不例外。

面对各类新兴媒体的诞生，日益壮大的信息供给和网民强烈的自我表达需求，传媒产业发展模式又在政府和社会资本的推动下破而再立，实现了传播内容、传播主体、所有权、生产要素、技术、功能等方面的融合。传统媒体通过"传媒+"的方式，创造了新型的产业链。

---

① 李福荣，王恒. 中国传媒产业资本运营发展模式探索 [J]. 经济研究导刊，2012 (18).

【资料阅读 5】融合背景下传媒跨界发展新模式[①]

传媒＋演艺

盐阜大众报报业集团将"传媒＋演艺"模式经营得淋漓尽致。盐阜报业举办了 20 场演唱会，营业收入 3 亿元，带动盐阜报业四年广告收入增幅均高达 25％。为了做好这一跨界经营，盐阜报业成立了江苏盐阜大众报文化传媒公司，对演艺活动进行全程操作，包括与河南新乡日报社共同打造亚洲巨星新乡演唱会，与江苏《宿迁晚报》共同打造亚洲巨星宿迁演唱会，在央视黄金时段连播 6 次"铁军颂·盐阜情"音乐会等。

传媒＋影视

成都传媒集团介入影视产业，将影视剧制作剥离，实行国有控股、民营参与的方式，组建了影视剧制作公司，先后参与投拍《赤壁》《最爱》《旗舰》《大生活》《绞杀 1943》等系列影视作品，迅速拉升了传媒的经营业绩。

传媒＋电商

《成都商报》推出"纸上电商"项目，《成都商报·社区电商周刊》基于移动互联网，以二维码为媒介，实现了纸媒与电子商务的合作。纸媒读者对周刊上展示的商品感兴趣后，立刻便能扫描二维码定制。在中国报业新趋势论坛上，国内 52 家主流纸媒与阿里巴巴合作，签约"码上淘"项目，即在报纸上扫描二维码购物。

传媒＋金融

《青岛晚报》与青岛日报报业集团打破资源限制和行业壁垒，与相关银行合作，共同开启了国内第一家传媒银行。这一模式下，媒体提供广告业务资源、企业品牌传播等传媒系统相关服务，银行则提供资金贷款资源与资本运营等金融系统相关服务。此举不仅开发培育了全新客户与品牌，实现了政府、银行、传媒、企业、消费者的各方共赢，而且有效地提升了传媒集团的品牌影响力，增加了广告收入。

传媒＋地产

浙江日报报业集团与省内地产公司合作，组建房地产投资公司，以报业和地产的双重优势进军地产市场，收益颇丰；重庆日报报业集团曾以 7.2 亿

---

① 参见：许可. 融合背景下传媒跨界发展新模式 [J]. 声屏世界，2015 (2).

元的价格成功竞拍渝北的地块，一年有近10亿元的收入来源于房地产。

新兴媒体中的"新"与"旧"是相对的，因此人们对于新兴媒体的分类标准随着时间推移也发生改变。有线电视在诞生之初，相较于电影、广播属于新媒体；在互联网快速发展的今天，电脑、智能手机以及可穿戴设备等是新兴媒体，有线电视则被称为传统媒体。

在人工智能、物联网、VR、AR等新技术的推动下，媒体出现智能化趋向。其特征包括万物皆媒、人机合一和自我进化[①]。自我进化即以媒体自身内部的模式和结构按照其规律向前演进，以指数化的进化速度满足人们的传媒需求。

一、分享性

以互联网为基础，新兴媒体的本质是连接，连接的起点是电脑、移动设备、人与物等各种终端，而连接的重点无限。数量巨大、黏性超强的新兴媒体传播的分享性，是其首要特质。

分享等同于共享，是一种点对点式、平面化的信息传播，消解了等级化、层级分明的传播体制，每个人都是独立的传播节点，可在无限时间和无尽空间中实现信息和资源的一手交换。与传统大众传播时代不同，独白式的一对多的大众传播被对话式的人际传播和组织传播所取代。新兴媒体分享的边界由单一的、虚拟化的信息扩散到资源的共享，"共享经济时代"充分诠释了以移动设备为载体的新兴媒体传播的共享性。

当前，媒体融合了网络、移动手机、社交媒体甚至在线游戏；就新闻层面而言，跳出传统采编的"非结构化"内容进入人们生活，并通过连续的人际互动和无处不在的信息来源塑造了新的模式。[②]

传统的"受众"被进化为"媒体用户"，数字化和互动性的特征改变了传统媒体线性传播的特点，以非线性传播的方式颠覆了人们在大众传播时代

---

① 彭兰. 智媒化：未来媒体浪潮——新媒体发展趋势报告（2016）[J]. 国际新闻界，2016，(11).

② Lin C C. Convergence of New and Old Media：New Media Representation in Traditional News [J]. Chinese Journal of Communication，2013，6（2）.

被动接收信息的位置；依托于互联网技术的快速发展，以及随时随地可接入网络的便捷性和低成本，媒体彻底打破了以往信息传递在时间和空间上的限制，拥有即时与快捷的特征；海量信息的开放与共享，使用户可以迅速找到自己需要的内容，没有距离因素的干扰，只要条件允许，网民可以在第一时间获取各类公开资源；而媒体的匿名性使每个人在网络空间都可以拥有自己的虚拟属性，不同于现实，可以靠一个 IP 地址或 ID 号来代表自己等。

【资料阅读 6】区块链的信任共享功能①

区块链起源于比特币，作为比特币的底层技术，本质上是一个去中心化的数据库，是指通过去中心化和去信任的方式集体维护一个可靠数据库的技术方案。区块链技术是一种不依赖第三方、通过自身分布式节点进行网络数据的存储、验证、传递和交流的技术方案。

因此，有人从金融会计的角度，把区块链技术看成一种分布式、开放性、去中心化的大型网络记账簿，任何人可以在任何时间采用相同的技术标准加入自己的信息，延伸区块链，持续满足各种需求带来的数据录入需要。

区块链具有信任共享功能，可有效实现信用共享。《经济学人》的一篇文章把区块链称为"创建信任"的机器。这就说明区块链能够在技术层面建立去中心化的信任机制。在现实世界中的价值传递，往往需要基于一种信任机制来确权和记账，依赖于某个中心化的机构，例如银行、证券交易所等，这种记账模式都是人们所熟知的。然而区块链却可以实现低成本的点对点价值传递，从而降低了信任的成本。

未来的媒体利用区块链技术，实现去中心化，用户可以更自由地表达观点，而区块链的不可篡改性，使未来媒体的言论记录在分布式账本系统中，公开透明，造谣可追溯追责，减少舆论误导众人的弊端。

二、社群性

新兴媒体的集群效应可类比产业的集群化，可以共享同种资源。拥有

① 区块链见闻. 区块链有这 3 大特点，你都知道吗？［EB/OL］.［2018 - 06 - 04］http：//www. qkljw. com/article/2033. html.

同目标群体相同的产业，产生聚集效应，可多次、深度利用与再开发资源，并在资源的碰撞中生出新的产业和关系。

其社群性特征的产生动机、持续动力和潜在结果是拥有共同利益诉求的个人，以点连线、由线成面，通过信息、情感、资源等交互达成某种协议，在协议的规制下进行内部活动，形成个人力量所不能及的巨大潜力。例如，"罗辑思维"的创始人罗振宇便是利用了新兴媒体的此种特性，将渴望知识、热爱读书的网络用户聚集在一起，通过线上大 V 的知识分享和线下活动构建凝聚力，使群体扩大化、规模化，成为其随后创办付费平台"得到"的社群。

三、协作性

新兴媒体的社群性特征使人"聚集"起来，在聚集效应下，社群成员的协作促进了社群活力的焕发和新生资源的萌芽、成长。这是新兴媒体协作性的一种表现。

新兴媒体的协作性特征就其本质而言，是自媒体数量越来越多，每个个体都是一个媒体，个体与个体的联系更加密切，个体间协同合作更加自由、便利，空间更广，小而精、生产优质内容的媒体数量增加。不只是社群成员，只要是新兴媒体的用户，都可以参与到协作的过程中。

新兴媒体的协作不只是经济利益驱动的结果，这种新生协作，带有"利他性"和"自我满足心态"的虚拟社群特征。所以，如果较少有个人利益的参与，新兴媒体的协作性缺乏强有力的整合力量和外部规约，仅依靠协作成员的自发力量，则很难获得长期且稳定的协作。

四、精准性

新兴媒体的精确性往往伴随着大量的数据基础。大数据可追踪、可交互等特质使得新兴媒体能够及时跟进种种动态，进行分析与匹配，并依托用户画像进行商业逻辑设计，体现了新兴媒体的精确性特质。

在和商业的产业联姻中，新兴媒体作为技术手段，得到数量更大、精确度更高的用户数据。根据商业机构自身预设的用户定位与实际用户状况的比对分析，商业机构能对方案偏差有更加合理的把握。这种数据化的反馈效率更高，更加精确地指向了商业机构的未来归属。

【资料阅读 7】媒体助力新闻与人的精确匹配[①]

　　新闻内容的分发本质在于"信息与人"的匹配。用户时间有限，除了自己感兴趣的话题，要在海量信息中甄别有用或潜在感兴趣的内容很难，因而用户主动获取的信息只能是非常小的一部分。分发方式包括三种：人工推荐、算法推荐、人工和算法结合。

　　（1）以人工推荐为主的新闻聚合产品，主要仰赖与内容生产方合作，比较典型的产品有 Facebook 旗下的 Instant Articles 和 Notify。

　　（2）"人工+算法"。苹果公司推出了新闻聚合应用 Apple News，该应用同样聚集了全球多家主流媒体，如《纽约时报》、路透社、彭博、CNN 等。它与上述 Notify 等产品最大的不同在于采用"人工+算法"的方式为读者推荐新闻。

　　（3）完全基于算法和机器学习技术。此类内容聚合产品大致可以分为两种：一种是数据主要来自用户对产品的使用，如 Google News、今日头条和凤凰旗下的一点资讯；另一种则是依托于产品背后的大型社交媒体平台的行为数据。

思考题：

　　1. 传媒产业发展的动因包括哪些？

　　2. 如何理解传媒技术决定论？

　　3. 新兴媒体产业有哪些特征？

──────────

　　① 周勇，赵璇. 大数据新闻生产的实践与反思［J］. 新闻与写作，2016（6）.

第四章

从广告到信息流

广告借用各类媒介载体，源源不断地向消费者传递商品、服务与知识性信息，连接时空相隔的商品生产经营者与消费者。广告主依靠各种创意、各种形式的广告，吸引消费者注意，而广告也高度渗透入媒介平台的内容之中，依靠植入式手段达到传播目的。媒体各类新技术尤其是算法推荐技术的应用使广告精准到其目标客户，各类信息流广告更是淡化其商业、说服目的，以服务和娱乐的方式渗入客户。

第一节 广告的含义

广告（advertising），即广而告之，是为了某种特定的需要，通过一定形式的媒体，公开而广泛地向公众传递信息的推广行为。除了公益类广告，商业广告是商家与消费者之间的信息交流，是一种商业行为，连接商品生产、经营与消费者需求，借助各种媒体向消费者传达产品与品牌信息，刺激消费者购买意愿以达成购买行为。

学界认为，广告是指广告主有计划地通过媒体传递商品或劳务的信息，以促进销售为目的的传播手段。[①] 此定义中强调了广告的目的性与计划性，以及广告的内容——商品与劳务，广告是为了引起人们注意，告知某人某事。

也有学者认为，广告是一种宣传方式，它通过一定的媒介，把有关商

---

① 庾为. 广告学教程［M］. 北京：首都经济贸易大学出版社，2017.

品、服务的知识或情报有计划地传递给人们，其目的在于扩大销售，影响舆论。[①] 该观点强调广告的舆论影响与社会效应。

广告有信息传播目的，与"新闻"有共同特征。进入商品经济时代后，广告被赋予了促进货品售卖的任务，政治领域的"广告"更多以宣传的形式出现，公共空间内也分化出了以教育、涵化为目的的"公益广告"。这种广告基于其信息传播属性和劝服目的，共享商业广告的受众和注意力资源。公益广告往往由政府和社会组织发起，其传播目的是使更多的人了解并接受某种价值观，不涉及营利目的，因此有为公共利益服务的特征。

如今，广告被视为运用媒体而非口头形式传递的具有目的性信息的一种传播，旨在唤起人们对商品的需求并对生产或销售这些商品的企业产生了解和好感，或是告知人们广告主提供某种非营利目的的服务和阐述某种意义与见解等（《韦伯斯特辞典》1988 年版）。以营销为目的的广告是当代常见的一种广告类型，即商业广告。商业广告以建立品牌知名度、美誉度并最终转化为上涨的销售额为目的，旨在建立与传播对象的联系，使广告主获益。

一、广义与狭义的广告

广告有广义和狭义之分。广义包括非经济广告和经济广告。非经济广告是指不以营利为目的的广告，又称效应广告、公益广告，如政府行政部门、社会事业单位乃至个人的各种公告、启事、声明等，主要目的是广而告之；狭义广告仅指经济广告，又称商业广告，是指以营利为目的的广告，通常是商品生产者、经营者和消费者之间沟通信息的重要手段，或是企业占领市场、推销产品、提供劳务的重要形式，主要目的是扩大经济效益。

从狭义来看，指的是商业广告。商业广告是以广告主之名义，透过传播媒体，向不特定的大众传达商品或服务之存在、特征及顾客所能得到的利益，经对方理解、满意后，以激起其购买行动或为培植特定观念所做的付费传播。[②]

从法律意义上来看，广告是以营利为目的、凭借媒体工具，向公众展

---

① 唐忠朴，贾斌，杨作魁，等. 实用广告学［M］. 北京：工商出版社，1981.

② 朱钰洋. 虚伪不实广告与公平交易法［M］. 台北：三民书局，1993.

示的行为。美国的法律认为任何可吸引公众对产品、劳务、人物或组织等注意力的行为都属于广告的范畴，例如商品标签、赠品和彩券。[1]

一般来说，构成完整广告需要四个基本要素：广告主，包括个人或团体（营利或非营利组织）；广告媒介，一切可成为少数人向多数人进行信息传播的物质或工具都可成为广告媒介；广告信息，商品、劳务等商品信息，或是意见、观念或思想；广告费用。

二、广告的发展

广告借用各类媒介载体，源源不断地向消费者传递商品、服务与知识性信息，连接起时空相隔的商品生产经营者与消费者，通过释放广告信息，唤起消费者注意，以期刺激其购买需求，完成销售，在扩大经济效益的同时还能获得一定得社会影响。

现代广告的发展与传播媒介的发展密不可分，传统的广告传播模式已经随着现代社会语境、媒介生态的流变而发生变革。媒介技术的更新迭代，传、受者角色的互变，改变了受众总是居于被动接收信息的地位。媒体的发展使得广告的主体、内容、形式、渠道、传播目标、范围、层级都在发生巨大的变化，如"顾客涉入"（consumer engagement），在新的媒体环境下，消费者越来越处于主动地位，融入广告、营销活动之中，甚至演变为广告、营销信息制作者、传播者的角色[2]。

从这个意义上说，广告的定义便产生了新的注解：各类新的媒体中的广告，已经颠覆了传统的单向传播，使消费者自发卷入广告的推广，并以网络媒体与社交媒体为重要依托，以各类信息流的方式联结分散的消费者。

基于此，再去理解现如今诞生的诸多新型广告形式，如病毒营销型广告（viral marketing ads）、信息流广告（news feed ads）等，我们不难发现，以消费者广告触及、再传的广告正成为传统广告的有效弥补与替代。特别是网络口碑的病毒营销广告，高度依赖用户，借用用户自发行为主动地将广告类信息传达给其他用户。信息流广告可通过算法推荐与自身体

① 罗明宏. 不实广告案例解读［M］. 北京：中国政法大学出版社，2003.
② 许正林，等.2007 年西方广告研究综述［J］. 中国广告，2008（3）.

验，在受众接触媒体内容中"置入"符合其阅读与消费习惯的广告，在保障精准触及定向投放的同时，有效降低受众对于广告内容的拒绝心理，同时商家也在一定程度上节省了广告成本。

第二节　广　告　创　意

广告"使某人注意到某件事"，其本质是传播，要从众多的信息中脱颖而出，无论是传播内容、传播形式，还是传播渠道、传播手法，各个方面都需要推陈出新，争夺受众的注意力资源。广告创意是广告的核心和关键，商业广告、政治广告、公益广告都以创意为灵魂。

一、什么是广告创意

广告创意是对广告主题的策划与实施。首先是创造性地发掘广告主题，在广告诉求之下，运用各类可表现的艺术手段，将所掌握的素材进行创造性的组合，以塑造一个诉求意象；其次是对销售和推广的广告商品、内容进行文化内涵挖掘，通过媒体的内容表达，利用画面、文字、音乐等创意手段进行艺术传播，以达成广告内容与用户之间的认同与共鸣，以期唤起用户兴趣、关注与购买行为。

好的广告创意不仅是让广告与受众产生互动行为，还需要积极调动受众的感官、情感和思维等方面的体验。广告是向消费者提供关于产品和服务的信息，会产生各类信息流通，需要各类思维的碰撞和创意的火花。[①]

有创意的广告不仅给用户带来思维的碰撞，更需要为消费者带来惊喜和难忘的愉悦记忆。在卑尔和吉尔摩（Pine and Gilmore，2015）[②] 看来，任何一种消费都是人们享受一系列值得记忆的事件的过程。广告是一种消费行为，是一种体验，广告创意从"我们做得如何"转而思考"人们记得

---

① 喻国明. 镶嵌、创意、内容：移动互联广告的三个关键词——以原生广告的操作路线为例 [J]. 新闻与写作，2014（3）.

② B. Joseph Pine Ⅱ，J. H. Gilmore. The experience economy：past，present and future [M] // Jon Sundbo，Flemming Sørensen. Handbook on the Experience Economy Edward Elgar publishing Limited，2015.

什么"，让用户在满意的广告体验中，不仅有"惊喜"，更有"难忘的愉悦记忆"，这才是广告创意的最高境界。

二、广告创意的执行

广告制作一般要经历客户需求、策划、制作、后期、修改、投放、反馈总结等环节，分工的细化使得广告主、专业广告制作公司、意见收集公司等得以区分。

广告创意的生成和实现需要各个环节有效配合，具体创意过程如下。

（一）客户执行（account executive）

客户执行人员是广告主和具体广告策略制定、成品广告制作人员之间的桥梁，负责与广告主接洽，明确广告主的意图和诉求，以专业眼光将模糊的广告指向细化，明确可行的广告目标，在广告制作过程中将后续各个流程的工作进度、工作重点持续反馈给广告主，以达到平衡广告主诉求和现实可行性、最大限度的广告渗透率和传播效果。在公司内部，客户执行人员起着提纲挈领的作用，引导策略、创意、制作和流程控制部门，使其在客户的刚性要求和天马行空的创意生发中寻求最佳平衡。

（二）策略策划（strategic planning）

策略策划人员需要从宏观角度审视客户和客户执行人员的需求，结合产品调性、市场需求、目标受众、公司风格等制定某一时期或某一系列产品的发展总体规划，包括拍摄多少广告片画面、广告视频、寻找哪些代言人、成片投放渠道确定、推广目标意见领袖名单拟定等。策略策划从整体性角度把握广告创意的大方向，工作内容上与广告成品制作相关程度大，是团队的中枢。

（三）创意部门（creative）

创意人员负责细化的广告制作方案的拟定，主要包括两类：美术设计（art director）和文案人员（copywriter）。创意人员在明确客户需求和整体策略制定后，需要具体探究广告作品的元素调度。如拍摄一条 20 秒的广告片，美术设计需要写作拍摄脚本，明确每一帧的画面和时长，画面景别、所需道具、场景设置、画面质感、背景音乐选择等都需美术人员精心琢磨。而文案人员则需要把握广告片整体风格和宣传诉求，产出每一帧画面的对应文字，兼具商业性和文学性。创意部门是广告创意生成过程中的关键所在，对细节的把握和调控使得该部门成为广告成片能否精美、客户需求能否实现的关键。

（四）制作（production）

制作部门负责将创意部门的需求落地，将想象中的画面制作成实际存在的、客观现实的广告成品。制作部门的工作人员需要较强的执行力，工作中需涉及场景、道具采买、人员协调、后期处理等。由于概念落地可能与构思产生较大差异，因此制作人员与上游部门的沟通尤为重要。制作部门在广告创意生成过程中担负着实践检验员的责任，对于广告成品最终呈现效果有不可磨灭的重要影响，直接影响广告创意的实现与否。

三、广告创意常用方法

（一）主题展示法

制作人员将某产品或服务的主题直接展示在广告的版面上，充分运用摄影、绘画或文字等技巧的写实表现力，细致刻画、着力渲染产品精美的质感、形态和功能或服务的舒适感，将产品精美的质地呈现出来，给人以逼真的现实感，使受众对所宣传的产品或服务产生一种亲切感和信任感。

由于这种手法直接将产品或服务推向用户，所以广告制作者要十分注意产品的组合和展示角度，应着重突出产品或服务的品牌和产品本身最容易打动人心的地方，运用背景、色彩和光影进行烘托，使产品或服务置身于一个具有感染力的空间，这样才能增强广告画面的视觉冲击力。

【案例1】大众汽车广告

汽车、数码电器等产品类广告作品都常用这种类型，将产品直接置于画面中来展示。

该广告突出其发动机的动力，运用红蓝对比，以火热寓意其动力的强劲，获取用户的认同（见图4-1）。

图 4-1　大众汽车广告

（二）特征凸显法

抓住与强调产品或服务与众不同的特征，并将这些特征置于广告画面的主要视觉部位，或加以烘托处理，使观众在接触广告画面的瞬间就能够迅速产生注意和视觉兴趣，达到刺激购买欲的促销目的。在广告表现中，着力加以突出和表现的特征，一般由富于个性的产品或服务的形象、与众不同的特殊能力、厂商的企业标志以及产品或服务的商标等因素来决定。

【案例2】尼康相机广告

首款尼康天文摄影专用数码单反相机，能够还原来自星云射线的美丽红色。在广告片（见图 4-2）中，为突出其可用于天文摄影，特地选用了星空景色，并且利用广告词"看见，星际探索之美"来强调其特征。

图 4-2　尼康相机广告

（三）对比映衬法

把产品或服务的性质、特点通过对照和直接对比来表现，借彼现此，相互映衬，在对比中显示差别，达到集中、简约、曲折变化。通过这种手法更鲜明地强调或提示产品、服务的性能和特点，给消费者以深刻的感受。作为一种常用的行之有效的手法，可以说，一切艺术都受惠于对比手法。对比手法的运用，不仅使广告主题加大了表现力度，而且饱含情趣，扩大了广告作品的感染力。对比手法运用得成功，能够使貌似平凡的画面处处隐含着丰富的意味，展示广告主题表现的不同层次和深度。

【案例3】酱油广告

前后对比，说明该产品味道鲜美，连盘子都吃了（见图4-3）。

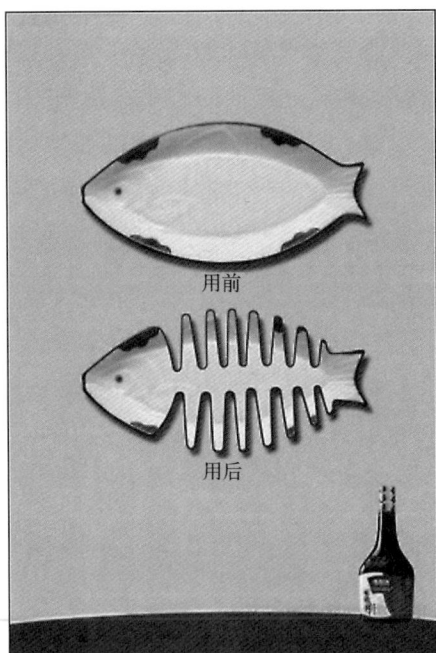

用前

用后

图4-3　酱油广告

（四）有趣夸张法

对产品、服务的品质或特性的某个方面进行显著夸大，以加深或放大观众对这些特征的认识。这种手法能够更鲜明地强调或揭示事物的实质，加强作品的艺术效果。夸张是一种在平凡中求新奇的变化，虚构夸大对象的形态和个性美，使观众产生一种新奇与变化的情趣。

按其表现的特征，夸张可以分为形态夸张、神情夸张。前者为表象性的处理，后者则为含蓄性的情态处理。夸张手法的运用，为广告的艺术注入了浓郁的感情色彩，使产品的特征鲜明、突出、动人。

【案例 4】德芙广告

德芙巧克力为了宣传其独具魅力的丝滑口感与香醇回味，将巧克力的形状化作绸缎，配合广告词，形象而夸张地展示出了其丝滑的特征（见图 4-4）。

图 4-4　德芙广告

（五）小中寓大法

对产品、服务进行强调、取舍、浓缩，以独到的想象力抓住一点或某个局部进行集中描写或延伸放大，从而更充分地突出主题。这种艺术处理以一点窥全面、以小见大、从不全到全的表现手法，给设计者带来了很大的灵活性和无限的表现力，同时为受众提供了广阔的想象空间，受众由此可以获得生动的情趣和丰富的联想。以小见大中的"小"，是广告画面描写的焦点和视觉兴趣中心，它既是广告创意的浓缩和生发，也是设计者匠心独具的安排，因而它已经不是一般意义上的"小"，而是小中寓大、以小胜大的高度提炼。

【案例 5】绝对伏特加广告

　　绝对伏特加（Absolute Vodka）酒的平面广告从小处入手，大胆创新。例如，柠檬味的绝对伏特加，大多数受众在第一眼看见广告时也许并不能看出来，但是仔细观察就会发现柠檬的果仁是采用其瓶形来设计的，主题颜色也与酒瓶包装字体颜色一致，使用柠檬黄，让人不得不感叹此广告设计的独具匠心（见图 4 - 5）。

图 4 - 5　绝对伏特加广告

　　（六）悬念联想法

　　在表现手法上故弄玄虚，布下疑阵，使人对广告画面乍看不解其意，造成一种猜疑和紧张的心理状态，在消费者的心理上掀起层层波澜，驱动消费者的好奇心，产生积极的联想，引发消费者进一步探明广告内容的强烈欲望。随后通过广告标题或正文把广告的主题点明，使悬念得以解除，给人留下难忘的心理感受。

　　悬念联想手法具有相当高的艺术价值，能够加深矛盾冲突，吸引消费者的兴趣和注意力，造成强烈的印象，从而产生引人入胜的艺术效果。

【案例 6】WOOW 系列玩具广告

　　最初看到这样的广告似乎有些不明所以然，只是孩子写的几句温馨的话而已。在最后才给出解释，让人知晓是玩具广告（见图 4-6）。该广告先是给人留下想象的空间，最后揭示一个受众没有想到的答案，让人觉得回味无穷。

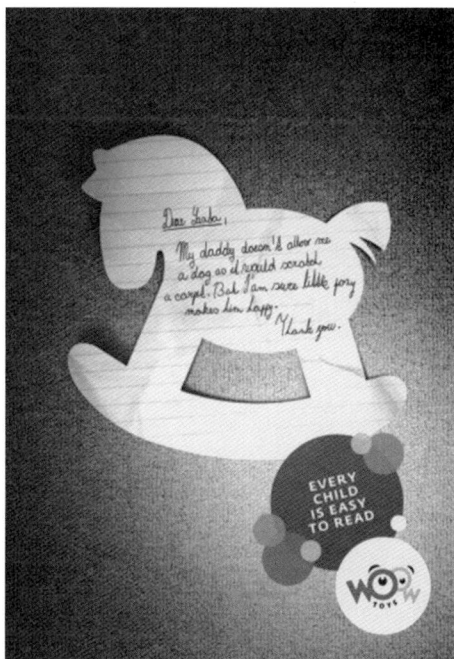

图 4-6　WOOW 系列玩具广告

（七）醒目加强法

人们接触广告，通常是不经意的，往往是一晃而过。行人的眼睛扫过广告牌的时间只有零点几秒。人在良好状态下接收的信息量一般是每秒钟 25 比特（比特是二进制的信息量计量单位），这是非常小的。因此，大多数的广告，不可能使观众把版面（屏幕）里的内容全部接受，往往只是留下一些残缺的印象——个数字、一行妙语、一句比喻、一点悬念、画面的某点或者一个意象，所以只有经过精心设计的广告才能在非常短暂的瞬间抓住观众。

【案例 7】辣酱广告

薯条的一端因为蘸了辣酱，都烧煳了，醒目地表达出产品的辣（见图 4-7）。

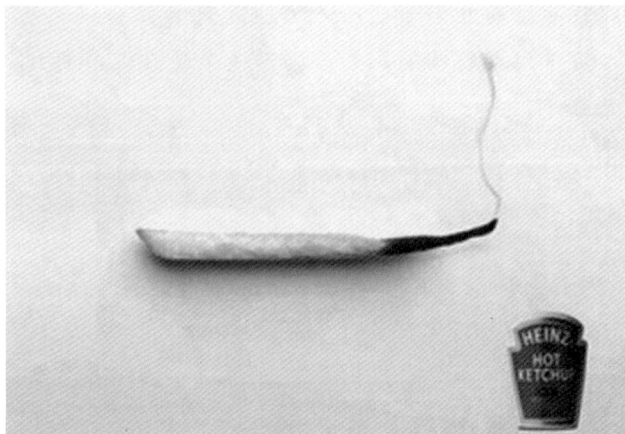

图 4-7   辣酱广告

【案例8】刀具广告

醒目体现出刀具的锋利，连砧板都切断了（见图 4-8）。

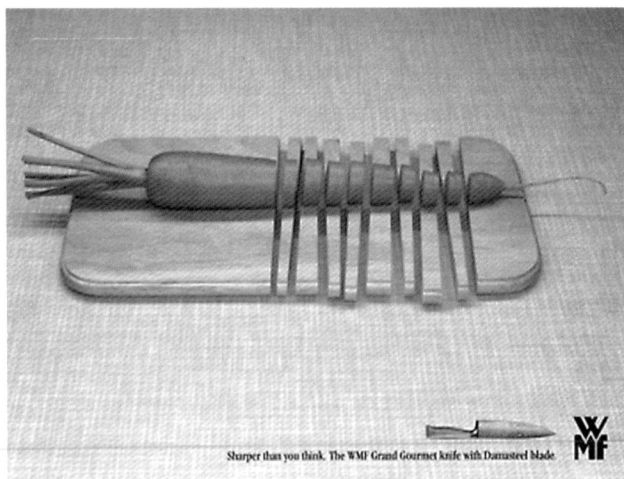

图 4-8   刀具广告

（八）文字表意法

汉字通常有象形、指示、形声、会意等造字法，广告商有效地借用汉字突出产品、服务，会取得意想不到的效果。

【案例 9】美国华盛顿苹果广告

将苹果和爽甜两个字完美组合在一起，充分表现出产品特色（见图 4 - 9）。

图 4 - 9　美国华盛顿苹果广告

（九）机理组装法

将产品、服务内在机理清楚梳理并还原本相，便于消费者瞬间把握其特征、轮廓，从而获得信任感。

【案例 10】汽车广告

用车体的部件重新组合成一辆车的图案。奥迪汽车广告如图 4 - 10 所示。

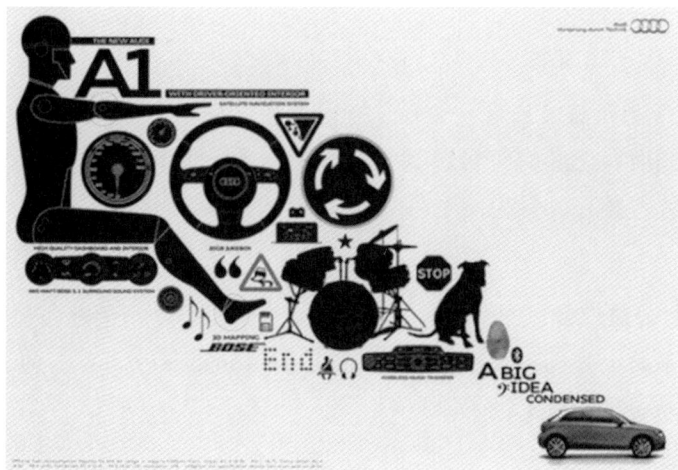

图 4 - 10　奥迪汽车广告

（十）联想推理法

由此到彼，对产品或服务的某一功能、特性进行合情合理的想象与推理，延伸消费者的思维空间，往往会有一种出其不意的冲击力。

【案例11】牛奶广告

喝了牛奶之后，人的力气变大了，就把杯子捏成了这种形状（见图4-11）。

图4-11　某牛奶广告

（十一）图形语言法

广告画面有无形的符号传递效果，有一种"此时无声胜有声"的效果，会让读者会心、会意。

【案例12】公益广告

笼子里的小猫摸着人的手，传递出"To touch is to love"的含义，呼吁爱惜小动物（见图4-12）。

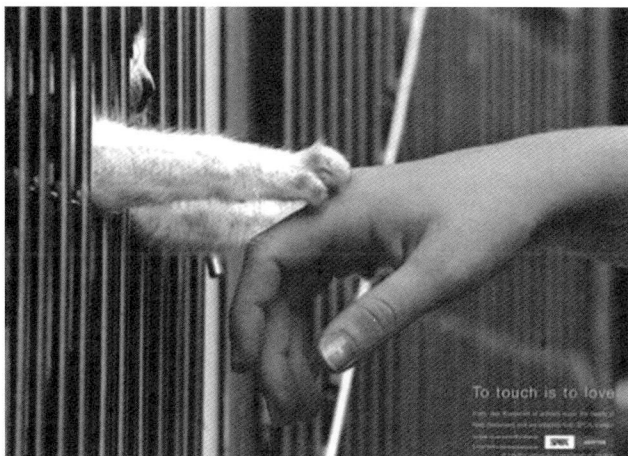

图 4 - 12　某公益广告

（十二）拟人形象法

将无生命的产品、服务拟化为人的一举一动，似有思想、有语言，动感十足，让人印象深刻。

【案例 13】百事广告

在图 4 - 13 中，左图为一只橘子在撒尿，右图为一只橘子把另一只拦腰砍断，均运用了拟人的手法，体现百事鲜活、清爽的特点。

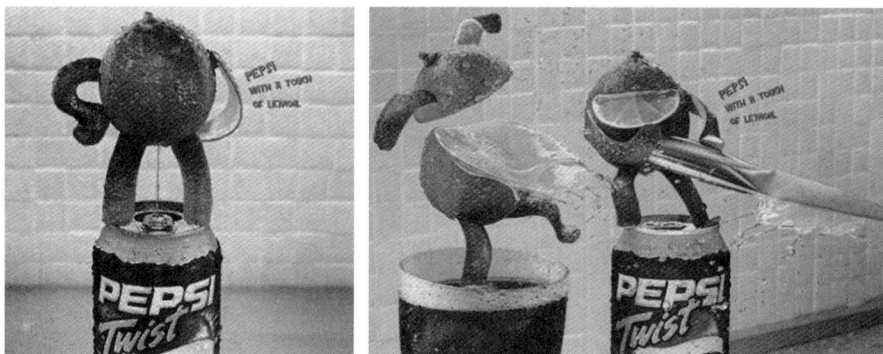

图 4 - 13　百事广告

（十三）部位替代法

将广告画面的某部分位置换为产品或服务需要表达的特征，打破画面的视觉中心，使读者瞬间关注要点，达到极强的视觉冲击记忆效果。

【案例14】鞋子广告

用鞋子置换了人脸，体现了鞋子的活泼，使广告变得有冲击力，让人印象深刻（见图4-14）。

图4-14　某鞋子广告

（十四）恐吓戒备法

抓住人们恐惧与戒备心态，将产品、服务负面功能传达，引起关注并唤起人们自觉向上的行为。

【案例15】戒烟广告

用恐吓的方法，表明吸烟的危害，冲击视觉，触目惊心（见图4-15）。

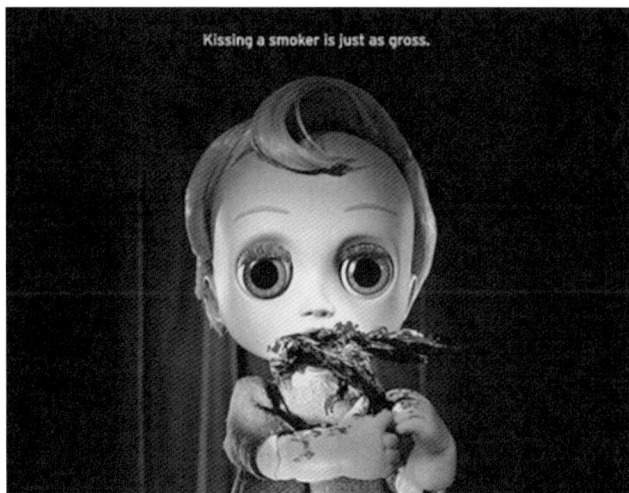

图 4‑15　某戒烟广告

（十五）幽默趣味法

幽默是最能轻松入人心的手段，将产品或服务用漫画、风趣文字表述，使得消费者在会心一笑中记忆深刻。

【案例 16】英语学习广告

图 4‑16 揭示了用漫画表现，可以达到幽默、风趣的效果。

图 4‑16　某英语学习广告

（十六）形似造型法

广告的画面做成与产品、服务关联性的造型，给消费者产生由此及彼的想象，唤起内在认同。

【案例17】饼干广告

本来应是麦子堆成谷垛，现用饼干堆成（见图4-17）。

图4-17　某饼干广告

（十七）比喻修辞法

与夸张、拟人等修辞手法一样，比喻也是广告创意中常见的手笔，有化腐朽为神奇的力量，有效传达产品或服务诉求点。

【案例18】摩托车广告

人的骨架、血管和车融合在一起，比喻车的设计很人性化（见图4-18）。

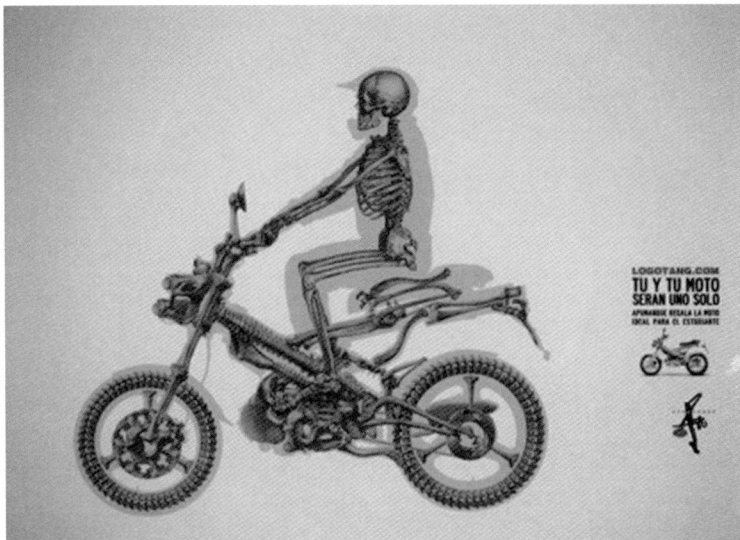

图 4 - 18　某摩托车广告

四、广告词创意

广告词可以说是一种画龙点睛的提炼主题的创意手段，通过文字形式向公众介绍商品、文化、娱乐等服务内容，用一句话来描述产品性能，吸引观众心神，深化品牌形象。好的广告语就是产品、服务的眼睛。

【案例 19】迷你（MINI）汽车全新的广告词："有一种生存叫冒险！"

英文广告语是"Get away"。

中文广告语是"开溜"。

呈现给人们一种灵动，迷你小巧中带点儿犀利，复古艳丽的外表下拥有强大动力和操控性的动态特征，契合都市空间里的反叛与逃逸、冒险心态。

【案例 20】李宁牌系列运动服广告词："一切皆有可能"

直击现代都市人的核心欲望，激人奋进。

寓意：有李宁，哪里都是运动场；有李宁，怎么运动都时尚；有李宁，就能满足您的任何运动的欲望。

【案例 21】联想集团广告词："人类失去联想，世界将会怎样?"

联想对人类的积极作用，表达企业的地位和价值。

问句的形式引人思考，触发联想，短句铿锵有力，容易记忆。

【案例 22】美特斯·邦威广告词："不走寻常路"

表达出年轻人敢于走自己路的独特反叛个性。

【案例 23】《现代家庭》杂志广告词："一册在手，一生牵手"

"一册"和"一生"形成鲜明的对比，突出了《现代家庭》的质量之高，又强调了《现代家庭》与读者之间的紧密联系。

【案例 24】M&M 巧克力广告词："不溶在手，只溶在口"

著名广告大师伯恩巴克的灵感之作，堪称经典。

既反映了 M&M 巧克力糖衣包装的独特，又暗示 M&M 巧克力口味好，以至于我们不愿意使巧克力在手上停留片刻。

广告语明确传达品牌的定位，创造市场!

【案例 25】大众甲壳虫汽车广告词："想想还是小的好"

突出汽车小巧、省油、易停车的特点。

广告语应简明扼要，抓住重点，清楚简单，符合潮流，发音朗朗上口，便于重复、记忆和流传。

广告语在形式上没有太多的要求，可以是单句也可以是对句。一般来说，广告语的字数以 6～12 个字（词）为宜，一般不超过 12 个字。

五、广告代言人

广告代言人在广告的传播过程中扮演重要的信息来源角色，其名人效应，对消费者具有一定的感召力与说服力。

弗雷德曼 Friedman（1979）将广告代言人类型分为名人（明星）、专家、典型消费者三类。其中，"名人（明星）"说服力的来源主要是依赖吸引力；"专家"说服力来源主要是依赖专业性；"典型消费者"说服力的来源主要是依赖相似与可靠度，产生爱屋及乌的移情效果，增加品牌的喜好度。

考量广告代言人是否适合广告产品、服务，大概有以下几个角度：

（1）广告代言人的喜好人群与产品的目标用户是否吻合。

（2）广告代言人的内在气质与品牌的内在气质是否搭调。

（3）广告代言人的个人品质是否可靠。

（4）广告代言人的代言费用与是否可承受。

【案例 26】杨澜代言洗衣液

知性家庭主妇形象，可信度、亲切度很强。

【案例 27】汪涵代言老坛酸菜牛肉面

畅快、直接的广告创意表现如同主持人汪涵的风格。

【案例 28】某电影明星的洗发水

当红电影明星的秀发让人对洗发液的功效产生受用的想法。

广告代言人利用知名度、信誉度、好感度，扩大所代言产品、服务的影响力；消费者出于对代言人的信赖，可以了解自己原本不熟悉的产品，增加自己的消费选择，减少自己的选择成本。

第三节　广　告　类　别

一、报纸、杂志、广播、电视等传统媒体

（一）报纸广告的媒体特征

（1）保存信息持久，可反复阅读——报纸是印刷品，可以保存，从而使广告信息比较持久，便于消费者随时阅读和反复阅读。

（2）说服性强——报纸保存时间较长的特点决定了它是解释性媒体，可以传播较为复杂的信息，提供详细的说明性材料，展开深度说服。

（3）信任度高——报纸长期积累起来的优良信誉，使报纸广告也因此而受惠。

（4）传播周期相对短——报纸一般以日报居多，出版周期短，使广告可以及时到达目标受众。

（5）灵活性高——广告版面、次数、刊载日期等能灵活机动地安排。

（6）认知卷入度高——报纸广告多数以文字符号为主，要了解广告内容，要求读者在阅读时集中精力，排除其他干扰。所以当读者愿意阅读时，他们对广告内容的了解就会比较全面、彻底。

（7）受众细分的局限——报纸的发行面大，发行范围广，受众统计比较困难，使得报纸广告比较难以瞄准特定的受众。

（8）广告的注意度低——报纸报道本身以图文为主，而报纸广告也以图文为主来传递信息，而且广告大多数情况下刊登在专门的广告版面中，使得单个广告受到注意的程度明显降低。

（9）印刷质量差，视觉冲击力弱——由于技术和纸质的影响，因而报纸广告的还原性比较差，视觉冲击力较弱。

（二）杂志广告的媒体特征

（1）受众针对性强——杂志是分层媒介，内容上的高度细分使得其目标受众的细分度非常高，广告主可以根据自己的目标消费者群体准确地选择杂志类型来发布广告。

（2）注目率和理解度高——杂志一般采用高质量的彩色印刷，使广告具有高质量的产品复原能力和突出的表现效果，从而使广告的注目率和理解度都比较高；

（3）信息的持久性强——可反复阅读并传阅。一般人们在购买杂志后都会保存起来，留待以后有兴趣的时候再看。这就意味着杂志的广告信息可以保存较长的时间，为受众反复接触广告信息提供了机会。

（4）出版周期长——灵活性差。杂志因为版面和出版时间的局限，一般要求广告主提前相当长一段时间送交广告，这意味着广告信息传递不及时和不能随时按需修改广告内容。

（5）同类产品广告竞争激烈——由于杂志内容和目标受众的高度细分，导致同类广告相对集中，也就是说，可能在同一期的杂志中出现若干同类产品的广告，这就造成了同类产品的直接交锋，对广告的创意、制作和设计提出了更高的要求。

（三）广播广告的媒体特征

1. 广播广告的种类

（1）节目广告：由赞助节目的广告主在节目中插播的广告，一般收费较高，其插播的广告时间占整个节目时间的十分之一左右。

（2）插播广告：在节目和节目之间插播的广告或者在没有特定赞助商的节目中插播的广告。

（3）报时广告：在整点报时前播出的广告。

2. 广播广告的规格

一般是提供 60 秒、30 秒、15 秒、5 秒的广告。

3. 广播广告的媒体特征

（1）广告成本低廉——广播广告的播出成本和制作成本都比较低廉，这就为中小型企业提供了利用大众传媒的机会，也为广告主以较低的成本反复传播广告信息提供了机会。

（2）信息传播及时——广播可使广告内容在讯息所及的范围内，迅速传播到目标消费者耳中。不论身在何地，只要打开收音系统，广告对象就可以立即接收到。

（3）信息传播灵活——广播广告制作简单、修改方便。

（4）传播范围广泛——在所有的大众媒介中，广播的到达范围最广，受时间和空间的限制最少。

（5）受众的抵触度低——由于受众在收听广播时可以同时做其他事情，具有伴随性，因此受众对广播广告的接受度比较高，抵触情绪相对较少。

（6）说服性差——线性传播的特点使广播广告的信息稍纵即逝，难以保存和反复接触，这使广播广告只能传递简单的信息，不能进行深度的说服。

（7）广告的冲击力较弱——广播广告虽然可以借助声音形象的塑造来

打动受众，但其单纯利用声音的局限使广播广告的表现手段比较单一，受众感受广告信息的直观性差，距离感大，使广告的冲击力减弱。

（四）电视广告的媒体特征

1. 电视广告的种类

电视广告和广播广告一样，可分为节目广告、插播广告、报时广告。

2. 电视广告的规格

一般提供 60 秒、30 秒、15 秒、5 秒的广告。

3. 电视广告的媒体特征

（1）冲击力和感染力强——电视媒介是唯一的视听兼具的广告媒体，受众感受信息的直观性最强，距离感最小，可以同时调动声音、图像、音乐、音响、色彩等多种表现手段来展现产品，营造特定的情感和意境，多方位地影响消费者，因此电视广告信息的冲击力和感染力是所有媒体中最强的。

（2）覆盖范围广，单位成本低——电视的覆盖范围非常广泛，大多数地区都能自由接收电视信号。这使广告可以到达的受众群体非常广泛，同时单位接触成本也因此而大大降低。

（3）信息持久性差，不能反复接触——跟广播一样，电视线性传播的特点使电视广告的信息不能保存，不能反复阅读，只能依靠增加广告的播放次数来增加目标受众接触广告信息的机会。这会造成两个方面的影响：一是不便于展开深度说服；二是增加了电视广告的播出成本，使电视广告在高制作成本和高单次播出成本的基础上，绝对成本大大提高。

（4）受众抵触度高——由于电视广告往往在受众收看电视节目的中间强行插入，对受众形成了较强的干扰，这种强烈的抵触情绪使受众养成了规避广告的习惯，不利于信息有效地到达目标受众。IPTV 技术为受众跳开广告提供了便利，使得广告商不愿投放电视广告。

二、游戏内置广告的媒体特征

（一）内涵

游戏内置广告（in-game advertising，IGA），是一种以大型线上游戏的固定用户群为基础，在游戏中适当的时间、适当的位置上出现的全新广告。

（二）特征

（1）通过游戏本身对玩家产生吸引力和互动性。

（2）结合游戏产品的文化背景和内容的独特性。

（3）相应的游戏道具、场景。

（4）根据游戏任务而制定广告形式。

（5）将广告巧妙地放置在情节中。

（三）"精确制导" ＋ "地毯式轰炸" 策略

（1）"精确制导"——针对目标受众的喜好、购买力、潜在购买可能设计，结合游戏情节投放，把产品或与此相关的信息作为游戏必不可少的道具。将广告设计成无故事情节的游戏形式，让目标受众群以玩游戏的形式强制性地识记广告。

（2）"地毯式轰炸"——在"精确制导"之后，采取广泛覆盖的形式，在游戏的背景画面和游戏的进程中投放广告，并不考虑广告对每一位玩家的吸引力，把产品或品牌信息嵌入游戏场景。

三、动漫广告的媒体特征

这是一种独特的广告表现形式，无处不在，集动画与漫画于一体，包含绘画、音乐、平面设计、三维设计、摄影等技术。

动画（animation）源于拉丁语 animate 一词，意为"赋予生命"，是一种会动的画。漫画（comics）是指笔触精练、篇幅短小，有讽刺、幽默、诙谐意味且寓意深刻的绘画作品。动漫广告结合动画与漫画的特点，能完成实拍不能完成的镜头，而且艺术效果表现具有生动性、夸张性、时尚性等特征，说服力、感染力不言而喻。

古希腊哲学家亚里士多德认为，人类具有一种"动求功能"，即主动探寻事物底蕴、冒险、猎奇与挑战自我的天性，动漫的特点适应了人们的这种需求，因而动漫广告日益成为人们喜爱的一种表达方式，为互联网、影视、手机等载体采用。

与其他广告形式一样，创意是灵魂，动漫广告的创意手法主要有以下几种。

（一）直接铺陈法

这是最常用的一种方法，将产品或推广信息直接展示在动漫内容里，注意产品的组合和展示角度与画面的构成，着力突出产品特征、性能、品牌优势等，展现能打动用户的地方，运用色、光、音乐进行烘托，使产品置身于一个具有感召力的空间中，强调广告的视觉气氛，增强感染力。

（二）夸张、比喻、拟人等修辞手法

夸张是超越现实的诉求技巧，也是动漫广告中常采用的手法，采用Flash 等软件技术，对产品特性、品质等方面进行夸张，突出、强化用户的印象；比喻手法比较含蓄，但会给人一种回味无穷的联想；拟人将没有生命力的产品注入情感与思想，渗透进人类的想法、语言和动作，会让受众倍感亲切，印象深刻。

（三）幽默法

动漫广告独特的表现形式使幽默感觉传达得淋漓尽致。可以抓住产品或人们性格、外貌、举止等惹笑点，运用有趣的情节、巧妙的编排，达到轻松取胜的效果。

（四）悬念法

好奇是人类的普遍心态，动漫广告将广告主题隐藏在故事或其他结构中，勾起受众解密、紧张、渴望等愿望，开启积极的思维联想，唤起受众探明广告题意所在的强烈愿望，最后通过广告标题或点明主题解疑，通常会取得出乎意料却又在情理之中的艺术效果。

一些手法可以根据广告需求综合运用在创意流程里，包括广告作品的背景、场景设计、形象设计、故事讲解、语言表述等。

四、互联网时代的广告及特征

随着媒介技术的发展，广告的形式也变得更加多样。

（一）社交媒体广告

1. 软文广告

软文推广并不直接介绍产品性能，而是由专业的营销团队或自媒体人撰写文章，并与产品或服务紧密融合。此类广告内容可读性强，给读者较愉悦的阅读体验，而且软文中的产品推广置于文章最末端，使得读者能够在文章阅读到结尾时产生"出乎意料"的惊喜感，更多地产生认同。

越来越多的自媒体人开始撰写软文，其相当规模的粉丝便成了其第一批目标受众，并自发地选择有关内容进行网络转发、二次分享，形成好的口碑，达到具有涟漪效应的传播效果。例如，自媒体人"匡扶摇直上"发布长篇漫画《人们参差入眠的晚上》，并在漫画最后植入床品的广告，迅速获得转发量。

2. H5 广告

互联网时代集视频、音频、文字特效等功能于一体的推广形式。其制作门槛低，通过相关网站和软件，任何人都可以制作简单的 H5（HTML，hypertext markup language，超文本标记语言），也使得此类广告成为各大电商、企业等机构进行推广的形式之一。

当前，H5 广告主要通过微信传播。其实，H5 的链接复制功能可以使得广告在多个媒体平台推广，具有很强的媒体平台适用性，理论上能够抵达更多媒体平台的潜在消费者。而且，此类广告交互性强，可以通过点击、长按、拖动等形式在广告上进行交互性操作，并获得相对应的反馈结果。这种交互性设计拓宽了广告设计者的创意，使用户在观看广告时获得更丰富的体验感受。

【阅读材料 1】H5 广告形式成为平台热门[①]

H5 借由微信这一移动社交平台，凭借其低门槛的开发成本与周期、对视频的兼容性、强大的互动呈现形式、游戏功能的巨大潜力被品牌主玩得风生水起。从功能与设计目标来看可分为以下四大类型：

---

① 参阅苏秦会.2015 微信朋友圈广告类型与发展趋势：H5 广告形式成平台热门. https：//mp. weixin. qq. com/s/MQnbnfCFIav8b5tiRP3j-Q.

（1）展示型。以讲故事的方式，使用幻灯片或动画来讲述品牌/产品的故事或活动的预热和介绍。此类 H5 页面等同于一个品牌的微官网，倾向于品牌形象塑造，向用户传达品牌的精神态度。在设计上需要运用符合品牌气质的视觉语言，让用户对品牌留下深刻印象。

（2）游戏型。把品牌或产品做成一个小游戏，让品牌互动更加有趣，提高受众的参与度并增加分享概率。

（3）功能型。作为一个功能性的移动网页，用户可以享受各种服务、如在线预订、直接购买、小样申请、产品测试和活动邀请等各种体验。

（4）互动型。明星和产品互动型已成了 H5 广告的主流，科技体验型也成了广告主跃跃欲试的互动形式。以下有两则具体案例：

一则是名叫《吴亦凡即将入伍》的 H5 广告引爆朋友圈。广告用一个以假乱真的腾讯假新闻页面吸引眼球，点击后吴亦凡从页面跳出来跟用户进行视频对话，惊喜之余，腾讯手游的广告就出来了。与之类似，电影《小时代》通过主人公虚假朋友圈和对话，跟粉丝进行良好的互动，并生动推广电影，最终转化为票房的爆炸点。

另一则是由宝格丽推出的 Giardini 系列，其灵感来自意大利文艺复兴时期的庭园建筑。由《爱丽斯漫游仙境》启发联想，搭载着当时秘密花园涂鸦的热潮。整个创意是用华丽的宝格丽大门吸引用户打开进入花园寻宝，通过点击宝藏可以看到宝格丽的 Giardini 系列，既有创意，能吸引用户互动，又能完美呈现各个产品的细节。

（二）搜索引擎广告

这是指在用户利用百度、谷歌等搜索引擎检索信息时，搜索引擎会在其检索结果中插入相关广告。例如，百度推出的"百度推广"便是利用竞价排名的形式，将广告结果投放在检索结果的首页。

显然，在搜索引擎内提供相关广告，可以为用户提供更方便、直接的解决对策。例如，在检索某地的旅游信息时，占据结果榜首的通常为携程等旅游网站的服务推荐。不过，此类竞价排名的可靠性难以甄别，用户可能会受到虚假广告信息欺骗和误导，影响决策和现实生活。同时，大量的广告植入使得用户难以直接看到想要查找的真实信息，久而久之会造成心理上对于此类广告的反感情绪。

【阅读材料 2】"魏则西事件"两年了，医疗竞价排名为何"涛声依旧"①

魏则西事件发生两年后，在互联网上搜索医疗信息依旧是危险的。

媒体报道，在百度等手机端应用上，搜索某个疾病关键词，排名前几位的往往都是医院的广告，点击进去以后会直接出现聊天界面。一位曾经做过"咨询"的某民营医院员工向记者透露，那些对疾病"侃侃而谈"的客服，可能是没有任何医学知识的"抠脚大汉"。他们的目标很明确：忽悠搜索者到医院就诊，并想方设法掏他们兜里的钱。

很难想象，在经历了魏则西事件的巨大风波后，百度搜索中的网络医疗广告依旧乱象重重。唯一的改变是战场从 PC 转移到了移动端，而且对用户的画像也越来越精准。掌握海量用户数据后建立的智能画像，能预测用户意图，帮助客服根据访客的兴趣点进行个性化的话术调整，增强代入感和针对性。

搜索的营收压力、医院高额网络广告的转化压力，两者合力形成了这样一种结果：互联网医疗广告领域欺诈与虚假泛滥，求助网络的病人经常成为待宰的羔羊。比如，一名患者本来没有抑郁症，却被诊断为"中重度抑郁"；注意力不集中的儿童，被诊断为"智力低下"。

魏则西风波中，风口浪尖上的百度不得不清理一批关键词，比如癌症、糖尿病等已不允许竞价。去年百度更是整体裁撤了医疗事业部。李彦宏在内部讲话中提到，"打击虚假信息和过度广告"。

但在裁撤医疗事业部后一个月，百度就因为发布未经审查的医疗机构广告，被上海工商局开出罚单。

在搜索引擎这根"电线杆"上，至今依旧可以看到五花八门的牛皮癣式广告。搜索相关疾病会发现，区分自然搜索和竞价搜索的"广告"标识字样，依旧在网页链接后面，以不起眼的字号和颜色显示，有很多甚至没有标注"广告"。

其实，谷歌也靠竞价排名搜索来营利，也有大量医疗类广告的投放。不过在搜索结果的展示上，竞价排名没有全然压倒自然搜索结果。尤其是在医疗领域，搜索相关疾病，排在前列的都是一些百科型的科普站点，那些医疗类广告也以不同颜色的字体打上了很明确的"广告"字样。而且，

---

① 参阅新京报评论，https://mp.weixin.qq.com/s/lV2JPzy_KGfGRQf6bN6LEw.

投放医疗广告的前提是，经过了 NABP（美国药房理事会）和 FDA（食品药品监督管理局）的认证。

即使不颠覆竞价排名，搜索引擎也可以做出一定改变。比如，在搜索结果的展示上，减少对医疗类搜索的人工干预，或者将"广告"更醒目地标示出来。

一些不法民营医院与竞价排名之间的捆绑，会让违规医疗行为恶性放大。在线搜索，既可以给公众带来生活的便利，也随时有可能沦为邪恶的路标，而我们不希望路标的终点，是另一个"魏则西式"的悲剧。

（三）客户端广告

1. 弹窗广告

这是指用户打开网页后自动在顶端、页中或角落等区域弹出来的广告，除安装特定插件以外，此类广告一般无法预先屏蔽。常见的广告形式大致可以分为五种：

（1）横幅式广告，其特性是常以矩形呈现，展示于网页的顶端、底部或左右两侧。

（2）全屏幕广告，当用户开启网站页面时，会出现一个广告覆盖住整个网页的版面。用户必须关闭广告后才可以继续浏览内容。

（3）插页式广告，常见于同一版面中的内容与内容之间。

（4）弹出式广告，用户浏览网页时，会触发一个新的浏览器视窗来显示广告，使用者关闭广告之后才可以畅通地浏览内容。

（5）原生广告，是指融入页面内容的广告设计，以自然呈现的形式出现，并且与对应的媒体平台呈现一致的形态。

其中，原生广告是一种无缝植入网页或应用程序内容中的广告形式，有时也能成为一种场景式的内容。由于广告看起来像是内容的一部分，因此在提升用户体验的同时能让广告看起来更有可信度，比起其他形式的广告更容易让使用者接受，因为使用者对非原生广告较容易回避或忽略。近年来原生广告能迅速成长，主要归因于社交媒体平台的蓬勃发展，因为社交媒体平台引入新的广告技术使得广告发布商和广告主更容易扩展原生广告的营销活动。

弹窗广告具有传播范围广、价格低廉、无时空限制等特征，适合服务、游戏、购物等方面的推广。与此同时，此类广告因受制于发布形式和尺寸，也有着形式单一、交互性差等劣势，大量的广告弹出亦会造成用户的排斥。

2. 视频平台广告

在我国以优酷、爱奇艺、腾讯视频等平台为代表，无论是视频网站还是移动客户端，用户在播放相应视频前均需要播放 30 秒至 1 分半不等的广告，还有一些在用户暂停收看时会弹出来的广告，这类广告通常会用剧集中的人物、剧情等来设计创意。

因为制作成本大、对内容质量要求高、投放费用昂贵，所以目前此类广告形式的广告主以奢侈品牌、旅游平台、连锁餐饮等大型公司为主。在受众媒介接触逐渐由电视转向视频平台的今天，在各类热播影视、综艺前插入广告，已成为各大品牌收取顾客的重要传播形式，也为视频平台本身带来庞大的收益。

另一方面，面对时长过长的广告，不少用户会选择开通平台会员以屏蔽广告，此类收益将直接反哺于视频平台的发展。

（四）全媒体广告

在大众传播时代，广告主要以电视、报刊等传统媒介为载体，以简单的短片、图文的方式向消费者介绍广告内容。随着各类新兴媒体的发展，用户从固定端向移动端迁移，一方小小的智能手机屏就可以玩出无数新的广告创意，终端兼容、渠道共通的媒体融合时代已然到来。

随着虚拟现实（VR）、增强现实（AR）等新兴技术手段的出现，通过不同载体、内容、技术衍生出"跨界媒体"，为全媒体融合时代的广告运作创造了新的可能。

"全媒体"是指媒介信息传播采用文字、声音、影像、动画、网页等多种媒体表现手段（多媒体），利用广播、电视、音像、电影、图书、报纸、杂志、网站等不同媒介形态（业务融合），通过融合的广电网络、电信网络以及互联网络进行传播（三网融合），最终实现用户以电视、电脑、手机等多种终端均可完成信息的融合接收（三屏合一），实现任何人、任何时间、任何地点，以任何终端获得任何想要的信息。[①] 在全媒体融合的

---

① 李楠，王家琦. 全媒体融合下电视广告的新形态［J］. 中国电视，2017（7）.

进程中，广告创意借助其跨屏交互、终端并包等特点拓展出许多新形式。

1. VR 全景视频广告

VR 全景视频广告作为全新的广告形式，利用技术优势与用户体验的优化升级，使传统视频广告的枯燥乏味被精彩绚烂、身临其境所替代，在充实甚至超荷负载信息的同时，为用户进行品牌判断提供丰富的信息依据①，一定程度上代表了未来视频广告"人机结合""体验式广告消费"的发展方向。

沉浸式体验是 VR 广告区别于其他传统广告的主要特征，受众能够身临其境地检验产品的质量，体验产品的功能；VR 技术交互功能增强，使广告不再局限于二维空间的互动，受众在虚拟空间中可以全方位地观察与触摸产品。

YouTube 最先在手机移动端开始逐步推送全景视频广告。观看该广告需佩戴谷歌开发的 VR 眼镜，观众不仅可以在浏览视频的间隙通过欣赏广告获得沉浸式体验，而且这种全景广告的吸引程度极高、沉浸程度极深，会让观众忘掉自己原本想要观看的视频内容。

例如，麦当劳在与汉堡王的首轮竞争失利后，将广告重心转移到品牌价值的延伸层面，"推出了炸鸡味的 VR 眼镜，其外观看上去像是由麦当劳的餐盒折叠而成"，只要消费者将智能手机放进去，就能进入沉浸式的三维世界。麦当劳通过将 VR 技术与品牌结合，告诉消费者：来到麦当劳，不仅能够解决饥饿问题，还能在等餐、用餐的整个过程中，体验到最新型的技术带来的愉悦感。

同样，可口可乐公司也萌发了 VR 广告创意："未来可口可乐的包装盒可以直接手动组装成和谷歌一样低成本的 Cardboard 虚拟头盔。"消费者在食用完产品后，可以将包装盒当成 VR 眼镜使用。可以说，VR 技术的出现实现了广告媒介的又一次革新，为更好的广告创意的产生提供了条件。②

2. 病毒式广告

病毒式广告也称为口碑广告，它深耕消费者的人际圈层，利用公众的积极性和人际关系让广告信息像病毒一样传播和扩散，广告信息又被指数

---

① 杨东润. VR 全景视频广告探析——以 YouTube 全景广告为例 [J]. 传媒，2016 (19).
② 黄若璺. 虚拟现实技术对广告传播的影响——以 VR 技术在市场营销中的应用为例 [J]. 新闻战线，2016 (24).

级快速复制，再传向数以万计乃至百万计的受众，并在受众心中留下深刻印记①。

例如，网易云音乐包下了杭州地铁 1 号线的车厢以及江陵路地铁站，发起了一场名为"看见音乐的力量"的营销活动，从网易云音乐应用平台上的 4 亿条评论里，挑出点赞数最高的 5 000 条，经人工筛选，最终选定 85 条。没有广告公司的参与，没有大手笔的费用预算，与其说是"音乐的力量"，其实倒不如说是网易用户原生、优质的文字内容，戳中了人们心中的孤独感和表达欲，从而迅速地引爆了社交网络。经过一层层的晒照、分享、转发，最终成为当年十大经典病毒营销案例（微信指数陡然激增，同期官方微信号文章阅读量也突破 10 万＋，为往日阅读量的 5 倍）②。

3. Wi-Fi 广告

此种广告尤其在餐饮行业中应用较为普遍。消费者有连接店家 Wi-Fi 需求时，通过在弹出页面中留下自己的电话信息以获取 Wi-Fi 服务；而商家则可以在弹出广告页展示店铺最近的一些优惠信息和活动。这样双赢的局面，不仅提升了消费者满意度，还使店家用最低成本进行了品牌精准传播。

4. 技术作用下的广告创新与发展

（1）App 广告跨界互动 。③

一是运用二维码、小程序等技术实现跨界互动。当 App 广告与其他媒介进行跨界互动时，可以利用二维码、小程序等作为连接工具。大家所熟知的"1 号店"，就是利用二维码达到随时可查看商店与商品信息的效果。当人们在公交站、地铁站不经意间看到其宣传广告时，利用等车的时间，拿起手机扫描，就可以看到"1 号店"的全部信息内容，还可以通过简单快捷的操作在手机上购买商品。这种宣传方式使人们利用了闲暇时间，实现了 App 广告的跨界互动。

二是图片的有效连接完成跨界互动。通过 App 广告，图片和其他媒介广告之间可以实现连接和跨界互动。法国航空曾在某年春节利用 App 广告发起了一场利用微笑传递正能量的活动，引起了全世界的关注。法航通过 App 征集用户们微笑照片，然后筛选出一些质量较好的，在户外的 LED

---

① 梁冰. E 时代病毒式营销应用策略. [J] 中国现代教育装备，2007.
② 资料来源：https：//www. sohu. com/a/212637395＿465948.
③ 张淑萍. App 广告的跨界互动创意拓展 [J]. 传媒，2015（1）.

广告中进行全面展示，利用微笑传递微笑之旅。法航用户打开 App，点击上传照片，可以将自己认为最美的照片上传，上传成功后，这些照片就会完全展示在飞机窗户上。在活动举办近一个月时，有 5 000 多人报名参加，他们上传了质量很好的照片，创造出 2 亿以上的曝光量。

（2）Flash 和 Java 程序的应用。

在新的数字网络技术条件下，集合多种媒体元素的富媒体互动创意广告中采用了当前最先进的视频和音频技术，包括当前最流行的 Flash 和 Java 程序。在受众浏览网页或是利用智能手机搜索信息的时候，这个吸引眼球的 Flash 动画就会自动跳出来，点击它的时候就会出现该广告的内容，由此吸引更多的原有消费者和潜在的消费者。[①]

（3）5G 技术下的广告。

5G 的极速效果使得用户的信息与用户需求的对称性更加吻合，广告效率低下的问题被克服。由于 5G 带来万物互联，在未来，任何一个物体，如桌子、椅子、汽车、自行车、冰箱、洗衣机，甚至身上的衣服，都是智能终端，再加上全息投影技术的成熟，广告的载体将越来越智能、越丰富。

如果说 3G 时代以图文为主，4G 时代短视频、直播唱主角，那么 5G 技术条件下，视频与直播则是最基础的用户广告场景，VR、全息投影技术的应用以及万物互联带来无数新的广告场景终端之后，基于新场景的广告创意、广告制作和跟用户的互动形式则成为广告发展中的探索。

例如，基于 App 的推广场景将被基于 H5 的互动场景全面替代，5G 的超高速数据传输能力和超低延时/播放的能力，使"一切在云端"变成了现实，手机一旦不再需要存储能力，那么所有的 App 都不再是"App"，而是一条 H5 链接。App 推广场景里的"下载""激活"将彻底消失。

同时，与 5G 配套的人脸识别技术也已经成熟，未来所有的广告主都会依赖人脸识别来进行注册和登录，也就是说，现在主流的信用卡、保险、教育、单品电商等 H5 投放形式的广告主，也不再有"表单"注册的这个场景了，用户喜欢就直接用，用完就直接走。

这意味着，原来的广告转化模型将失去研究的意义，广告展示之前的

---

① 韦锦业. 媒介融合视角下的互动广告创意研究［J］. 青年记者，2017（17）.

用户行为分析最重要。5G 将打碎广告行业之前的广告转化逻辑，基于 H5 互动场景里的广告转化将变成主流。在广告主、代理商、明星网红、传播渠道、短视频平台、消费用户之间，将诞生一个跨介质的开放型交易平台。同时，短视频广告将引领新的一轮众包广告创意模式。

而所有信息流广告、搜索广告将被 AI 全面掌控，大数据可从全球抓取消费者的深度信息，通过 AI 自我学习和演进算法进行统计，然后提出准确的概念，并分配给 AI 文案和 AI 美术去创作执行，最后经由 AI 媒介精准推送给受众。而完成所有这一切工作，可能只需要几秒钟时间。在每年"双 11"期间，阿里启用 AI 鲁班进行设计绘图工作，可以做出 4 亿张横幅广告图片，而且每张都不重样，每秒差不多做 8 000 张图。

随着游戏产业的发展，游戏成为最大广告主，也是重要的广告媒介平台，AR/VR 及 3D 全息投影技术营销化。在此之前，广告信息基本上都是静态、平面的形态，而新的技术可以使产品广告变立体，365°全方位展示在消费者面前。

比如，在午间跟同事出去吃饭，从进电梯那一刻起就可以点击查看要去附近的哪一家店，立体的环境在你眼前展开，然后点开店里的菜单，每一道立体的菜肴显示在你眼前；出了电梯之后你根据自己的喜好下好了单，走到店里便可以直接用餐。增强现实已经可以用来作为有效户外广告策略的一部分。有研究表明，增强现实用于营销，将使受众群体的参与度提高 30%。

显然，5G 技术使广告主与消费者的实时互动得以实现。户外广告公司 OutFront Media 表示，依靠 5G 技术向户外屏分发动态视频，这些屏幕能够对经过的人做出反应。附属安装在数字广告屏上的智能摄像头和感应器敏感地实时判断受众和场景，迅捷地触发播出合适匹配的品牌内容，增强内容的场景关联度和消费黏性，广告商品牌能够通过网络与消费者实时互动，实现从视觉共享到动作共享。

一些封闭场景广告更加个性化，在电梯、汽车、居家等私密封闭场景中，消费者可根据个人兴趣喜好，精准选择个性化广告，在你最需要的时候在最合适的时间收到为你独家定制的最具个性化的信息。

当前主流的广告结算模型有：CPM=按展示付费，CPC=按点击付费，CPA=按注册成功付佣，CPS=按销售成功付佣。所见即所买，CPS

将成为 5G 时代的主要结算模型。未来随着区块链技术逐步成熟，人们将看见广告业与实体品牌及零售业在数字化生产和数字化消费领域的跨界合作。[①]

（五）新兴广告的特征

作为传统广告的发展，互联网与数字等智能广告拥有多种技术赋能下的形式上的创新，但其主要功能和特点仍然和传统广告具有诸多相似之处，都拥有一定的商业或公益传播目的，以争取到更多的用户和潜在消费者。但其社交与智能的特征，使其以"精""准"二字取代传统的广告营销理念。

（1）广告到达率显著提升：互联网与数字智能广告打破了传统广播、报纸、电视广告的时空界限，数以亿计的网民可在各大主流媒体、社交平台、重要 App 等页面上看到来自同一品牌的广告，广告的传播力和到达率得到了前所未有的提升，也为品牌方带来了更多的客户和潜在消费者。

（2）广告互动即时性提升：传统广告形式单一，多以直截了当的产品宣传为主，其制作方很难获取用户的即时直接反馈。而在互联网中，一方面，不少自媒体、KOL 都可以进行广告推广，此类广告往往更符合消费者的心理需求，能够提高广告的真实效果；另一方面，社交媒体上广告的观众也可以通过评论、提交喜好反馈等方式直接对广告进行评价，而不少以 H5 为代表的交互式广告，则进一步优化了用户的互动体验。

（3）广告满足用户个性需求：进入网络分众传播时代，越来越多的品牌方开始深挖目标受众，尊重用户的个性化喜好和需求。例如，微信朋友圈广告可充分利用后台数据，对用户进行年龄、性别等用户"唯独"的分类，从而实现广告的精准投放，广告转化率因此得到提升。与此同时，不少品牌还推出了广告中的个性化操作，如网易云音乐、美团外卖、支付宝等平台纷纷在每年年末发布用户的"年度使用报告"，利用大数据盘点用户在当年的使用情况（如年度账单、年度听歌排行等），为用户营造出独一无二的定制感，有助于在优化使用体验之余，提升新一年度的用户黏性。

---

① 5G 广告行业的 22 个预测，虎嗅 App，2019 - 7 - 10. 主笔：花哥，出品：甲方财经。

第四节　植入式广告

植入式广告随着影视、剧集、游戏等发展而兴起，它在影视剧情、游戏中巧妙插入商家的产品，以达到潜移默化的推广效果，有效规避受众对广告天生的抵触心理，把广告融入娱乐场景往往比硬性推销效果好。

一、含义

植入式广告（product placement），又称植入式营销（product placement marketing），是指将产品或品牌及其代表性的视觉符号甚至服务内容策略性地融入电影、剧集或其他媒体节目内容中，通过场景的再现，让观众留下对产品及品牌的印象，继而达到营销的目的。

植入式广告与传媒载体相融合，共同构建受众现实生活或理想情境的一部分，将商品或服务信息以非广告的表现方法，在受众无意识的状态下，悄无声息地传给受众。传统媒体大多采用打断模式的广告，影响人们正常的阅读或欣赏活动，而植入式广告摆脱了传统的商业广告模式，将产品、品牌或服务嵌入媒体节目中，于无形中推销产品。[①]

植入式广告兴起于电视媒体为主流的时代，在电视剧、电影中较多被运用，路虎汽车被植入《蜗居》电影中，从台词，到情节、场景，都堪称经典。随着各类新的媒体蓬勃发展，受众拥有越来越多的自主选择观看广告的权利，如视频网站充值会员即可避免广告等。在种种因素的推动下，植入式广告在互联网时代再次爆发。植入式广告由于受众体验连贯、商业目的隐蔽、"名人效应"的放大[②]等优势，受到各方青睐。以《恋爱先生》为例，该剧是一部45集的都市情感剧，其中一共出现了五个类别共10个品牌的植入式广告。其中日化类的品牌就有3个，由于该剧的男主角是一位专业牙医与恋爱导师，所以作为口腔护理品牌进行广告植入就比较契合剧情的需求，不会显示出违和感。

---

① 李德军. 电影植入式广告融入策略探析——以电影《非诚勿扰》为例 [J]. 东南传播，2009（7）.
② 文琰. 植入式广告及其应用策略研究 [D]. 长沙：湖南师范大学，2009.

【案例 29】《天下无贼》电影中的植入广告

男女主角互发短信时，特写镜头手机屏幕上滚过中国移动"全球通"的大徽标。

火车上车厢内张贴的《北京晨报》，随着剧情的展开，不时地进入镜头。此部电影，几乎成了品牌的展示舞台：宝马汽车、惠普电脑、淘宝网、长城润滑油等，十多个品牌在电影的场景中出现。

二、植入式广告创意

（一）对白植入

在电影、剧集、小说、游戏等作品中，一些品牌通过人物的对话被巧妙地植入其中。

【案例 30】《阿甘正传》里有一句经典台词："见美国总统最美的几件事之一是可以畅饮'彭泉'汽水。"

【案例 31】《一声叹息》里，女主角时刻不忘提醒亲朋好友："我家特好找，就在欧陆经典。"

【案例 32】《我的希腊婚礼》中，女主角说："我老爸只相信两件事：第一件事是要教育美国人；第二件事是任何身体上的问题，不管是红疹还是鸡眼，只要喷稳洁就会好……"

【案例 33】 素人恋爱节目《心动的信号》中，向天歌和刘泽煊约会时，刘泽煊不经意地问道："你用了什么香水？很好闻。"向天歌答道："是 YSL 的反转巴黎，是不是很甜？"

（二）情节植入

这是指某一品牌的商品成为推动整个故事情节的有机组成部分，品牌或商品不仅在生活场景或人物对白中出现，而且几乎贯穿整个故事，广告产品成为驱动影视作品情节不可或缺的动力。例如，在仙幻奇侠剧《三生三世十里桃花》中，蘑菇街化身为"蘑菇集"，成为女主白浅所在的狐仙世界的一个奇妙集市。在男主夜华来到狐仙世界之后，两人悠游蘑菇集，对两人恋爱关系的推动起到了重要作用。

【案例 34】好莱坞电影《一线声机》

帅哥瑞恩有一天突然接到一个名为杰茜卡的陌生女人的电话，声称她被绑架了，绑匪下一个目标是她的儿子，请求他不要挂断手机，去警察局报案。

影片自始至终无法离开手机，最后手机内置的摄像功能，保存了罪犯们的犯罪证据，警察得以将罪犯绳之以法。

这部电影，完全是手机品牌的"广告"。

（三）形象植入

根据品牌所具有的符号意义，将某一品牌商品或服务植入电影、电视或其他媒体之中，成为故事主人公个性和内涵的外在表现形式。也可称为道具植入，是指在影视剧的制作过程中植入某品牌的商品或者服务，使得产品形象或标志在画面中清晰呈现，可以通过故事情节或生活细节，不断演绎品牌原有的意义，丰富品牌内涵，彰显品牌的个性，进一步提升品牌形象。

【案例 35】《电子情书》

浪漫的女主角每天清晨自信地走在纽约上西区的街头，总会先到星巴克咖啡店外带一杯咖啡；而每天晚上则会打开她的苹果电脑，进入 AOL. com 收发电子邮件。

星巴克咖啡、苹果电脑和 AOL.com 网站这些品牌的形象、个性及其所具有的社会象征意义，已经成为女主人公角色演绎的道具，同时影片中剧情以及女主角的形象、气质，又在不断地强化着这些品牌所具有的符号意义。

（四）事件植入

媒体与企业联合，及时抓住备受关注的社会新闻、事件以及人物的明星效应，结合该企业和产品的特点展开一系列的相关活动，甚至可以策划制造具有新闻价值的事件或是其他传媒内容，吸引公众的关注。

【案例 36】中国的"超女活动"

　　蒙牛集团精心设计，利用广受关注的社会新闻、事件以及人物的明星效应等，结合自身需求展开了一系列活动，从而借势获得企业和产品的知名度与美誉度。蒙牛集团在湖南卫视的广告投入及其他销售费用、参与播出费用高达 2 400 万元，却获得了销售额从原先 7 亿元上升至 20 多亿元的大成功。

　　（五）场景植入

　　场景植入就是将品牌视觉符号或商品本身作为电影内容的场景，这种植入适合那些比较成熟的品牌。

【案例 37】电影《泰囧》

　　泰国航空、行李箱、手机、国际租车等品牌均在电影场景中呈现。

　　一些音效，通过旋律、歌词以及画外音等，也可以使观众联想到一些特定品牌。

【案例 38】电影《非诚勿扰》

　　多次出现大新华航空公司广告的镜头，并多次出现"欢迎乘坐大新华航空"的欢迎词。影片中主人公在车上对话时，车内定位雷达不断闪烁着斯巴鲁的徽标①，都是非常典型的形象植入。

第五节　信息流广告

一、信息流广告

　　信息流广告，也称 Feeds 广告，即在用户查看的好友动态中插入推广信息，并依据社交群体的不同属性以及用户的不同喜好进行有针对性的

---

　　① 李德军. 电影植入式广告融入策略探析——以电影《非诚勿扰》为例［J］. 东南传播，2009（7）.

推荐。

信息流广告依托海量的用户数据和信息流生态体系，可精准捕捉用户意图，有效降低用户干扰，将广告展现给目标客户，并且容易激发受众的主动性，促使其主动接受、分享。[①]

信息流广告根据广告主的需求，通过后台的大数据对用户特征进行分析和细分，选择不同的目标受众来推送信息，从而实现差异化投放。[②] 信息流广告是网络时代的一种新型广告形式，主要以强连续性、非打扰用户体验、精准营销为特征，在网络社交平台、在线新闻平台等被较多使用。其内容镶嵌在平台风格的内容产品中，表现形式也与投放渠道原有内容的表现形式保持一致。

广告形式精美，内容丰富，信息量大，目前常见于新浪微博、腾讯QQ、微信、澎湃新闻、凤凰网等平台。

Twitter 早在 2012 年允许广告主根据用户推文所展现出来的兴趣向用户发送有针对性的广告。2013 年，Facebook 推出 "sponsored stories"，即允许商户在用户的新鲜事栏插入广告。[③] 在国内社交平台中，最早推出信息流广告的是新浪微博。2013 年 3 月 18 日，新浪信息流广告正式上线，2014 年 3 月正式对外宣布全面上线 "原生信息流广告" 系统，此举带动微博营收大增。新浪 2014 年第三季度财报显示，在其广告收入中，来自微博信息流广告的收入同比增长 438%，达 2 280 万美元。2015 年 1 月，"微信团队" 在微信朋友圈里发了一条状态——"它是什么"，并说明 "它无孔不入，你无处可藏，不是它可恶，而是它不懂你，我们试图，做些改变"，微信中试水信息流广告的广告主有宝马、vivo 手机和可口可乐。[④] 在微信朋友圈中，品牌被微信 "伪装" 成用户认证过的 "好友"，使品牌变成了与用户一样的社交平台使用者，消费者对于品牌的看法和态度通过 "点赞" 和 "评论" 得到直接体现，具有互动属性，将品牌关系具象化，而且朋友之间可以看见彼此的点赞和评论。

① 马昱宇，唐英. 微信信息流广告的传播特征及优化路径 [J]. 青年记者，2017（29）.
② 徐智，杨莉明. 微信朋友圈信息流广告用户参与效果研究 [J]. 国际新闻界，2016（5）.
③ 王佩佩. 新浪微博的信息流广告——"粉丝通" 的营销策略研究 [D]. 华东师范大学，2014.
④ 施琴. 社会化媒体信息流广告研究——以微信朋友圈信息流广告为例 [J]. 传媒，2015（17）.

信息流广告有着巨大的优势，如干扰性低，在微信中以朋友圈的动态形式、在微博中以"短文本＋图片/视频"的内容形式呈现，降低了广告的存在感，更易让用户接受广告信息。同时，其营销精准，并不是向全部用户推送，而是通过大数据计算出最有效、最贴切的用户进行推送，以此达到精准营销的目的。①

二、信息流广告的特点

信息流广告系统把移动广告变成有用的信息，将信息直接植入用户视觉焦点内容之中，因此被忽略的可能性极低。这一广告新形态具有异于传统广告形式的新生特点。

（一）用户低逆反性

信息流广告在朋友圈中以朋友动态的形式出现，消解广告被置入人际空间的壁垒性与异样性，能够使用户更容易接受广告信息，同时通过信息流广告的不断优化，即使用户感知判断该条信息为广告，如果对内容的消费与欣赏是愉悦的，那么这个广告也反而会提升用户体验。

在高评论量的内容流中不经意之间插入广告，广告的形态被"伪装成"一条用户评论的样子，用户在翻看他人评论时，即使察觉到是广告也不会产生厌恶感，反而比其他评论有更专业的感觉，不同于对早期网络广告以弹窗、悬浮窗、全屏等形式出现的逆反心态。

这种信息流式的广告与用户体验挂钩，可有效规避用户对于广告信息的"逆反心理"。

（二）营销精准

信息流广告并不是向全部用户推送，而是通过大数据，通过对用户足迹的跟踪、cookies 等，借助独特算法，根据用户在互联网上留下的使用痕迹所暴露出的生活背景及个人信息，大体画出用户行为特征、偏好，计算出最有效、最贴切的用户群体进行精准推送。

---

①　严璇. 信息流广告的优势及应用［J］. 新闻战线，2018（13）.

推送虽然做不到百分之百精准，但与传统广告营销方式相比要精准得多。比如，可通过年龄、性别、地域、兴趣、手机系统、手机联网环境等标签来进行定向投放。[1] 以微博为例，通过跟踪用户的最近搜索词条，以及观察用户积极参与了哪些种类的博文内容，微博会在主页的内容流中精准预测该用户想要获取的内容信息，进行符合其预期的广告投放。

（三）易于再传与价值提升

信息流广告可借助社交平台产生二次传播，创造出意想不到的附加值。比如，一个用户在朋友圈广告后进行评论、点赞或留言，被朋友看到后会加深其对广告的印象，打消其对广告真实性的疑虑。这些附加值无疑会使用户响应度更高，更利于让用户接受广告信息。

微信朋友圈广告能快速扩展，很大程度上取决于社交关系链的传播，从而更容易形成层级式传播，由之前的分众传播升级成为分众和人际传播的结合是一种网络口碑传播效应。[2] 如戴森卷发器脱销，居然是源于用户留言引发女性用户认为得到一把戴森卷发器就是得到一份爱，于是，女性用户纷纷诱导自己男友或配偶给自己买一把。

尽管信息流广告相较于传统广告形式有明显的优势，但也存在侵犯隐私、商业利益趋导流动过于频繁、竞价排名、推送机制待优化等问题。

未来的信息流广告优化可以从内部管理层面、广告策略层面、数据技术层面等展开。内部管理层面优化可以通过用户数据建模，进行数据层级嵌套式用户标签化管理，建立用户兴趣图谱、话题识别、口碑模型等，还可以强化用户调研，建立科学维度和指标，提供用户真正需要的广告。此外，还应该提高广告主门槛，使良币驱逐劣币，寻找适合本平台的广告商；在广告策略层面，可以基于地理位置实现精准广告投放、基于时间点推送信息、提高内容可读性；在数据技术层面，可以使用内用置顶技术、人工智能技术等优化搜索内容和投放内容，实现更加精准的广告—受众

① 严璇. 信息流广告的优势及应用 [J]. 新闻战线，2018（13）.
② 同上。

匹配。[①]

【阅读材料3】今日头条信息流广告推送经验[②]

今日头条的信息流广告推送方式包括：

（1）首页全屏广告。首页全屏广告以图片形式呈现，一般延续时间为3秒，3秒之后进入新闻界面。由于全屏广告具有直观、代入感强的特点，有利于品牌传播，适合大型公司的特色活动。在首页全屏广告展示期间，用户如果点击屏幕，就会自动链接进入该广告的详细界面。广告详细界面会对该品牌内容进行更为详细的介绍，还会链接视频、音频等信息。由于首页全屏广告在每次打开时都会呈现，为了避免单一广告可能对用户造成的信息骚扰，今日头条的首页全屏广告采用轮刷的方式，即用户每次打开所收到的首页全屏广告并不是一成不变的，而是体现出平台的个性化特点。

（2）信息流原生广告。信息大图广告是在用户新闻浏览界面进行广告展示的一种广告营销方式。信息大图广告在手机屏幕上的面积会大于新闻资讯，因而具有易辨识的特点。通常2～3条新闻后会出现信息大图广告，该类广告左下角会显示"推广"字样，如果用户对该广告有兴趣，便可点击查看。信息大图广告也采用轮刷的形式。信息流原生广告的雏形最早出现在时尚杂志中，多以时尚品牌的平面广告为主。由于其广告内容与时尚杂志本身的定位切合，所以深受广大读者的喜欢。信息流原生广告精准地传递了广告的品牌信息，降低了被用户直接过滤掉的概率。

（3）详情页广告。详情页广告位于文章页底部，以大图或大图加文字形式出现，以竞价形式售卖。详情页广告的特点是投放精准，满足了预算较低客户的需求。

（4）动态创意广告产品。它是今日头条的最大特色。一类为多动态词语广告产品，动态词语结合用户内在属性和外在场景，定向不同目标受众，予以个性化推广。另一类是多创意广告产品，即"同一个广告计划，客户可以提供多套创意组合（标题＋图片）"，广告系统根据特定算法，将

①　罗晟，肖毅. 微信朋友圈信息流广告优化探索［J］. 电子商务，2016（6）.
②　张芳. 今日头条信息流广告推送经验及启示［J］. 新闻战线，2017（2）.

最适合的创意组合展现给最适合的受众，从而提高广告的点击率。

思考题：

1. 连粉也不抹

● 公车上，母亲向儿子推荐一女孩，儿子则是一脸的无奈，眼神飘向一旁涂脂抹粉的"美女"。

● 妈妈很生气，儿子却说："连粉也不抹，能看吗？"

（1）这是一则什么广告？

（2）接下去的情节会是怎样的？

（3）你认为该广告创意是什么？

（4）此广告如果在微信上如何传播？

2. 你认为信息流广告的未来走势是什么？

第五章

从电视剧到网剧的剧集

随着网络技术的发展，电视剧与网络剧被统称为"剧集"，电视剧曾伴随着人的日常生活，成为文化产业的重要组成部分。随着电视剧制作、传播技术、资金投入、播映营收方式的日渐进步，电视剧不仅涌现出诸多题材与类型，还出现了更加细分的行业市场。而作为新时代产物的网络剧，则开辟了多样化的新型营利模式。传统电视剧的市场格局被网络剧抢占，依靠产业全链打造、精品内容输出、版权绑定与开发等驱动，网络剧发展蓬勃。但传媒产业发展的合理性、科学性，使得传统电视与网络处于一种融合发展阶段，与电视剧的联动还将持续。

第一节 电 视 剧

一、电视剧的发展

电视剧为受众提供娱乐，反映社会现象，是编导制播单位有意识地借着视听符号系统，将剧中人物经历的情感传达给观众，以便电视剧观众能够体验这些情感，并且受到感染。电视剧是一项集体创作，集合了剧作者、导演、演员等共同劳动的成果，借由艺术性的创作手法创造想象的世界，让生活在现实生活中的人们与之产生共鸣，最终使观众沉浸在电视剧的想象世界中，以至忽视剧中的虚幻，并结合自身现实生活中的价值观念和情感而不断投入地观看，剧中的虚构世界已然融入人们的现实生活。

对世界各国的观众来说，电视剧都曾扮演过不可替代的角色。早在1928年，美国通用公司制作了第一部电视剧《女王信使》在纽约电视台播出，这部长达40分钟的作品，标志着世界上第一部电视剧的诞生，戏剧从此不再局限于舞台，开始被搬上了屏幕。20世纪30年代，NBC和CBS两大电视台做出大量的内容尝试，并逐渐走向电视剧内容和商业运作的成熟化发展之路，电视剧成为文化产业的重要组成部分。

在我国，电视剧的发展始于20世纪50年代。1958年，中国首家电视台北京电视台（中央电视台前身）开始试运营。同年6月15日，在其演播室内播放了中国首部电视剧《一口菜饼子》，这是根据同名小说改编的，由此拉开了中国电视剧的序幕。

1981年2月5日播出的《敌营十八年》则是我国真正意义上的第一部长篇电视剧；此外，还诞生了不少由名著改编的电视连续剧，例如《红楼梦》《水浒传》《西游记》等，成为一代人的共同记忆。中国第一部采用特技拍摄的电视剧《西游记》于1986年播出，不仅收获了良好的口碑，还创造了当时高达89.4%的收视率。1986年版《西游记》至今仍是寒暑假期间被重播最多的电视剧，重播次数已逾3 000次。经过一个甲子的发展，中国优秀的国产电视剧走出国门，通过与"一带一路"沿线国家主流媒体签署合作协议、创办"电视中国剧场"等方式，推动了《平凡的世界》《欢乐颂》等1 600多部中国优秀影视节目在100多个国家（地区）热播。

进入21世纪以来，电视剧走上了急速发展的道路，我国成为世界上电视剧生产量、播出量最大的国家[①]。电视剧一度成为各大电视台收视率的保证、广告投资的热土、安身立命的法宝。

二、我国电视剧发展的特征

（一）题材广泛

我国电视剧涉及婚恋、战争、历史等多样大众化题材，其中婚恋家庭剧仍然占据主要收视市场。与此同时，在IP热潮中，以《三生三世十里桃花》《芈月传》为代表的多款小说改编剧同期拥有较高收视率。一些更为

---

① 曾湘勇. 浅议国产电视剧产业发展［J］. 文艺生活（艺术中国），2011（10）.

亲民的电视剧题材，如家庭伦理、恋爱言情以及社会转型时期的热点题材等，仍然是观众的优先选择。

（二）收视率为王

尽管我国电视剧年产量高、收视广，但公众对国产电视剧质量的评价仍相对低于欧美、日韩等外国剧集。造成这一现象的重要原因在于不少电视剧盲目追求收视率，以高收视明星本身打造粉丝群体，忽略了电视剧的内容编排、制作水准和演员的演技，此类电视剧在首播时虽具有超高人气和收视效果，成为同时期"爆款"现象级电视剧，但后续口碑不高、重播收视率不足等问题仍不可忽视。这也是我国部分电视剧生产商面临的重大问题。

（三）平台风格

各大卫视在引进版权和推出自制剧的过程中，均体现出强烈的平台风格。如湖南卫视着重打造青春、都市题材，央视偏好年代、古装和革命正剧，各大卫视在对自身目标受众有清晰定位的同时，也较为彻底地瓜分了电视剧市场。

【阅读材料1】电视剧市场播出特征与趋势分析[①]

收视主力军地位稳固，白天时段播出体量上升

近年来，上星频道节目结构逐渐多元化，作为播出体量最大的电视节目形态，电视剧收视主力军的地位仍然难以被撼动。

从播出时段来看，上、下午时段电视剧播出比重最高，达到60%左右。相比往年同期，凌晨及白天各时段电视剧播出时长比重均有上升，午间增幅最大。晚间时段，卫视黄金档剧场"一晚两集"的播出量稳定，电视剧播出比重与去年同期基本持平。

革命抗战剧高居首位，当代都市剧占据强势时段

电视剧类型方面，近代背景电视剧播出时长占比最高，达到56%；当

---

① 参阅：电视人《2017年1—5月电视剧市场播出特征与趋势分析》：https://mp.weixin.qq.com/s/-1UXEo7Ay-qTpHwxftHmeg.

代背景位居第二，占比29％；古装剧占比13％。近代革命、当代都市、古代传奇三大题材仍为荧屏主流，占据电视剧播出时长80％以上。

虽然抗战神剧风潮已过，但在播出量方面，革命抗战剧依旧强势。近代革命题材播出量高居榜首，占据电视播出时长近50％；当代都市剧整体播出量低于近代革命题材，占比21.2％，但集中于强势时段播出，在黄金时段开播电视剧中，当代都市剧地位突显，占比40％。

首轮资源集中度加深，台网联动向黄金档拓展

在央视卫视播出的700余部电视剧中，首轮上星剧占比10.7％，与往年同期比例基本持平。但从播出平台来看，首轮资源集中程度更加深化。32个省级卫视频道中共20家播出首轮剧，相比往年同期减少4家。

在播出量方面，湖南、东方、浙江、北京、江苏、安徽卫视共播出首轮剧36部，占比近50％。首轮剧播出模式以独播为主，央视综合频道、央视电视剧频道以及湖南卫视占据首轮独播剧近六成，而首轮联播剧也以一、二线卫视强强联合抢占头部资源最为普遍。

在卫视影视剧消化量有限、视频网站影响力渐强的背景下，台网联动播出模式愈加普遍。

有多部首轮上星剧先网后台播出。先网后台渐成常态，网络正同步进军一线卫视黄金档，台网联动模式逐步深化、拓展。

大 IP 高颜值组合多屏热播，《人民的名义》成跨屏收视黑马

就跨屏表现来看，《人民的名义》《三生三世十里桃花》等网络播放量突破百亿次的IP剧，均由热门网络小说改编，自带网络基因，高人气主演在网络端也颇具号召力。《人民的名义》在众多古装玄幻、青春偶像剧中突出重围，关注度雄踞榜首，网络播放量也高居第二位，成为跨屏收视黑马。

受众画像：不同人群内容偏好迥异

在热播剧用户中，女性、高年龄层用户对热播剧的偏好度整体高于男性。都市、玄幻、偶像剧更受女性用户青睐，男性用户更偏爱历史、革命正剧。

在各年龄层偏好度表现方面，玄幻、言情更加吸引年轻受众，不同性别的用户群在娱乐内容选择上也表现出明显差异，《人民的名义》《大秦帝国之崛起》《剃刀边缘》更受男性、成熟用户关注，受众在资讯选择上表

现出对社会时政、商业财经、科技资讯的明显偏好；而娱乐八卦、时尚资讯则更为吸引收看《因为遇见你》《欢乐颂 2》的用户。

三、传统电视剧的营利模式

传统电视剧的营利模式以出售播放权、版权、广告为主。播放权的出售，包含一轮播映权、二轮播映权、音响网络播映权和海外播映权等。

一轮播映权出售价格较高，因此可看到卫视联播、多家上星频道购买同一部影视作品同一轮播映权的例子。如电视剧《半生缘》首次播出时，由于依托大 IP（张爱玲经典作品），名演员（林心如、蒋勤勤、胡可等）而备受瞩目，由四家卫视同时购下首轮播映权。

二轮播映权、音响网络播映权和海外播映权是针对已在市场上获得好评的电视剧作品，因为一轮播映时未能掀起水花的作品难以在后续环节中引发传播狂潮。

售卖影视作品故事情节、人物形象等被称为"版权出售"，在传统电视剧中使用较少，近年来才流行开来。

广告售卖包含在影视剧制作时期的广告植入，此类广告收益归电视剧制作方所有；在影视剧播放时期的插播广告，此类收益归播出平台所有。

可以看出，传统电视的营利存在模式单一、制片方风险大、资金回流慢、边际效益递减等问题。

由于制作费用攀升、电视台仅以收视率为评估电视剧商业价值的唯一标准等原因[①]，因而中国电视剧制片市场诱惑力大，但发展不稳，有失足风险。

四、电视剧的跨屏传播

随着以平板电脑、智能手机为代表的移动终端的日益普及，视听传媒迅速进入多屏时代——电视荧屏、PC 显示屏、iPad、智能手机等大小屏幕

---

① 宋培义，刘丹丹. 基于盈利模式视角的中国电视剧产业发展策略［J］. 中国电视，2015（1）.

共同构成了一个视频阵列。

作为"第一传播平台"的电视，面临着严峻的挑战。在新的受众、新的社会关系和新的需求面前，"多屏共存、跨屏传播"是电视剧新的生存方式，网络视频、移动视频等新兴媒体和电视媒体，共同满足受众的需求，从而使电视剧在崭新的媒介环境中获得新生。[①]

电视剧的观看群体不再是以中老年为主的"沙发土豆"，随着网络视频技术的不断发展，越来越多的电视剧同步在卫视频道、移动视频客户端播放，使收看渠道的选择更加自由化，内容题材也不断推陈出新，年轻的受众正在回归。

其中，都市情感剧、穿越剧、青春偶像剧等诸多类型剧的诞生吸引了一大批青年观看群体，壮大了电视剧的受众规模，为中国电视剧发展注入了新鲜活力。同时，由于年轻人"移动化"的观剧习惯、"碎片化"的观剧特性、"个性化"的观剧选择又推动了电视剧题材和类型的多元化，因而出现了更加细分的行业市场。

大量电视剧多屏多终端同步播出，有效弥补了传统电视观众的流失，证实了全媒体时代电视剧跨屏传播的必要性。从多屏联动的层次来看，跨屏传播又可分为两种类型：一种是"共同推送"型，即浅层次的"联动"，指一部电视剧在多屏间共同引进、互为宣传。另一种是"深度合作"型，尝试将观众转化为用户，开发多屏产品。如NBC将热播电视剧改编为"迷你电视剧"，填补收视效果较好的电视剧衔接期的空白；另外，还有不少网络视频平台将自制的网剧反向输出到电视上，如热播剧《延禧攻略》，效果奇佳。随着电视剧与网剧的融合，"剧集"这个概念形成，统指电视剧和网络剧。

第二节　网　络　剧

一、网络剧的发展

对标电视剧，网络剧即在网络平台播放的剧集，和电视剧的表达方式

---

① 张红军. 试论全媒体时代电视剧的跨屏传播［J］. 现代传播—中国传媒大学学报，2014，36（1）.

类似，是随着互联网络发展和普及，以及观众日益增长的对多元形式和内容的需求而诞生的。广义上的网络剧泛指通过网络视频平台播出的连续剧集，其中也包括不少在传统电视台播放的影视剧。随着网络剧市场的发展和壮大，衍生出只面向网络媒体播出而创作的剧集。

与传统电视剧相比，网络剧不受固定播出时间限制和空间限制，可以随时随地点播、暂停和回放，还可以调整播放的速度，发表弹幕进行互动，让观看剧集变成更加私人化、定制化的娱乐。

我国网络剧的诞生一般从 2000 年 5 名大学生制作的《原色》开始算起，此阶段的网络剧篇幅短小、粗糙简陋，多为自娱自乐的恶搞剧。但正是这个阶段，很多青年视频制作爱好者有了尝试和发挥的空间，网络剧呈现出多种以前传统电视剧难以表达的内容。

2009 年，以优酷制作的两季《嘻哈四重奏》和土豆网制作的《Mr. 雷》为标志，网络剧进入了专业化运作的阶段。2010 年，网络剧《欢迎爱光临》投资达 600 万元。这一年，《爱上微笑》《爱啊、哎呀、我愿意》《乌托邦办公室》《欢迎爱光临》等都获得了较高的关注度，网络剧开始得到广告市场认可，其营利方式有所拓展，视频网站大量参与出品，并开始反向输出电视台。

2011 年，优酷出品百集动画时尚剧《泡芙小姐》，这是对动画网络剧的最初尝试。2012 年，随着《屌丝男士》《我叫郝聪明》《万万没想到》《报告老板》这些现象级、话题级网络剧出现，中国网络剧出现了十分繁荣的景象。

2015 年，爱奇艺超级网络剧《心理罪》收官时播放量超过 5.3 亿次，《盗墓笔记》《灵魂摆渡2》也都成为爆款[1]。一时间，网络剧凭借其内容的草根化、传播的碎片化、受众的互动化等优势，成为各大网络媒体重点开发的对象，也赢得了广大网络受众的喜爱和认可。

中国的网络剧经历了从名不见经传到赶超电视剧、反哺电视剧的转变。网络剧由于在网络媒体平台播出，因此根据受众媒体接触的习惯进行了主题、表现手法等方面的调整，网络段子、网络小说等都可被加工改编成影视作品，都市轻幽默类、校园青春类、现实主义类、宫廷斗争类、灵

---

① 崔保国，孙平. 近十年来我国网络剧发展趋势探析［J］. 电视研究，2016（8）.

异诡谲类、悬疑惊悚类、科幻未来类等，都经受住市场检验，广受好评。

在表达形式方面，网剧更多使用快节奏剪辑、口语化表达，迎合快餐文化，符合网民审美逻辑，成为大众消遣的主要渠道。

二、网络剧的发展特点

（一）低成本、小制作向高投入、精制作转变

网络剧发展初期，处于试水阶段，多为低成本、小制作，而且因为相应法规尚未形成，处于监管空白地带，所以良莠不齐，各种创意、各种类型和题材作品皆存在。

随着观众对内容产品的消费愈加碎片化，以及通过移动终端收看剧集的习惯养成，网络视频播放的点击和播放量越来越大，网络剧对观众的吸引力较高，使得越来越多的资金、人才技术甚至广告资源从传统电视剧行业涌向网络剧领域，如今的网络剧已经从当初的低成本、小制作向高投入、精制作转变。

（二）网络剧与视频网络平台相互依存

一方面，网络剧凭借视频网站的互动性、即时性、灵活性等，在其推广环节不断创新，如主动在视频网站上推出预告片和主题曲、主演参与直播、举办线上线下活动等；另一方面，作为网络剧的播出平台，视频网络积极参与投资、打造热门影视剧集，并借网络剧聚集人气，为网站、平台吸引流量和广告资源。

爱奇艺、腾讯视频、优酷是我国网络剧的主要播放平台，这些视频播放平台有良好的行业背景资源，与传统电视台从竞争关系发展成为竞合关系，网络剧开始反输电视台，网台开始联动。视频平台的庞大用户与电视剧的用户叠加，既提高了网络剧的收视效果，也使得高网络播放量带动与提升了网络视频平台的话语权。例如，豆瓣 9 分高分评价的《白色追凶》，同时也成为网络剧制作机构制作的最高口碑的电视剧，还被美国流媒体视频服务提供商 Netflix 买下了海外发行权，成为第一部在全球范围内播出的中国网络剧。

（三）节奏快、短小精悍、可互动

网络剧与传统电视剧相比，除了平台的区别，表达方式也不一样，网络剧有更强的互动性和开放性。

传统电视剧的观剧场景可能是一家人坐在一起收看，呈现的是一种伴随式的观看，需要尽可能迎合大众化的价值认同和审美需求，因此电视剧的题材和内容更偏向时装剧、言情剧等现实题材的正剧。

而网络剧的观剧场景可能是一个人休闲时或在上下班的路上，更多的是操控体验式观看，想参与进去，所以与传统电视剧相比，内容和播放形式更加私人化和定制化。特别是在观众群体更加年轻化的网络视频平台如哔哩哔哩上，弹幕和评论已经成为影视剧内容的重要组成部分，甚至从评论里可以看到观众所需未来内容的趋势，把握观众对剧集内容的喜好。

传统电视剧的收入主要由广告和发行版权构成，而网络剧还通过付费会员制获得盈利。随着网络用户付费习惯的养成，人们愿意为了更优质和更流畅的观剧体验付费，而且可以随时发布弹幕等进行互动。

其实，网络剧与传统电视剧最大的不同是节奏快。原先观众坐在电视机前，可以兼顾其他事情，对于电视剧内容有要求，也会聚精会神；但是在互联网上，观众拿着智能手机等互联移动终端，可以说关注度更高，手机等移动终端里所有的应用、服务、产品都在跟网络剧争夺用户的时间。所以，网络剧节奏一定要快，这样才能锁住观众。因此，为了增加网络用户在视频播放网站的留存率，网络剧呈现出节奏快、短小精悍的特点。

如今，网络剧已经从野蛮式生长开始逐渐回归理性，从追求数量和吸引眼球的点阅率向专业化、精品化的道路发展。

三、网络剧主要营利模式

在传统电视剧营利模式的基础上，网络剧开辟了多样化的新型营利模式。发布周边、会员付费观看、付费衍生服务（见面会）等已不新鲜，多渠道联动、多项目衍生丰富了网络剧营利方式。

（一）游戏等 IP

网游是近年数字娱乐产业中的新秀，是一种用户沉浸体验式的视频内容消费。电视剧开发游戏 IP 或与游戏 IP 合作，可以提升观众的参与感、互动感，更能带来新的经济收入。例如，东方魔幻剧《九州·海上牧云记》在爱奇艺、优酷、腾讯视频首播后，被网易改编成为同名手游，不仅仅停留于对电视剧进行复刻，而是在游戏里对主线剧情进行延伸，展开了很多分支剧情和不同时间线下的故事，同时请剧中一批优秀的演员为游戏配音，使玩家体会到的是一个更完整的九州世界。

（二）广告收入

网络广告是目前我国网络剧中的大头，其广告形式主要有三种：① 常规广告，主要包括贴片广告、暂停广告、角标广告等在内的视频播放框内的广告，以及品牌图形广告等视频播放框外广告；② 植入式广告，即把产品或服务具有代表性的视听符号融入视频，主要包括剧情植入广告和花絮植入广告；③ 赞助鸣谢，包括片头与片尾，以及冠名、定制网络剧等其他类别的营销方式。[1]

（三）版权

优质网络剧集在线播出，在获得市场认可后，还会以出售版权的形式重回电视平台，使得电视台获取播放权，这样，网络剧制作方二次收入便达成。例如，现象级网剧《延禧攻略》因服饰精美、剧情反常态、收看轻松等优势，在互联网平台上广受好评，获得一定流量与关注度，随后在浙江卫视等电视平台上星播出，还走向国际市场。在二次版权售卖中获得的经济收益，为该剧带来大量后续收益和良好口碑。

四、剧集未来发展走势[2]

显然，电视剧与网络剧虽然播出平台不同，但创作、融资、制作、经营、播出、数据调查和衍生产品开发等各个环节的产业化运行体系一致，并随着观众收视习惯的转变，网络剧越来越取代电视剧市场。但传媒产业

---

① 点击量上百亿，揭秘优质网络自制剧是如何营利的. http://www.sohu.com/a/148716510 _730713.
② 司若. 描述与分析：中国网络剧市场发展现状与趋势［J］. 当代电影，2018（6）.

发展的合理性、科学性，使得传统电视与网络呈现一种融合发展态势，所以电视剧与网络剧合并为一个概念——"剧集"尤为恰当。

（一）产业链日益完善

在制作上，传统影视机构与从业人员不断加入网络剧集，这种人才的产业间转移，提升了剧集内容与技术的质量和水准，加之资本关注点转移至网络平台，以及视频平台自身不断深挖、拓展多样化的产业渠道，在向吸引付费用户、深化网台联动、拓展 IP 衍生品市场、运用大数据深挖潜在用户等方面的产业拓展，在我国，网剧市场已形成了以腾讯视频、爱奇艺、优酷视频、搜狐视频、乐视视频、芒果 TV 六大视频网站为主体的竞争格局，产业链日益完善。

避免剧集产业过度竞争带来的损失，以及防止播放量虚高的行业泡沫，构建剧集市场的"帕累托最优"状态（也称帕累托效率，是指资源分配的一种理想状态），推进"产—制—销"垂直一体化的产业链是接下来剧集发展需要认真考量的。

（二）市场扩张下的分众细化

剧集数量和流量继续增长，一些超级网剧的单剧引流能力显著提升，百亿级别的作品亦可拭目以待。剧集的题材也多样，受众呈现细分化趋势，剧集市场定位更精准、用户更细分，不同题材类型的作品在数量、质量和播放量等方面都朝新的高度发展。

（三）内容为王的版权开发

内容质量永远是吸引观众的法宝。专业化、精品化趋势是未来剧集努力方向。由此，各大视频网站会力推平台标志性剧集，聚焦 85 后、90 后网生代的受众需求，加快制作原创 IP，剧集内容将更倾向于深挖网剧产业上游环节并加大对其资本投入力度，营造良好环境，培养剧集从业人员和影视明星等。

（四）网剧与电视剧趋向融合

网剧发展经历了先台后网、台网同步、先网后台、只网不台的多种播放形式，随着观众收视习惯的变化以及媒介技术带来的各种可能，视频网站的话语权逐步提升，网台同步成为一个大的趋势，网络剧和电视剧合并统称为"剧集"便是有力的证明。

　　未来网剧反输电视台的路径将从二线电视台非黄金档剧场播和周播剧场播，逐渐转向一线卫视黄金档播，网络将持续为电视台输出精品剧集，特别是挖掘符合主流价值观的精品内容，并在网络剧与电视剧的深度融合中推进剧集生产、传播与管理。

【阅读材料 2】对比：你不知道的中美网剧行业情报大揭秘①

　　国产网剧进入大井喷时代！动不动就"单集投资过百万！""制作水准堪比电影！""好莱坞制作！"可是，中国网剧真的要崛起了吗？和美国网剧产业相比还存在哪些差距？未来，又是怎样的网剧才能称霸世界？

行 业 对 比

中国——"超级网剧"霸气外露

　　目前公认的国内"网络自制剧元年"是 2014 年，但实际上，早在 2013 年的时候，国内就已经涌现了一批诸如《灵魂摆渡》《万万没想到》《屌丝男士》等火爆的网剧。2014 年，网络自制剧开始井喷，国内多家视频网站纷纷宣布要大幅度加大自制剧的投入力度。

　　进入 2015 年，网络剧彻底告别"小打小闹"，迎来全新的发展时期。据艺恩资讯统计，2015 年视频行业自制内容投入规模将增至 20 亿元，投资 2 000 万元以上的网络剧近 20 部，其中不乏投资 5 000 万元—1 亿元的超级作品，点击量也不负众望屡创奇迹。大手笔、大导演、大明星齐聚的"超级网剧"，令人目不暇接。

美国——多元平台瓜分网剧市场

　　网剧在美国的起步则要早得多。2007 年，*Lonely girl*15、*Vuguru* 和 *Quarter life* 3 部网剧的走红，让人们看到了机遇。结果就是，一批高端视频内容提供商获得投资，开始进军网剧领域，Funny or Die、Katalyst

---

　　① 参阅腾讯传媒《对比｜你不知道的中美网剧行业情报大揭秘》：https：//mp. weixin. qq. com/s/66hEFFdppqpg1WUf＿KY4SQ.

Media、60Frames 等就是在这一时期建立起来的网剧平台。2012 年年初，美国视频网站具有划时代意义的自制剧《纸牌屋》诞生，由 Netflix 耗费 1 亿美元制作。2013 年，《纸牌屋》获得艾美奖提名，Netflix 也因此开创了网剧进入艾美奖的历史。

如今，网剧这块肥肉几乎已经被 CBS、NBC 等老牌电视台，以及 Netflix 这样的网剧巨头瓜分，但依然可以看到像 Breaking Media 这样迎难而上的新晋玩家，以及像 Blip.tv 这样专注于将网剧送上电视机荧屏的聪明人。

内容类型对比

中国——喜剧占据半壁江山

艾瑞网络调研显示，喜剧和剧情类型网络剧在中国市场中占据了八成以上的市场份额，如大热的《万万没想到》系列就是喜剧的典型。此外，"骨朵数据"的调查显示，网剧题材也表现出多样化的特点。

美国——纪实类网剧成黑马

与国内情况相似的是，美国的网剧也以喜剧和剧情剧居多。低成本，见效快，是制作商钟情于喜剧的原因。像 Funny or Die 这样的网剧平台，甚至成了喜剧类网剧的"专业户"。

与国内情况不同的是，纪实类网剧在美国也同样受到追捧。例如，在社交网络上大火的《纽约灾星》就是一部关于有关亿万富豪谋杀案的纪实类网剧，豆瓣评分更是高达 9.2 分。

用 户 对 比

就用户习惯而言，中、美网剧的观众有许多相似之处。

（1）收视时段：都爱在黄金时间看网剧。艾瑞网络调研显示，国内网络剧的收看时间主要集中在两大时段，即午间休息时段和晚间下班时段，特别是晚间 8—10 点是网络剧收看高峰。而根据 Blip.tv 的数据，美国观众收看网剧的黄金时间也大约在晚上 8—11 点。

（2）用户画像：观众普遍年轻化、男性居多。速图研究员对网剧的受众调查显示，国内网剧观众的年龄多集中在 20—29 岁，以男性为主；与之类似，Blip.tv 调查结果也显示，网剧观众的平均年龄为 33 岁，男性（51%）略微多于女性（49%）。

（3）付费习惯：付费意愿并不强烈。"骨朵数据"显示，中国观众目前仍以免费看剧为主，一般不太愿意付费；而在美国方面，Blip.tv 的调查也显示，只有不到一半的观众表示可以接受网剧中的广告。

思考题：

1. 剧集吸引观众的主要要素有哪些？

2. 如何看待弹幕现象？

第六章

从实体电影到网络电影

电影是一门综合艺术，从诞生之初的黑白，到彩色、到宽影、到沉浸式体验，逐渐成了人们闲暇生活的补充。高票房的电影通常是剧情、名演员、名导演的最佳组合，加上有效的营销手段，兼顾艺术性与商业性。一个完整的电影产业链是由制片、发行、放映等环节构成，影院媒体布阵以及各类新兴媒体推广策略有助于电影票房和口碑的双收益。电影也是一门技术化的艺术。每一次技术革命都引起电影革新，如今的数字技术也正在对电影产业产生巨大而深远的影响。

第一节　电影是一种生活

一、电影的诞生

两位法国摄影师卢米埃尔兄弟以连续摄影为灵感，于 1894 年制作出世界上第一架较完善的电影放映机，将摄影投射到屏幕上；次年，他们解决了电影放映的最后难题，以每秒 16 格的速度拍摄，并将影像放映在银幕上，[①] 这标志着电影的正式诞生。

1895 年，这两位发明家公开放映《工厂大门》，成为电影史上值得纪念的一天。直至 1916 年，美国导演大卫·格里菲斯的影片《党同伐异》

---

① 丁罗男. 电影观念史［M］. 上海：上海书店出版社，2015.

（*Intolerance*）因独特的叙事和拍摄手法被称为电影正式成为一门独立艺术的标志。随后，有声电影、彩色电影相继诞生，电影的题材也从最初的纪实扩展到科幻、超现实，电影成为一个独立的行当，为人们带来无尽的欢乐，并伴随科技进步和人们休闲的需求，电影市场越来越壮大。电影从弱到强、从粗糙到精致。克里斯汀·汤普森在《世界电影史》一书中，将百年电影史分为五个阶段，即早期电影（1895—1918 年）、默片晚期（1919—1929 年）、有声电影的发展期（1926—1945 年）、第二次世界大战后时期（1946—1960 年代）、当代时期（20 世纪 60 年代至今）。①

从无声到有声，再到三维空间的立体声效震撼；从黑白到彩色，到宽影，再到各类沉浸式观影体验，电影逐渐与人们的生活轨道相契合，成为人们生活进步的缩影、人们闲暇生活的补充。

二、电影是现实的补充

作为一门综合艺术，电影不仅给人直观的视觉、听觉享受，还将戏剧、摄影、绘画、音乐、舞蹈、文字、雕塑、建筑等多种艺术形式浓缩在短短的数小时之内，成为艺术家表情达意和观众共情体验的信息载体。

电影在不知不觉中改变人们的生活习性，对人类生活产生深远的影响，成为人们纾解现实压力的好去处，也引领着文明的发展趋势和社会风尚，满足人类的审美需求和精神追求；在丰富人类生活、开辟一个新娱乐天地的同时，它更是一种特殊的文化符号，成为人们茶余饭后谈论的素材，以及各类社交媒体中的热词、热点话题。

随着电影艺术的发展，一些电影开始在全球同步上映，其覆盖面越来越广，使得各国、各民族所创造的文明迅速为全人类所共享。电影起到了传递信息、表达情感、传播文化、搭建交流桥梁的作用，增进了不同民族和不同文化之间的交流，扩大了人的视野，提高了人的素质，增强了人的国际意识。电影在向观众提供一幅幅生动真实生活图景的同时，也传播着价值观念、道德规范、社会准则、生活方式、社会语言，不断影响着人类

① 峻冰. 论世界电影史的分期问题（1895 年以来）———在"互联网＋"与新媒体时代语境下［J］. 西南民族大学学报（人文社会科学版），2018（10）.

的思想观念，影响着人们的世界观、人生观和价值观。它所倡导的生活理念、价值取向、行为规范及行为准则，可以引导人们追求真善美，提高人们的道德情操和文化品位。

随着网络的发展，网络电影诞生，人们可以无须前往影院就能通过手机和电脑，观赏最新最热的电影，这也促成一些热门视频门户网站电影板块的兴起，如爱奇艺电影、腾讯视频电影等。网络联结电影观众，形成一种虚拟的观影社群。弹幕的出现，使观众之间可以分享各自对电影的解读与评价，专业的电影兴趣网站与社群，如豆瓣电影，可以保存人们的影评，还可以实时发布有关电影讯息；观众可以在线购票，可以线上线下与兴趣相同的观影人组成实实在在的群体，还可以主动参与到电影的口碑营销中，积攒自己的影响力，融进电影这个巨大体系之中。

第二节　电影的魅力

电影被称为继音乐、舞蹈、戏剧、绘画、雕塑、建筑之后的第七种艺术。作为全球电影模板的美国好莱坞电影的魅力被相关学者归纳为：第一，讲好电影故事是一个基本的、惯常的主体；第二，"三一律"（一个时间、一个地点、一个事件）是电影形式的基本特征；第三，追求介于戏剧和现实之间的真实；第四，用剪接和叙事来掩盖人工痕迹；第五，影片必须清晰、易懂；第六，具有超越阶级、超越民族的动情力和感染力。[①] 好莱坞电影对电影样式规律的把握、塑造标准化明星的模式以及工业化的电影生产方式是值得借鉴的。那么，电影作为一门艺术，其魅力何在？

一、电影靠什么吸引观众

很多观众会有这样的说法："我被逗笑了，所以这就是好的电影。""我被感动了，所以这就是好的电影。"按照这样的说法，如果在电影院里放搞笑小品集锦，你肯定会被逗笑，但这个小品集锦就是一部好电影吗？

---

① 丁罗男. 电影观念史 [M]. 上海：上海书店出版社，2015.

如果把历年来伴随人们成长的那些经典老歌做成集锦在电影院里播放，观众肯定也会被触动，但这些老歌串烧 MV 会是好的电影吗？

上述逗乐元素、音乐，以及其他一些艺术元素，如美术、摄影、表演等，必须靠一个严谨的故事逻辑线串起来，这才是一部好电影。好的电影需要票房的肯定，需要流量、数据、热度、资本的热捧，但是，真正经得住历史考验的电影，一定与电影创作者的水平相关。

（一）剧情

电影中的剧情吸引着观众，比如传奇性故事情节，让观众觉得不可思议，印象深刻；生活气息浓厚的剧情，观众感觉与自己现实生活接近，在演员各种写意、夸张的表现下，轻松地走进、卷入剧情，被电影所感染。

【案例 1】《泰坦尼克号》

影片《泰坦尼克号》可谓一个电影产业神话，全球票房逾 18 亿美元，创下票房奇迹。两位主演莱昂纳多·迪卡普里奥、凯特·温斯蕾特迅速成为超人气国际巨星。之后还有电影科技作用下的 3D + IMAX 版，依然火爆。

电影的剧情是这样的：1912 年 4 月 15 日，载着 1 316 名乘客和 891 名船员的豪华巨轮"泰坦尼克号"与冰山相撞而沉没，这场海难被看作 20 世纪人间十大灾难之一。1985 年"泰坦尼克号"沉船遗骸在北大西洋两英里半深的海底被发现。美国探险家洛维特亲自潜入海底船舱墙壁上看见了一幅画。洛维特的发现立刻引起了一位老妇人注意，已经 102 岁高龄的罗丝声称自己就是画中少女。潜水舱里的罗丝开始叙述当年故事：

1912 年 4 月 10 日，被称为"世界工业史上奇迹"的"泰坦尼克号"从英国南安普顿出发，驶往美国纽约，富家少女罗丝与母亲及未婚夫卡尔一道上船，另一边不羁少年画手杰克靠码头上的一场赌博赢到了船票。

罗丝一直认为卡尔是个十足的势利小人，从心底里不愿嫁给他，甚至打算投海自尽。关键时刻杰克一把抱住了少女罗丝，两个年轻人由此相识。

为排解少女心中忧愁，杰克帮罗丝不断发现生活快乐之处。很快，美丽活泼的罗丝与英俊开朗的杰克相爱了，罗丝脱下衣服，戴上卡尔送的

"海洋之心"项链让杰克为她画像，以此作为他们爱情的见证。

当美好爱情故事正上演时，"泰坦尼克号"却撞上了冰山。惨绝人寰的悲剧就此拉开了序幕，"泰坦尼克号"上顷刻间变得一片混乱，危急之中，人性中善良与丑恶、高贵与卑劣更加分明，杰克把生存机会让给了自己钟爱的罗丝，自己则在冰海中被活活冻死。

老态龙钟的罗丝讲完这段感动天地的爱情故事后，把那串价值连城的"海洋之心"沉入了海底，让它陪着杰克和这段爱情长眠于海底。

情节感人至深！

剧情不等于情节，情节可能是故事的大致走向，即"开始—高潮—结束"。剧情是故事情节中的戏剧、感情元素。没有剧情的支持，情节就是一具骨架。有的故事情节比较单一，但是剧情却很感人，也能吸引观众。

剧情片的卖点，不同于动作片中的精彩打斗动作，以及历史剧场面的宏大、爱情片的缠绵、喜剧片的搞笑。剧情片的节奏往往比较慢，但是情节相对紧凑，通常是一种社会现象以及一定人群生活状态的写照，容易唤起观众情感上的共鸣。

剧情片取材范围广泛，有的取材于现实生活，有的反映历史，有的描写神话或幻想，但以现实生活为主，也有对叙事诗、戏剧、小说等其他体裁的作品进行改编，通过人物形象的重新塑造、情节的合理演绎等艺术手法进行创意加工。

剧情的主题尤为关键。生活中有众多具有时代性、共鸣性、激起人们痛点的社会议题，都是提炼主题的源泉、内容数据蓄水池，是电影剧情创作的根。

但是，观众最终还是要享受故事观赏的过程，虽然主题是激发观众情绪的要点，但好主题≠好故事。一个好的主题需要通过一个好的故事表现出来，需要由好的剧情叙述出来。

例如，如果把好莱坞迪士尼动画电影《寻梦环游记》的故事主题提炼出来，显然，主题是永恒的"家+爱+理解支持"，虽然基本的故事架构是一个很常见的故事，但电影画面之瑰丽精致，让人眼前一亮，空间、色彩和故事的奇妙组合，让人心动。

印度宝莱坞电影《三傻大闹宝莱坞》的故事主题是一个反抗应试教育

的故事。但是，里面也叙述了主人公帮助同学成长的故事、主人公的爱情故事。当然，故事主线都是围绕兰彻反抗应试教育而展开的。

我国著名导演吴天明的《变脸》，看似是讲传统手艺的传承问题，其实也演绎了一个亲情故事，是借助传统手艺传承这个值得关注的主题，来讲一个感人的亲情故事，即电影剧情的内核是一个亲情故事。

（二）名演员

演员是为了塑造荧幕形象而存在的，好演员和高艺术电影一样有价值，是题材新颖、情节动人、制作手法精良的电影最有力的表现元素之一，能吸引很多的观众。

名演员，即电影明星，因在电影表演艺术方面取得一定成就，而在观众中具有某种影响的电影演员，可产生演员的明星效应。电影中，明星，往往处于一种"被看"的地位。电影中的明星实际是观众树立的，在其整个建立过程中，观众是完完全全的、不容置疑的主宰。观众，尤其是影粉们，掌握着电影娱乐的走向。

电影明星靠其精湛的演技获得观众的喜爱。明星的诞生取决于很多因素，其中第一位的因素是个人魅力。电影明星区别于一般电影演员的显著之处是个性，或是身体魅力，或是性格魅力，这些明星身上总有那些能够打动观众的地方，让粉丝为之尖叫痴狂。那种没有个人特色、缺少自己独立思想的演员，是很难长期拥有观众缘而成为电影明星的。

近些年，越来越多的电影利用明星效应吸引粉丝，成功走上"粉丝经济"之路。"明星"和"大片"之间几乎可以画等号，形成了"明星＋粉丝＋电影"三者关联模式，即明星成为观众的偶像，这些对明星的行踪、电影里的语言、动作都了如指掌的粉丝对其偶像狂热追求，进而被电影营销转化为一个成功卖点，成为由电影视听明星培养出来的观众，其实质是专门围绕着电影明星的特殊消费群体，是被电影营销借用明星效应蓄意构建的粉丝，他们因为对电影明星的想象及情感而成为票房贡献者。

【案例 2】《小时代》

《小时代》系列的口碑其实并不算好，在豆瓣上的评分甚至低于 5 分，但杨幂等一批娱乐名人还是吸引了大批年轻粉丝。

杨幂、郭采洁、陈学冬、谢依霖、郭碧婷等偶像演员，其俊男靓女的形象在年轻一代的群体中有很高的感召力。数托邦（DATATOPIA）分析发现，观看《小时代》的观众平均年龄为 20.3 岁，这批典型的 90 后成了《小时代》票房的最大贡献者，也成了《小时代》在社交网络上传播的最大贡献者。

《小时代》主演杨幂的粉丝体量贡献之大难以计数，《孤岛惊魂》也是在她明星效应下吸金。这是一部成本仅 400 万元的惊悚片，在上映前没有受到业内的重视，首映当日预售票即在一小时内售罄，上映一周就收获 5 000 万元票房，最后票房近亿元，这几乎全归功于杨幂的感召力。有自称她"脑残粉"的影迷表示"6 次买票进电影院"。

（三）名导演

导演应是一部电影的绝对权威，他是指挥、控制、掌握拍摄过程的人，因此一部电影成品的质量好坏、拍摄效果、故事情节、演员表现力等各个方面都会受到导演的影响。一个好的导演经常是电影质量的保证，也是票房的保证。

导演通常由制片人选定，制片人代表投资方的利益，在财政上拥有决定权。幸好在艺术创作上导演仍然占据着主动，尤其是在选材及具体的创作中，以及对演员的选择上。

【案例 3】中国导演

冯小刚，中国著名电影导演，曾获得第十七届金鸡百花电影节最佳导演、北京大学生电影节最受欢迎导演奖、第十三届中国电影华表奖优秀导演、2011 年上海电影节年度杰出贡献奖、第十九届金鸡百花电影节最佳导演、新中国 60 年文艺界十大影响力人物。著名的冯氏喜剧就是其影响力的见证。从《天下无贼》到《非诚勿扰》系列，再到《私人定制》《老炮》，且不说这些贺岁喜剧的口碑如何，单就票房一项就让很多导演羡慕不已。

中国电影有两座高峰，即《霸王别姬》和《活着》。这两部电影的导演分别是陈凯歌和张艺谋。有人说，中国电影的辉煌始于 1983 年。确实，这一年"电影教父"吴天明出任西安电影厂厂长，张艺谋与陈凯歌双峰聚首，拍的是震惊世界的《黄土地》。1991 年，张艺谋执导、巩俐主演的电影《大红灯笼高高挂》获得威尼斯电影节银狮奖。1994 年，《霸王别姬》获得戛纳电影节金棕榈大奖。《活着》获戛纳电影节评审团大奖，葛优凭借福贵的角色拿了戛纳影帝。1996 年，《变脸》在国外获得 30 多个奖项，但在国内几乎看不到什么宣传。当然，即便没有政策原因，这部主打传统价值的电影也难有票房。2002 年，曾经看不起商业片的张艺谋拍了《英雄》。影片投资 3 000 万美元，国际票房 1.7 亿美元（14 亿元人民币）。《英雄》国内票房达到 2.5 亿元，占据当年全国票房四分之一。中国电影进入"大片时代"。

2006 年，张艺谋找芦苇探讨《满城尽带黄金甲》的剧本。讨论了8 天，芦苇说剧本问题很大。张艺谋不以为然，说："就凭张艺谋、巩俐、周润发、周杰伦这四个名字，两亿票房，芦苇你信不信？"《满城尽带黄金甲》投资 3.6 亿元，动用了两万名群众演员。这之后，王朔给了张艺谋一个评价：搞装修的。

张艺谋恭谦回应："中国电影正是被票房绑架的年代。我们要试水，要两条腿走路。这些吴天明导演都看在眼里。"2012 年，吴天明拍摄了导演生涯最后一部电影《百鸟朝凤》，讲的是两代唢呐人传艺的故事。2016 年，吴天明的遗作《百鸟朝凤》上映。上映一周，电影票房仅有364 万元。导演谢飞说："最伟大的电影莫过于此，一万两千人站在雨里看电影节！"①

二、电影的营销

（一）片名很重要

对于中小成本影片来说，明星和制作班底虽未必为观众耳熟能详，但从营销推广的最初，就应该在片名上做文章。

【案例 4】影片《白鹿原》

该电影推广团队在介绍该片营销方案时说，推广第一阶段即告诉观众

---

① 叉少：张艺谋、陈凯歌"背叛"大哥的日子 ［EB/OL］．［2019 - 09 - 22］https：//news. ifeng. com/c/7ocjlEDmcIy.20190726.

什么是"白鹿原"，通过概念海报以及预告片等，令不同年龄层次的观众完成从熟悉小说《白鹿原》，到熟悉影片《白鹿原》的概念转化。

实际上，国产电影因片名不佳而使得营销不得力的例子有很多，像中小成本的诚意之作《钢的琴》，因片名不够吸引人曾引发一场争议，而电影《赛德克·巴莱》也因为片名令观众不解其内涵而失去观看兴趣。

（二）档期需合适

电影制作方可以为影片量身打造合适的档期，这样的排期可以成为推动国产影片的一种有效方式，同样对院线来说也可以有合理的安排。

片方提前主动将影片的上映日期告知院线方面，这样有利于影院的排片计划。好莱坞电影公司的影片档期从开拍之日就定下来，而且不会改变，以上映倒计时来宣传，这样在观众心中形成期待。

通常，寒暑期、节假日、周末均是最佳档期，近年来还出现制造特殊档期的案例，如《失恋33天》安排在"双11光棍节"。

（三）艺术与市场的平衡

一部影片少不了制作、投入等市场考量，但导演对影片的取舍大多保留艺术性强的那部分，在很大程度上对艺术的选择高于对市场的理解。

如何做到既赢艺术，又赢票房，既尊重艺术又尊重市场，影片制作方、发行方和放映方应该在影片拍摄最初就进行沟通。

第三节 电影产业链

一、电影产业链的终端策略

一个完整的电影产业链，是由制片、发行、放映多个环节构成的，虽然发行的终端渠道越来越多样化——电影院线、互联网、海内外市场，但去电影院看电影已经成为人们的生活方式，所以电影院线的经营至关重要。

（一）电影院的媒体布阵策略

电影终端产业链首先得力于影城的推广策略，涉及：影城每日影讯如何传播？影城新片上映如何促销？影城贵宾卡客户如何管理？影城团体客户如何管理（年票、包场）？影城节假日阵地如何促销？影城放映质量如何？设备如何维护如何保养？影城员工团队如何管理、培训？影城卖品如何销售与管理以及开发等细节。

线下和线上结合的全线布阵策略被广泛运用于各大影城，其媒体布阵的选择策略也是各出奇招。下面介绍一些：

（1）阵地媒体。海报、灯箱、易拉宝、展架、挂旗等；电视墙、LED视频、贴片广告、DM单派发、电影刊物赠送、电影衍生品、大堂主题活动、阵地摆设布展、趣味游戏互动等。

（2）传统媒体。报纸：影城影讯为硬广告，其余文稿为软文；电视：可以投放预告片硬广告，活动视频报道为软性报道；广播：频次播出为硬广告，可进行活动类的软性合作。

（3）新的媒体网站。门户新闻网站、娱乐网站、BBS论坛、自有网站、智能自媒体。

（4）社会资源媒体。银行金融公司，中国银行、中国工商银行、招商银行等需要进行客户服务的金融机构；电信行业公司，中国移动、中国联通等全国大型通信公司；全国大型连锁机构，家电连锁或者超市连锁等；其他可以与之合作的机构，如团购、折扣等。具有媒体传播作用的社会资源有硬广媒体、户外大牌、公交站牌、楼宇视频等。

谁能够真正掌握影院线终端的传播力量，谁就能够真正成长为最有竞争力的电影院线。控制了电影产业链终端——电影院的推广，才是真正做好了电影产业链的推广。

【案例5】《港囧》

电影《港囧》上映，打破了12项纪录，创造了首日票房破2亿元的神话，除了电影本身质量以及光线传媒的发行渠道优势以外，《港囧》的推广也可圈可点：IP营销、怀旧营销、社群营销、创意发布会、借势营销等方式，基本上将热门的营销手法都认真地使用了一遍。

有关《港囧》的海报和传单很早以前就开始在市场上流传，而光线传媒也举办了多场发布会，因为有之前《泰囧》的积淀，所以这次的票房有一定的保障；同时，在微博上讨论，在 BBS 上直接投放广告；另外，通过时下新型的众筹、浦发银行合作等方式铺路，不仅推广方式一应俱全，热点营销也做得极为到位，造就了其票房奇迹。

（二）电影票房营销策略

电影是艺术和商业结合的产物，好莱坞用美元和明星将电影打造成传播全世界的流行商品。一部成功电影的背后，除了强大的文化和工业的支持，还有赖于日益重要的营销传播的支持：从影片的选题、编剧到拍摄、制作，到映前推广、映后市场跟踪，制片方成立的营销小组会通过市场调研、观众心理测定和影片市场预测，确定媒体传播计划，制造口碑，引起关注，来完成影片市场营销策划的整个步骤。

一定意义上，电影院线的经营决定电影票房的成败。经营者通过掌握相当数量的电影院，在某一城市或地区建立放映网络，可垄断影片的公映，可通过调整票房价格、推广策略、场地等选择与锁定目标观众，通过对电影产品的描述、包装及定价，以及提供便利的购买渠道、开展有效的促销活动，配合目标观众的需求、兴趣和选择，唤起人们观影意愿，最终使影片获得高上座率。

为了培养观众进影院消费的习惯，拉动电影产业内需，许多在线票务网站联合影院采用各种补贴票价的形式吸引消费者，提高电影票房的收入，并根据人们的电影消费习惯来选择合适时机进行推广。

好莱坞电影营销靠着"大投入、大制作、大营销、大市场"的"四大"商业电影模式，以钱滚钱，使得美国电影业总收入中约 20％是从影院的票房收入中获得，而有约 80％则是由非银幕营销所得。好莱坞对其他国家电影业的资金投入和合作经营，是通过建立电影制作发行放映机构来控制国外电影市场。如通过合拍电影的方式，将中国电影制作系统纳入好莱坞体系之中，培养观众的好莱坞趣味和发行好莱坞电影，利用外国演员、外国导演和外国题材来征服外国观众。许多好莱坞电影的题材来自世界不同国家、不同文化和不同历史，为主流的美国电影带来异域情调，注入文化营养，为美国电影进入外国市场带来文化亲同感和文化共鸣。

好莱坞并不局限于电影输出，每年的奥斯卡颁奖为全世界设计了一个盛大的好莱坞节日，利用种种电影附属产品，如电影音乐原声带、图书、画册以及各种与好莱坞电影相关的玩具、文具、生活用品等，扩大好莱坞电影的市场渗透力。

好莱坞电影这种营销大于影片制作的策略，值得借鉴。

电影是一个时效性非常强的产品，如何在短期内积攒人气直接影响电影上映的票房，而试映会更是重要的公关手段，如今根据观众的点映来制作电影卖点也是有效手段之一。在电影正式上映前举办的小型试映会和媒体看片会如同试金石，都是电影营销策略中非常重要的一环。专业人士和媒体对电影的评论会直接影响消费者的观影心态，业内人士的点评更是会形成一种强大的引导作用。

（三）电影关联产业营销策略

高知名度和曝光率的明星是电影票房营销的"重型武器"。除了直接参与电影的演出和配音，主打明星牌的电影营销还有另外两种策略：一是邀请明星参加大片的首映典礼，并邀请进行电影点评；二是邀请明星参与影片的制作（如演唱主题歌等），这便绑定明星以影片参与者的身份跟随影片进行推广。这一绑定明星的策略一定程度上可以最大限度地调动明星粉丝力量和娱乐记者的关注度，并有效地将关注度从明星导入电影收入。

电影是一种快速的文化商品，其在银幕空间被消费的同时，异业合作营销也是电影产业链经营的最佳模式，电影的价值被扩展，票房不再是测量电影成功的唯一标准。传统的电影营销是以银幕营销为主，这种方式无疑让电影可能创造的市场价值与实际回报有巨大差距。

在电影品牌之下，特许经营、版权、联合促销、植入广告等，都拥有巨大的营利空间。

随着电子商务平台的业务触及生活的方方面面，在线票务平台在我国呈现淘宝和猫眼两大寡头格局。淘票票是阿里巴巴旗下平台，背靠阿里巴巴影业的资源；而猫眼平台则有光线传媒、微影、腾讯、美团点评作为股东，同时还拥有光线传媒的行业资源，拥有包括美团入口、大众点评入口、猫眼、微信入口在内的四大入口核心流量优势，以及其他股东的所谓泛娱乐资源优势，其产业连接空间无限。

电影衍生品收入也很可观。所谓电影衍生品或周边产业是指电影版权所有者自行开发，或授权开发与电影内容有关的产业，可以分为购买式和体验式两类产品。

其一，购买式产品包括：① 由电影直接转化的产品，包括影片电影原声带、电影剧照集等影像产品，以及通过对电影改编权的转让而产生的产品，包括以电影内容为基础改编的小说、电子游戏、歌舞剧等；② 与电影内容相关的衍生品，包括纪念性的电影玩偶、道具复制品、纪念海报、纪念邮票等；③ 有电影 LOGO 的服装、饰品、生活用品等。

其二，体验式产品是基于电影内容的体验式产品，包括开发电影拍摄外景地的旅游、主题公园、主题餐厅等。

目前中国影院小食和饮品占衍生品收入的 70%～90%，但从整个电影产业链来看，我国在电影版权的衍生品周边产业处于萌芽阶段。相比好莱坞，迪士尼为了推销电影《星球大战》的衍生玩具，在 YouTube 上做 18 小时全球直播；玩具公司乐高每年都会为《星球大战》的每个 IP 版权创造出 40 个可拆卸的小人和相关物品，《星球大战》在电影、小说、漫画、动画剧集和电子游戏中的内容仍在不断扩充。

二、电影营销的新媒体策略

（一）电影话题设置

互联网发展之前，电影营销主要通过首映会、大众媒体、院线海报推广等方式，这种营销手段受地域、速度、到达率等限制，于是一些影视公司开始利用网页广告、论坛以及各类新兴社交媒体推广影片。

1. STEPPS 话题疯传

各类新兴媒体的快速发展，不断改变着社会信息的传播方式，毫无疑问也促使电影营销发生重大变革。电影营销从传统的 AIDMA 法则（attention 关注、interest 兴趣、desire 渴望、memory 记忆、action 行动）逐渐走向网络特质的 AIASA 的模式（attention 关注、interest 兴趣、search 搜索、action 行动、share 分享），技术进步、顾客强势和定制化等因素，均促使当下数字电影营销搭上社会化媒体的通道，完成小成本、高回报的"盈销"。

这种社会化媒体以其口碑传播和互动参与性，使得电影获取"疯传"

效应，如《人在囧途》，不仅微博上、豆瓣电影上评论频繁，而且在上映阶段，视频、台词、观众影评、截图恶搞等充斥各大网络，网友们竞相搞怪 PS。许多电影传播内容均来自网友的原创，一些 80 后、90 后电影迷，创造性地采用"STEPPS 内容疯传策略"[①]：

策略一：社交货币（social currency）。制造非常规、卓越非凡的电影事情，以及神秘、有争议、有趣、新奇和生动的电影内容，进而对网民产生内在吸引力，使网民产生口口相传的欲望。

策略二：诱因（triggers）。制造电影趣味性，在产生短时传播但预测未必持久时，使其与周围环境和流行诱因产生连接，从而使受众通过一些线索而联想到某些电影内容产品或所表达的思想，从而使这一线索被更广泛地触发。

策略三：情绪（emotion）。积极的信息比消极的信息更受到人们的青睐，但很多负面情绪也可以引起传播，比如愤怒和担忧。因此，具备高唤醒的情绪比如敬畏、兴奋、幽默、生气、担忧等能够让人们更多地传播。电影便是制造情绪的机器，毫无疑问我们可有效地把握此传播策略。

策略四：公共性（public）。电影内容具备公共视觉性，更容易被传播，因为受众具有从众心理，乐于互相模仿，或根据他人的行为来决定自己的行为，所以公共可视性对产品和思想的流行至关重要。电影通过声像等形式公示，其中的表现色彩、人物形象、声音等元素皆有独特识别特征，都具有公共性，易于传播流行。

策略五：实用价值（practical value）。有用的信息即使不具备趣味性也会被大范围传播，受众会共享其认为有用的信息，实际对其是否有用并不关键。因此，对实用价值的传播是传播内容最基础的事情，电影总是会给观众提供众多实用性的信息。

策略六：故事性（story）。将传播内容有机嵌合在故事里，使之成为故事的重要组成部分，以获得更好的效果。电影的剧情是最好的故事表述。

2. 自媒体造热度

社会化媒体打破传统媒体的垄断地位，使其"权力终结"，全新的电

---

① 乔纳·伯杰. 疯传［M］. 北京：电子工业出版社，2015.

影格局、营销方式诞生，推广、促销、广告的单一效果在弱化，口碑、沟通、对话、分享、交流的创新形式日益受到欢迎，用户在体验即时沟通、实时共享的传播乐趣。

微博、微信以及知乎等社会化自媒体用户基数庞大、传播快，具有议程设置造势、借势功能，电影可通过以下几个策略实现大范围营销：

（1）映前：电影官方开通微博、微信等，为影片"预热"，定期放送与影片相关的剧照、访谈、拍摄花絮等资料，并通过评论与观众积极互动。

（2）上映后：可通过微博热搜、微博开屏广告、微信公众号等方式实现议程设置，促使更多人知晓该影片并走进影院。

（3）映后：通过开设官方超级话题，为观众和粉丝提供交流讨论的平台，进一步提高影片热度。

【案例6】《失恋33天》

这是一部成本仅900万元的电影，改编自豆瓣上的一部小说，叙述的是都市女孩失恋疗伤的故事，没有宏大的主题、没有强大的明星阵容和制作团队，就是这样的影片却取得了3.5亿元票房的收入，这与其成功的网络营销分不开。

该片营销团队将推广重心放在各类社会化媒体，如各类视频网站、微博，内容重点放在爱情、失恋等能够在普通人心中产生共鸣的话题上，加之原著之前的网络效应，并创造性地在"光棍节"上映，大获成功。

当时，该片还突出重围，打败《铁甲钢拳》《猩球崛起》等同期上映的好莱坞大片，凭借3.5亿元票房成为票房黑马，开创了所谓的"光棍节档期"（小成本＋特殊档期＝票房奇迹）。

3. IP粉自发营销

传统媒体时代，电影上映前的粉丝推广主要来源于导演及片中演员的粉丝，而IP电影通常改编自网络小说、图书、综艺、游戏等文化产品，电影开拍之前便具有相当高的知名度、流传度。出于对原IP的喜爱，以及对作品银幕化、影视化的期待，大量IP粉丝会在电影拍摄过程中主动为影片预热，如积极转发剧照等花絮，在微博、贴吧、论坛等社交媒体进行推广。电影IP运营不仅改变电影的剧本选择和拍摄流程，也创新了电影营销策略。

拉扎斯菲尔德曾经提出，大众传播在将信息传递给受众的时候，是经过"意见领袖"这一中间环节，而不是直接传递给受众的，即"大众传播—意见领袖—受众"，相当于传播过程经过了两级，所以称为"两级传播"。"意见领袖"是在人际传播中，经常给他人提供信息、观点、意见，并对他人施加影响的人。在各类社会化媒体中，同样存在意见领袖，这些电影 IP 超粉的观点会带动网络的关注。

罗杰斯在考察创新事物扩散的过程和各种影响因素之后，总结了创新事物在社会系统中扩散的基本规律，即创新扩散 S 形理论：创新事物在一开始扩散的时候发展速度比较慢，而当创新的采纳者达到一定的数量（即临界数量）后，开始加快速度（进入起飞阶段），这个状态会一直延续，直至系统中能够采纳创新的采纳者都已采纳后，达到了饱和点，扩散的速度才开始放缓。采纳者的数量是随时间呈 S 形的轨迹变化的。

根据创新扩散和两级传播理论，对于新事物的普及推广与流行，亲朋好友间的人际传播通常比大众传播更具有说服力和推动力。因此，电影制片有意识地与微信、微博等自媒体合作，在电影上映前邀请网络达人和粉丝意见领袖参加点映，借他们之口发表相对专业的电影评价，凭借其相对可观的粉丝基数，以取得良好的电影营销效益。

（二）数字营销"SOLOMO"模式

随着各种社交媒体（SNS）的井喷以及影响力的增强，各类以社交为主的社区媒体也成为电影信息传播扩散的平台，成为电影推广的有力辅助，社交媒体受众能够自主选择关注对象，电影信息可通过意见领袖有效进行信息软植入。此外，这种电影推广形式更符合移动媒体时代用户碎片化、快节奏的信息处理方式，已成为电影营销的新取向。

风险投资人约翰·杜尔（John Doerr）针对媒体发展态势，提出"SOLOMO"概念，将 social、local、mobile 三个关键词进行组合。其中，social 代表社交类网站，local 代表 LBS（位置服务）应用，mobile 代表移动互联网[①]。也就是说，基于大数据、LBS 位置服务、VR 和 AR 等技术，

---

① 李桦. 中国电影的 SOLOMO 营销模式研究［D］. 济南：山东大学，2018.

社会化营销机构可以实现追踪人们的线上行为的目的，这使得营销结果变得更加精确、效率更高。

SOLOMO 营销依托于社交媒体、位置信息和移动网络/设备，可以将处理后的信息以推送的形式传输给目标受众。这一营销策略构建了"数据收集—受众定位—精准触达—有效互动—销售转化"的闭环，认知（awareness）—兴趣（interests）—购买（purchase）—忠诚（loyalty）的受众有效地达到逻辑形成。通过整合移动社交平台的不同场景和渠道，将电影信息剪辑成适合传播的小片段，通过平台、受众的区分将有效信息精准推送至目标受众，并通过平等姿态的受众对话，与受众形成良好的互动，提升受众好感度，满足受众对消费闭环各个环节的精神需求和消费体验，培育受众社群，创造友好的舆论环境，以有效提升电影的口碑和票房的营销模式。

电影的 SOLOMO 营销模式包含如下几个方面。

1. 数据定位

（1）定位观众群。不同类型的电影会有特定的喜爱和热捧群体，精准定位核心观影人群并加以集合就能最大限度地产生传播效应。例如，电影《智取威虎山》，其观众定位最先聚焦 70 后和 80 后，在做点映推广时也是挑选 70 后和 80 后关心、偏好的话题与电影花絮。当影片公开放映后，根据猫眼电影的数据反馈，分析得出影片中的 90 后元素也存在，就及时进行电影推广策略调整，数据显示，影片上映后的消费人群越来越年轻化，在电影的核心群体之外又收获了扩散传播的群体。

（2）预测票房。如今的"大数据"已渗透到各个产业，其中当然少不了影视行业。被人们津津乐道的《纸牌屋》，就是大数据和影视业"联姻"的典型案例。作为世界上最大的在线影片租赁服务商，Netflix 通过海量的用户数据积累和分析，知道很多用户都喜欢大卫·芬奇（《社交网络》《七宗罪》的导演），也知道凯文·斯派西主演的影片表现不凡，还知道英剧版的《纸牌屋》很受欢迎，于是将上述三要素结合起来，便可预知美剧《纸牌屋》会取得的成就。[①]

（3）预测话题。大数据时代的电影营销得益于社交媒体的快速发展和广泛使用。人们在使用社交媒体时，产生大量互动数据；分析这些互动数

---

① 刘婧雅，文田. 大数据时代的电影营销［J］. 电影艺术，2014（1）.

据，有利于发现数据间的相互关系，可以找到人们在虚拟空间中的互动"踪迹"，发现互动的规律与模式，为电影"话题营销"提供方向。

（4）精准营销。大数据技术还可以挖掘未知的、潜在的、有用的数据，通过锁定具体用户，勾画出个体在虚拟空间中的"路线图"，还原个体的个性和行为模式特征，为电影"精准营销"提供基础资源。

数据定位作为一种新型的线上线下互动模式，受到营销界的青睐。众多数据公司也利用自己的资源和技术优势，与电影营销结合，共同开辟一条电影营销的新路径，即结合对线上大数据的分析，制定线下预售或宣传策略，再从消费者的反馈数据中提取有价值的信息，作为电影营销的依据。[①]

2. 互动+体验

在社交媒体平台，营销者以平等口吻与观众进行深度对话，注重受众反馈，以此取得受众信任，使观众对电影产生共鸣，并在个人及群体情感的驱动下购票进行观影[②]。

打造受众与电影传播诉求的高度互动，可借助台词、剧情、演员、导演等电影元素为观众营造一种深度体验，可不断培养潜在观众的关注以及感情加入，从而促成观影行为。

3. "私媒体"链

这种私域流量效应实质是个人的社会资本价值，因其有大量的关注率，所以可被培育成为电影口碑营销的意见领袖。借助这一被关注的"个人点"，有针对性地提供相应的电影讯息，再由此自媒体在其圈层自主创意、自主转发，以此增加电影的可选性。这种借助意见领袖线上、线下联动的营销方式也成为电影营销的一种策略。

4. 跨平台耦合

在网络与数字时代，媒体平台众多，"两微一抖"、快手、小红书等热门信息平台多样。电影议程设置的信息多平台投放，毫无疑问有普遍撒网的功效，能够在提高信息曝光率的基础上加深受众印象，刺激各类潜在观众购票观影兴趣，更能有效地触达电影用户，提升预销售电影产品在议程

①　周宾. 从"受众本位"的视角看大数据时代的电影营销［J］. 当代电影，2015（7）.
②　蔡晴蕾. 浅析中国电影社会化媒体营销策略［J］. 中国管理信息化. 2018（6）.

中的地位，毕竟电影是一种大众消费的娱乐产品。

【阅读材料 1】Rentrak 如何利用大数据为电影做营销[①]

电影票房监控公司 Rentrak 与好莱坞的联合人才经纪公司（United Talent Agency）合伙开发出了 preAct 服务，通过网络论坛与社交媒体来源的数据资料，为电影公司即将推出的影片按有关言论的规模、好感度和性质等各个项目进行评分，以协助电影公司或演员随时掌握消费者的评价与喜好。

过去电影票房的预测数据，多是于电影公司举行完宣传活动后，通过电话、线上问卷等消费者调查而来，电影公司在取得结果后，再进一步做宣传片或行销策略的微调。然而，通过此种方式的调查，其时间与人力往往所费不赀；此外，调查结果出炉时，影片通常即将于一个月内上映，而消费者的观赏态度早已成定局，电影公司经常只能被动地接受，无法做有效的补救。

随着社交媒体与大数据工具的发展逐渐成熟，新形态的娱乐媒体数据分析服务也随之兴起，并引领许多新形态电影监测公司问世；近年如印第安纳波利公司 Fizziology、影视传播公司 Moviepilot、先听公司 ListenFirst Media、皮德蒙特媒体研究公司 Piedmont Media Research，均是通过网络博客或社交平台等来源，追踪与电影相关的言论内容，进而分析大众对于电影的评价、好感度与票房预测等，让电影公司可随时调整行销策略与推算决策。

Rentrak 的主要业务可分为电视媒体与电影产业两项。电影票房监测方面，Rentrak 通过传统访问与社交媒体工具 preAct 的辅助，提供与全球电影的市场反应相关的监测服务，如消费者对于宣传活动、影片等的反应、满意度与接受度等，提供给电影公司做票房预测与市场评价，研究范围涵盖了全球 47 个国家的电影戏院、12.5 万个电影荧幕。

Rentrak 公司于电影上映前一年，即通过 PreAct 工具开始各类市场研究，并密切注意消费者发布于网络社群上的讯息，搜集如 Twitter、YouTube、

---

① 创新案例分析：Rentrak 如何利用大数据为电影做营销［EB/OL］.［2019 - 09 - 22］http：//www.199it.com/archives/402672.html.20151108.

Facebook 等社交媒体或博客等来源的资料，并于 preAct 系统上综合分析市场上对于标的影片的每一次宣传活动以及预告片或新闻发布后，观众的反应与动向，提供给电影公司或好莱坞明星，作为影片上映前行销决策参考。

第四节 电影的未来

电影是一门技术化的艺术。每一次技术革命都曾经引起电影形式的根本变化，当下正在进行的数字革命也对电影产业产生巨大而深远的影响。数字手段改变传统电影的制作方式，有机地将虚拟现实主义的制作美学与照相现实主义的制作美学相融合，并由此将电影观影效果推向新的境界。这不但创造了一种新的电影形式，VR 等技术也为观众创造了一种崭新的沉浸式观影体验，并使得电影融为数字化多媒体的一部分，电影被放进数字理论和视觉文化理论中进行研究，从而揭示了后电影时代的来临。[①]

现今的电影已经不只是带给观众视觉和听觉上的体验，而是通过先进的拍摄技术和手法带给人们更多的感官延伸。正如在电影《007：大破量子危机》《速度与激情 7》中出现的大量汽车追逐画面，借助各种航拍、卫星地图和高科技导航系统的插入，以及大量关于面部、仪表盘和车轮的短促特写镜头，一种加速蒙太奇之感，让观众仿佛身处飞驰的车轮和颤抖的减震器包围中，伴随着电影镜头中的晃动而产生一种身体的强烈共振。[②] 这种从视觉到触觉的感官体验，得益于新的摄制设备：GoPro 相机、无人机、鹰眼镜头和新的剪辑方法等。

麦克卢汉曾说，媒介是人的延伸。与其他行业一样，技术的飞跃发展与革新，使得电影业也处于不断变化的状态。每年都会出现新技术，迫使电影行业重塑自我，这种加速的催动力根本不留给电影业半点儿犹豫的空间，而且电影在技术的驱动下，主动"被要求蜕变"的速度也在加速，越来越快。

未来的电影可能的发展态势如何？

---

① 陈犀禾. 虚拟现实主义和后电影理论——数字时代的电影制作和电影观念［J］. 当代电影，2001（2）.

② 韩晓强. Cinema 2.0 时代的电影经验［J］. 电影艺术，2018.

（1）人们会更多地选择用家庭影院观看电影，观影习惯将发生变化。未来，购买一套家庭影院级别的设备将不再具有太高的门槛，而且会让你不仅足不出户就可以享受到高质量的电影，还能够与院线保持同步，也可居家邀请亲朋同赏。

当然，影院仍然以其独特的氛围和体验而存在，但距离将会成为制约人们观看电影的一个重要因素，人们在选择电影院时会更多地考虑在路上花费的时间。

（2）流媒体第三方平台播放服务将会得到大幅度的增加。类似于Netflix这样提供互联网随选流媒体播放、在线提供第三方平台的播放服务商将会得到更大的发展，一个更为优质的平台能够更多地将这些技术最大化地运用到电影行业中。

多窗口操作和多平台的技术将会得到更多应用。这也就意味着无论何时何地，只要成功给第三方付费，就可以获得永久的播放资格。

（3）电影的工作方式需要向剧集制作业看齐。电影需要具有更强后续动力，而传统的电影无法满足人们对于这些故事后续性的要求。

人们更为偏爱高制作成本的电影。电影的版权商可以将自己的特许经营权下放到工作室进行代理，但这会导致中小成本的制作商无法生存，然而这是一个合理的发展方式。

人们能够有节奏地观看这些类似剧集一样的电影续集并能够通过订阅的方式来为其付费，而以电影为素材改编而成的剧集也将会有很大的影响力。

（4）要讲一个全世界人民都爱听的好故事。必须让电影克服不同地域的文化与语言差异，减少文化折扣，找到使人们情感得到共鸣的关键点。

中国不缺乏揭示人类美好向往的爱情题材、个人成长追求正能量的题材以及科幻、悬疑、社会转型争议题材，这些都是好莱坞突破文化壁垒、引发人类情感共鸣的选材出发点。影响全球的美国好莱坞影视文化作品里的内容，巧妙突破文化壁垒，传递人的本质、生命的价值，以及正义、公平、勇敢、理想、爱情等内容，很容易实现与各国受众之间情感共鸣，得到全球文化的认同。其选题全球化，对内以观点多元、对外以全球化观众欣赏为标准，并且制作精良，营销大于影片的电影营销策略也值得借鉴。

（5）全球化的合作将是一个新趋势。随着电影越来越趋于全球化，制作人在挑选演员方面显得更为谨慎，因为人们想要看到具有自己所在地区辨识度的面孔出现在荧幕上。网络与数字时代，中国电影网络出海也需与我国票房大国的地位相符，出海地域需明确路径，出海方式灵活多样。

中国电影实体院线经营固然重要，但网络平台，特别是中国网络电影出海也需与我国票房大国的地位相符。我国数字文化除少数头部产品外，大量中长尾产品粗制滥造，受产业化程度低、无海外分发渠道的主控权、技术创新能力低、部分资本盲目追求短期利益影响，很多优秀内容没有海外发行渠道买单，失去海外上线的机会，或上线后缺少有针对性的海外本土推广运营，造成鲜有问津的局面，对中华文化全球传播"走进去"造成挑战。

电影作为一种独特艺术和独特媒体的地位正在消失，而融为数字化多媒体的一个部分。必须让电影克服不同地域文化与语言差异，找到使人们情感得到共鸣的关键点。中国电影网络与数字出海地域也需明确路径，从以亚洲近文化市场为重心，向欧美等全球范围不断突破，推进"一带一路"区域的新兴热点。民营企业可成为中国电影全球传播的一股重要力量，大型民营企业成为先锋，从"独立生产"拓展至"独立＋合拍/合制生产＋合作发行"等灵活的方式，提升中国电影文化 IP 的全球水准。

（6）电影院的屏幕必须更真实。当家庭影院的屏幕都已经从 50 英寸向 60 英寸迈进时，电影院不能只是简单地做得更大。电影院的沉浸体验感和个性化的影院服务，会与技术的发展与时俱进。

（7）新的互动方式将在电影院扮演新角色。识别系统可以将观众的面部表情和动作扫进 3D 效果的圆顶状屏幕。观众可以在之前选择自己的身份信息，由识别系统将你的身体和面部表情扫描完毕之后，将这些信息转换到屏幕上，便可以与这些电影角色进行互动。未来的高科技也将进一步完善这种如电子游戏般的电影角色扮演趣味。

（8）换不一样的方式讲故事。当人们可以选择多元的方式来观看影片时，这也就预示着电影有着更多可行的表现手法。电影的背景和色彩将会不同，拍摄手法的多样性也会使得人们的认知方式产生巨大的差异，但不管怎样，真正的好故事总是能够将人性和时间、地点完美结合在一起的。

故事会带给观众认同感、放松与体验感，中国电影要讲一个全球人都爱听的好故事是一个突破点。

（9）特效技术将成为推动电影发展的重要力量。自电影《阿凡达》在全球获得了28亿美元的票房之后，电影行业就已经发生了巨大的变化，而现在电影特效制作技术的飞速进步将会给人们的观影感受带来巨大的提升。

（10）VR技术驱动电影发展将是新趋势。将虚拟现实技术应用于电影制作的概念由来已久。正如科幻电影《头号玩家》中未来人通过头戴设备进入虚拟游戏世界一样，近年来，VR技术已经从纪录片、电商等领域扩展至电影、电视剧等影视平台。

目前VR技术与电影的结合主要有两种模式，均是360°全息影像的表现形式，即用户置身在虚拟环境中，可以任意转动头部来获取信息，物理空间内的全部可视区域都呈现在眼前，用户完全沉浸在其中，并以第一视角来探索互动。第一种模式是360°场景式电影，即物理空间内的全部可视区域均是电影场景的一部分，用户完全置身于电影之中，也被称为沉浸式电影或全景电影。第二种模式是虚拟影院模式，顾名思义，就是虚拟了一个传统影院环境，其核心是追求达到传统影院的最佳观影效果，在技术实现上比前者容易。[1]

同时，VR技术也在多个方面给电影制作的未来发展带来了空前的机遇与挑战。一是对传统摄影术的冲击，电影不再是"物质现实的复原"，摄影机也不再是必需的设备，虚拟成像技术开始取代摄影图像成为电影中不可忽视的图像学存在。以《哈利·波特》《神奇动物》系列为代表，由电脑生成图像并模仿传统镜头的视点，就可以制造出传统摄影的视觉感。二是随着科学技术的发展，人类进入后现代社会，其典型特征就是超现实性，一种高级的符号化阶段，VR技术使得沉浸式体验的近乎真实感超越现实存在的客观世界。虚拟现实超过传统视觉艺术领域中的"有距离的凝视"，完成从视觉感知到想象的转变，而直接塑造出沉浸性的审美体验[2]。

（11）弹幕带来观影新体验。弹幕与电影之间，有种天然亲缘性，都属

① 孙江华，王思雅. VR时代在家看院线电影的可行性研究［J］. 当代电影，2017（8）.
② 刘畅. 虚拟现实技术与电影理论的未来构建［J］. 传媒，2017（14）.

于媒介的范畴，兼具评论功能。弹幕电影，主要是指添加弹幕评论功能的电影观看机制。

随着通信技术的发展，电影的观看不仅仅发生在影院，网页（互联网）和屏媒（手机、平板电影等移动终端）也可观看电影。影院电影、网页电影以及屏媒电影，与弹幕电影一样，是媒介生态下新的电影范式。[①]

电影评论通常都是发生在一部电影结束之后，但弹幕可以在观看过程中随时随地发表观点，并在屏幕上同步，使得弹幕与弹幕之间形成对话关系，让网民们进行即时的交流互动。影院弹幕较为小众，形式是在实体的电影院观看电影时同步发送评论至大荧幕，但观众体验较差；而屏媒弹幕则将电影的实时评论移植到移动互联网背景下的小屏移动端，提供更加个人化、自由化的观影和互动方式。

未来，院线观影和屏媒观影将交替发生，前者注重环境的仪式感、沉浸感，完整领略电影的故事情节；后者聚焦二次或多次观看的自由感和在线发送评论的互动性，可随时暂停、快进、后退，更像一种社交场所，通过发送弹幕对电影文本进行重新诠释甚至创作，成为全民化的时间记录。

（12）IP 作品电影继续火热。IP（intellectual property），即所谓的知识产权，在电影产业高速增长中做强电影 IP 尤为重要。

美国电影业总收入中约 20% 是从影院的票房收入中获得的，而有约 80% 则是由非银幕营销即相关电影 IP 所得，而且大部分来源于境外全球市场。美国电影，不仅通过领先技术创造符合全球民众审美的场景体验，同时也常常融合全球化的故事、人物、风俗等。例如，《冰雪奇缘》中大量使用挪威元素，《守望先锋》为各个人物角色设置了不同国家背景等。中国电影 IP 形象的再创新，需要有全球的视野，进行中国故事的表达。中国电影可以讲出一个全球人都爱听的好故事。

选择优良的视听创意题材，并以年轻人所喜爱的叙事方式展现互联网上热门文学作品、网络游戏、视频、微电影等元素，互联网公司、资本公司、影业公司、传媒公司纷纷开始通过囤积优质 IP 来运作电影，打造具有广泛影响力与商业价值、社会价值的明星 IP。[②]

① 李侃. 弹幕电影：媒介与艺术的博弈与融合 论媒介语境下电影弹幕的三次生成［J］. 北京电影学院学报，2018（2）.
② 顾杨丽. 互联网时代国产动画电影的"IP ＋"之路［J］. 当代电影，2018（5）.

（13）国内传统主旋律电影商业化转型更加成功。"电影强国"是一种以流行文化讲中国故事，以引发观众共鸣的中华文化新的话语表达途径。电影引领着文明的发展趋势和社会风尚，满足人类的审美需求和精神追求，在丰富人类生活、开辟一个新娱乐天地的同时，更是一种特殊的文化符号，沿着"故事层"到"文化层"再到"国家层"自下而上地完成国家认同意义建构。电影是凝聚人心、舆论引导的重要领地。

不同于往年好莱坞大片称霸中国电影市场票房的现象，《战狼2》这样一部凸显民族自信、重视大国担当、弘扬爱国主旋律的军事题材作品再次燃爆，首映当天以4小时破亿元、当日接近3.6亿元的票房刷新纪录，而后一路高歌猛进，最终以56.8亿元创下中国电影史票房纪录。新时期主旋律电影市场化的逐步成熟，未来中国市场的主旋律电影在商业化转型上会进一步提高。①

（14）以众筹情节等形式提升用户体验。众筹即汲取众人的创意，形成电影的信息架构和细节设置。目前众筹情节方式虽未在电影领域使用，但好莱坞影片边拍边播，根据观众反馈调整剧情和主角造型已不鲜见。

用于制作电影品质内容的技术将更容易获得，这会使得一些颇有才华的电影制作人受益，但技术的发展也在逐渐"拆掉"行业进入的壁垒，新的电影玩家的进入是不可避免的。一切领域都会加快节奏，这使得电影需要保持尽可能的灵活。电影业正变得越来越重视IT和技术，与此同时，从视频编辑、动画到视觉特效的电影制作的关键方面都转向云端。云可以帮助解决影片制作所面临的数据复杂性问题，包括从任何全球位置实时访问数据集。②

电影的未来应该是乐观的，而不是一些批评家指责的那种"电影已死"的论调。技术为电影插上翅膀，但是并没有动摇电影的本体——叙述故事抑或展示某种观念。技术赋予了电影无限可能，或许未来的电影会突破类型片的束缚，真正走向纯艺术与纯娱乐的理想巅峰。那时的电影将会与人们的生活发生更多奇妙的联结与碰触，人们的生活也将变得更多姿多彩。

①　崔小娟. 主旋律电影商业化转型路径探索——以电影《战狼2》为例［J］. 出版广角，2017（21）.

②　What's the Future of the Film Industry? ［EB/OL］.［2019 - 09 - 22］https：//www. futureofeverything. io/ask-thought-leaders-film-industry-headed.

思考题：

1. 你会因为什么原因走进电影院看一部电影？

2. 你最近看的一部动画片的亮点在哪里？

3. 面对海外大片的来袭，你认为中国电影的出路在哪里？有哪些需要改进的地方？

4. 你如何看待社会化媒体中的微电影？（提示：一些微时长、微制作、微投资的电影，适宜在新兴媒体平台播放的短片）

第七章
从电视综艺到网综

综艺节目是一种融合了多种艺术形式和表达方式的视频节目形态，用于满足观众的艺术审美和休闲需求。而在不同的社会背景和文化语境下，综艺节目在内容制作和呈现方式上也往往展示出不同的特点和类型。随着互联网的数字化、移动化进程，新型的综艺节目类型——网络综艺诞生了。我国的网络综艺节目经历了搬运、台网联动、网络创新三个阶段。较电视综艺而言，网络综艺的商业化、娱乐化程度更高，但节目的文化价值、社会价值尚待提升。有娱乐、缺文化是目前网络综艺面临的突出问题。

第一节 综艺节目定义

"综艺"顾名思义，即综合多种艺术形式和门类展现出的节目形式。综艺节目日渐成为人们放松、娱乐的一种流行节目，它是运用各种声光、时空转换、视觉造型等技艺，融合音乐、舞蹈、戏剧（戏曲）、小品、曲艺、杂技、游戏、竞赛（猜）问答等艺术形式，以期满足观众多方艺术审美和消闲娱乐需求的一种视频节目形态。

综艺节目包括综艺晚会、文艺节目、综艺栏目以及选秀节目（亦即真人秀节目）等。综艺节目中包含了丰富的文本，在一定程度上也是一个国家和地区社会文化的具体显现，特别是综艺节目中出现的具有争议性的话题，往往会引发社会各界的热议。例如，江苏卫视婚恋交友型综艺节目《非诚勿扰》，就常因为节目中男女嘉宾的言行引起社会关注与讨论。其中，最为著名的是女嘉宾有关"宁愿坐在宝马车里哭，也不要坐在自行车后座笑"，节目一经播出便引发观众在网络空间和现实生活中对于"拜金主义"的讨论和评价。可见综艺节目与现实生活的相互影响。

第二节　综艺节目内涵

一、内容丰富

综艺节目内容五花八门，丰富多彩，集音乐、歌舞、戏剧、曲艺、相声、杂技、绘画、游戏、笑话、故事等形式于一身，又融娱乐性、欣赏性、知识性、趣味性等特点为一体。

在综艺节目中，各式各样的艺术形式或单独呈现，或以不同方式的组合呈现，其内容的多样性是任何一种视频艺术形式无法匹敌的。

二、表达多样

综艺节目的形式多种多样，主要包括艺术形式、表现形式、主持形式和播放形式等。其中，艺术形式包括舞蹈、歌曲、相声、小品、戏曲、双簧、快板、杂技、故事等。表现形式包括时空转换、内外结合、声画并茂。通过服装、化妆、道具、舞美、音响、灯光等多种艺术手段强化艺术效果。主持形式包括主持人所处方位（台上或台下）、主持行为（可报幕或可茶座式）、主持人数（一人或多人）、主持场所（室内或外景）、主持人着装风格等。播放形式包括直播、录播、插播，或两台对播、多台联播等。

三、综合性

综艺节目并不局限于单一的内容、题材、风格，而是具有极强的综合性和兼容性。综艺内容包罗万象，比如饮食、婚恋、选秀，从知识到娱乐，从明星到草根，都可以成为一档热门综艺的内容，因此也为其提供了全年龄段的大量观众。

综艺节目既可直播、又可录播；无须受到室内外拍摄的严格限制，甚至对主持人和嘉宾的语言风格亦无要求，因此观众在收看综艺节目时往往更具有新鲜感，也为综艺制作方提供了展现创意和功底实力的平台。

四、娱乐性

与新闻类节目相比，综艺节目诞生较晚，同时也具有其他节目无可替代的娱乐性质。在内容分类上，当今综艺可分为选秀、脱口秀、真人秀等几十种类型，但归根结底都具有高度的娱乐性特征。

各类综艺的题材内容大多轻松活泼，如节目《爸爸去哪儿》便是以亲子节目为基础，利用节目中纯真可爱的儿童天性，向观众展现出诙谐有趣的节目效果。此外，在内容制作上，目前大部分节目都大量采用了卡通配字和滑稽的音效，在更有效推测、展现节目中人物心理的同时，为节目创造出了更多的"笑点"。例如，早期《康熙来了》等访谈节目，制作方邀请当下最具热度的名人、明星参加节目现场录制，里面配合主持人调侃话语的配字和音效，倍添娱乐搞笑的气氛，增强节目娱乐效果。在流量经济作为文化娱乐产业大背景当下，一些网络流量明星也参与节目中，甚至成为网络综艺节目的主持人和策划者，网络的出现，使得综艺节目拥有更好、更广阔的舞台。

五、广泛性

综艺节目的受众人数最多，人群分布广泛，雅俗共赏，老少咸宜。特别注重受众的参与，因为要参与，才能娱乐。

常见的互动方式有猜谜、游戏、热线电话、短信投票、微博、微信互动等。

六、模式化

在全球化时代，作为媒体产品中具有明显标准化生产和模式化的综艺节目，最易以模式的方式，通过版权经营，向各个国家和平台进行输出。

所谓的模式，是指电视节目模式（TV program format），即一种样板（template）或制作方法，让特殊的产业知识能够成套包装以促进节目再制的过程。① 中国爆款音乐真人秀节目《中国好声音》，其节目模式便源于《荷兰好声音》（*The Voice of Holland*）。该模式由 John de Mol 和 Roel van Velzen 创造，在荷兰 RTL4 电视台播出，创下 18.2％的收视率。② 荷兰 Talpa Media 公司发展与制作该节目，中国的版权代理公司买断其在中国的独家发行权，将制作权授予灿星、播出权授予浙江卫视。

第三节　综艺节目类别

综艺节目按照内容来看，有音乐类、舞蹈类、婚恋交友、脱口秀、真人秀、美食、体育竞技、益智类等。以我国的综艺节目为例，音乐类的综艺节目有《中国好声音》《我是歌手》《中国有嘻哈》等。舞蹈类的综艺节目有《星动亚洲》《热血街舞团》等。婚恋交友类包括《非诚勿扰》《百里挑一》《非常完美》；脱口秀（talk show）中较为人熟知的有《奇葩说》《金星秀》等，其又称真人实境节目的真人秀，强调在没有剧本预设剧情的情况下，纪录明星或普通人的真实生活，可分为明星真人秀和普通人真人秀。明星真人秀中较为著名的有《爸爸去哪儿》《花样姐姐》等；普通人出演的综艺节目有《变形计》等。美食类综艺节目有《十二道锋味》《拜托了冰箱》《人气美食》等。体育竞技类则包括《奔跑吧兄弟》《极速前进》等。益智类综艺近年来涌现了《中国诗词大会》《最强大脑》等口碑和收视率双收的节目。

在不同的社会背景和文化语境下，综艺节目在内容制作和呈现方式上也往往展示出不同的特点和类型。

---

① Moran A，Keane M. Introduction：The Global Flow of Creative Ideas [J]. Continuum，2009，23（2）.

② 李晨. 电视"真人秀"文化价值观解读——以《中国好声音》为例 [D].天津：天津师范大学，2014.

一、综艺晚会

"综艺晚会"通常仅在重大节日或活动时播出，具有场面宏大、布景精美等特征，在节目中呈现喜悦、热闹的风格。尽管在当今自制综艺和网络综艺的冲击下，人们已不再把此类节目作为观看的首选，但晚会在节日里仍然对全地域、全年龄段的观众们具有"媒介事件"一般的重大意义，其主题化和艺术化追求强烈，一方面以宏大叙事、社会性主题突出文艺的宣教功能，另一方面强调艺术诉求和审美体验。

还有一种综艺晚会是专题性晚会，包括各种奖项的颁奖典礼、各重大节日的庆祝晚会等。有时公众人物的脱口秀、真人秀也会被制作成电视晚会的形式，在娱乐大众的同时兼具新闻发布的功能，也是综艺晚会的一种形式。

【案例 1】"央视春晚"

央视的春节联欢晚会，常常被简称为"央视春晚"，是中国中央电视台在每年除夕，为庆祝农历新年举办的综艺性文艺晚会。

春晚在演出规模、演员阵容、播出时长和海内外观众收视率上，入选中国世界纪录协会世界收视率最高的综艺晚会、世界上播出时间最长的综艺晚会和世界上演员最多的综艺晚会。该节目集众多大牌明星和各种娱乐表演样式，为全国观众在除夕夜献上一份视听盛宴。

春节晚会代表了该类型综艺节目的最高形态和较早雏形，成为全球华人的文化符号，是中国综艺节目的主导类型。

【案例 2】"双 11"晚会

如果说春晚是最传统的综艺电视晚会的话，那么阿里巴巴集团与湖南卫视合办的"双 11"晚会应该就是最新潮的综艺电视晚会了。

2015 年 11 月 10 日，由天猫和湖南卫视联手巨资的"天猫 2015 双 11 狂欢夜"晚会于北京水立方上演，并同时在湖南卫视直播。

据晚会总策划介绍，"天猫 2015 双 11 狂欢夜"堪称"最互联网的晚会"。晚会融综艺内容、明星游戏、移动购物为一体，消费者可以通过电视、网络、手机等平台，实现边看边玩边买，通过多场景互动，全球亿万"双11"粉丝都可以共同参与到这场狂欢中来。而这种多屏互动的创新尝试，重构了"消费＋娱乐"模式。

著名影视剧导演冯小刚担任了"双11"晚会导演。他说当他知道一半的人都通过手机在网上消费，就明白这是一件了不得的事。"双11"晚会是一个扎着丝带的潘多拉盒子，电商是发展的趋势，不可阻挡。

除了天猫办晚会，电商京东也于"双11"期间携手《中国好声音》原班人马打造了京东11·11大型竞歌晚会，晚会于11月10日晚8点在CCTV3和腾讯视频等视频网站同步播出。在晚会现场，京东通过微信摇一摇的方式向消费者送出红包，百大优质品牌也同步送出了限时福利大奖。

二、综艺游戏

所谓综艺游戏是指以一定游戏规则为主导，同时综合众多艺术节目形式的娱乐节目，集综艺及游戏两大要素。

这类节目的内容以游戏为主，参与者也由晚会时清一色的专业演员和明星，变为明星为主、平民为辅的模式。节目中仍然有一定比重的文艺表演，但与晚会相比，其艺术性和审美性的追求已经被很大程度上消解，而成为一种点缀性的存在，更多的是以游戏类型呈现某种平民化的市井日常生活趣味，晚会的社会性主题也演变为对感性游戏冲动和猎奇心理等世俗化欲望的满足。

节目"好看"是综艺游戏节目不遗余力追求的目标，不仅在包装上讲求视觉冲击力，在节目内容、编排方式上更是五花八门，令人目不暇接。看其他节目像是进了专卖店，只能接受到单一的节目样式，而观看综艺游戏就像是在逛超市，雅与俗、传统与现代、搞笑与煽情、纪实与表演都可以在同一节目中欣赏得到。

综艺游戏节目牢牢抓住人的游戏天性，将传播定位为"游戏娱乐，大众联欢"，通过游戏给现场的嘉宾、观众以及视频前的人们带来欢乐，进而实现最大限度的大众化。

节目为人们提供了一个大众联欢的场所，"游戏面前，人人平等"，不论你是游戏参与者还是观众，不论你的性别、年龄、收入、身份、阶层如何，只要你游戏娱乐的天性未泯，就可以在其中尽情地宣泄、释放。在充满竞争压力的现代社会中，综艺游戏节目舒缓了人们的紧张情绪，起到了减压的作用。综艺游戏在娱乐节目中最常见，是创最高收视率的节目形态之一，通常被放在黄金时段。

【案例3】《奔跑吧兄弟》

该节目由浙江卫视节目中心和韩国 SBS 团队联合拍摄制作，双方采取混编团队的方法进行，最终呈现的效果，既有 *Running Man* 中的特色游戏，也有区别于原版的中国版独特之处。

节目由7位搞笑性、艺能性极高的艺人为固定嘉宾班底，每期节目通过团队或个人形式进行游戏，通过脑力和体力的比拼获取金牌或提示继续闯关，最后决定胜者。输者将接受惩罚，胜者则有奖励。

该综艺节目不只是加入游戏好玩的特质，还更多地融入了当地文化元素，打造中国特色的"跑男"文化。西湖、敦煌、乌镇、武汉高校等各地的风土民情在节目中均有展现，在给观众带来快乐的同时，也极大地展现了各个地方的民俗风情，传播了中华独特的文化地标元素。

该游戏类综艺节目还加入社会热点元素以锁住受众心理，在内容设计和嘉宾参与上，结合观众舆情反馈设计悬念、趣味和时代感，加之关注度较高的明星艺人们兼备的游戏任务，夸张而投入的逼真表演更是吸引观众。

"娱乐""阳光""健康"是该档节目的三个关键词。导演组有意识地强化或强调了明星和普通人的通力合作，打破名人与素人的界限，倡导永不言弃的拼搏精神。该节目后来还开展相关公益项目，更是传达了一种成长中的正能量。

三、选秀竞赛

这是以才艺表演为基础的综艺选秀活动，通过为普通人提供登上舞台表演的机会，满足素人表演欲望并赋予他们明星般的体验，最终可能改变其命运并成为明星。

选秀竞赛类综艺节目有各种评选标准，任何一位符合条件的观众都可以参加，也是素人"秀出自我"的舞台，是金子，都可以在上面发光，可以说是"平民造星运动"。

首先，节目没有门槛，在人群中海选。为吸引更多的人参与，选秀主办单位可以不设参赛条件、不收报名费，打破了过去选秀节目精致叙事的陈旧模式，打造了毛毛虫蜕变成蝴蝶的新鲜模式，提高节目的收视率与参与率，但海选的选手才艺水平一定程度上决定了节目本身的质量和收视效果。

其次，选秀竞赛节目为普通人提供了梦想舞台和个性展台。该类节目抓住每个人那颗有梦想的内心，传递给他们：梦想是伟大的力量，只要通过个人努力，就可以改变命运，获得成功。

选秀竞赛节目的环节制作、表现形式都根据观众所盼不断推陈出新，不断刺激观众的神经。比如，残酷的淘汰机制、让选手的命运掌握在观众手中，等等，让观众有"坐山观虎斗"的决定权感觉，加之选手的灿烂前途会激励参与者和观看者，还有透明互动的游戏规则，这些创意策略都极大地增强了观众的参与感，并构成节目特征：塑造平民偶像、观众广泛参与、评委权威、真人秀元素、模式化竞赛程序。

【案例4】《中国好声音》

该节目第一阶段的基本节目形态是四位导师收徒组队，学员出场展示歌唱实力，导师背对学员"盲听"歌喉，若认可，导师即可亮灯转身表示愿意收徒；如多位导师表示认可，则由学员自主从已转身的导师中选择自己心仪者，直至最终组队完成。

其中"盲选"概念的引入让声音成为选秀的唯一标准，赋予了节目新的内涵，成为打造节目影响力的基石。"盲听盲选"的环节设置，形式新颖，有创意，凭实力，吸引观众关注，同时又维护了节目的公正与权威性。

该节目最大的创新在于，它将音乐性的判断与解读融入节目的全过程中，使得观众跳出其他选秀节目"看热闹式"的听歌方式，在该节目中可升级为对音乐的欣赏与评价。节目自始至终将关注的焦点放在歌唱者与歌曲的关系中，从现场表演中体会演唱歌曲的内涵，从歌手故事发掘歌曲演绎的外延。以"什么是好声音"为中心的表演、判断、评价、取舍、情感和故事构成节目的全部内容[①]，让观众在欣赏节目获得愉悦的同时得到音乐欣赏的知识。

【阅读材料 1】偶像养成类选秀节目

有研究者将偶像养成类综艺选秀节目定义为"以唱歌、舞蹈和表演等为表现内容，以舞台演绎为表现形式，以比赛为竞争手段，以明星打造为目的，以练习生制度为培养模式，选拔、培养全能艺人，并纪录、展示其过程的节目类型"。[②]

中国最早的偶像养成综艺模式可以追溯到日本 AKB48 女团的姊妹团体 SNH48，她们在上海正式出道，随后风靡全国，分别成立了北京分团 BEJ48、广州分团 GNZ48、沈阳分团 SHY48 等，全体成员总数破百。尽管前有湖南卫视《超级女声》《快乐男声》、东方卫视《加油！好男儿》《我型我秀》等选秀综艺创下真人选拔类节目的辉煌，但之后由于该类型节目遍地开花、同质现象产生、市场处于饱和状态、节目制作和选手素质大幅下降等，之后的综艺选秀不再能像"超女"那样培养出李宇春、周笔畅、张靓颖等中国一线艺人。之后，偶像养成类综艺在其中独辟蹊径，杀出一条重围。

如安徽卫视《星动亚洲》、浙江卫视《蜜蜂少女队》及东方卫视《加油！美少女》等，网络平台产生了优酷、土豆《国民美少女》、腾讯视频《最强女团》及爱奇艺《明星的诞生》等节目[③]。

之后，爱奇艺推出的《偶像练习生》引起了热烈的反响。该节目借鉴韩国同类系列节目 Produce 101 的层层淘汰和全民投票模式，邀请张艺兴、周洁琼、程潇等经韩国娱乐公司培养并发展成熟的艺人作为明星导师，将来自数十家不同经纪公司的 100 名男练习生聚集一堂、同台竞技，最终选拔 9 人组成偶像团体"NINE PERCENT"。在该档节目尚未正式完结"九人成团"的时候，腾讯视频买下 Produce 101 版权并打造的中国版《创造

① 覃晴，谭天.《中国好声音》的传播特征与价值创新 [J]. 新闻与写作，2012 (10).
② 李晨. 偶像养成类综艺选秀节目特色与发展策略探析 [J]. 南方电视学刊，2017 (3).
③ 徐晓眉. 对偶像养成真人秀产业模式的思考——以韩综《PRODUCE 101》为例 [J]. 今传媒，2017，25 (8).

101》开始播出。该节目同样召集了 101 位女练习生，通过任务、训练、考核，让选手在明星导师训练下成长，最终选出 11 人组成"火箭少女 101"出道。

该节目利用"粉丝经济"创造了巨大市场利益和娱乐价值。全民投票的方式使团体成员包括了当下最受欢迎男女生的各种类型，并在成团之后迅速发布音乐专辑、拍摄团体综艺、参加打歌节目、举行见面会甚至演唱会，选拔期间的节目热度持续发酵。

该类型的节目有如下特点：

一是互动性的播放平台。此类节目的主要播放平台都是一些拥有较强的互动功能的平台。作为养成系偶像选拔，要能让粉丝全程参与练习生走向偶像的选拔过程，这种陪伴式成长体验是养成式选秀抓住观众最为重要的一点。爱奇艺 App 通过开辟"跑跑圈"这样的互动社区，为节目中每一位练习生建立专属的话题空间，粉丝之间也达成有效的互动交流，还安排练习生进入话题与粉丝互动，产生更强的联系。同时在 App 界面设置投票通道，提供了实时投票的功能。

二是全能型的练习生选手。国内传统的选秀节目基本上都是以唱歌为主，舞蹈、造型、舞台感都不是重点关注的方面。但是，随着韩国各类男团、女团的对外输出，其在唱歌、舞蹈、演技等方面都有很强的实力，属于全方位发展的艺人，这对中国市场形成一定的冲击，要想在市场中获得更高的关注度，就必须走向全能型。《偶像练习生》《创造 101》的选手虽然来自国内外不同的经纪公司，但在训练模式上主要参考韩国较为成熟的艺人培养路径，接受过声乐、舞蹈、舞台表演等全方位的学习，堪称全能型的代表。

三是年轻化的受众定位。首先在导师的构成上就保证了节目未播先火，两档节目分别邀请了在韩国男团 EXO 中成名的张艺兴、黄子韬两位流量男星作为"全民制作人"代表，以及张杰、Ella 等实力派国民偶像作为选手导师，其本身巨大且年轻的粉丝群体带来了极高关注度。同时，将目标受众群体聚焦在 90 后的年轻一代上，年轻化的粉丝更愿意参与到偶像的成长过程中，可以获得共同进步的成长体验，也更愿意为偶像在精力和金钱方面付出。粉丝们自发为选手应援，如包下大幅的地铁、大厦广告屏来展示选手形象等，"粉丝经济"的效应被扩大到极致。

之后，爱奇艺打造的《偶像练习生》第二季更名为《青春有你》，优酷土豆推出《以团之名》，腾讯视频继续播放《创造101》等，新一轮的全民偶像养成节目正在发展。

四、益智博彩

在这一类型中，综艺节目的艺术性追求已经降到最低，而博彩性和互动性则成为节目的本质特征，生存类节目也属于此类。

最早兴起于美国的益智博彩类综艺节目 *Who Wants to be a Millionaire?*（《谁想成为百万富翁》），自1998年开播后，迅速风靡全球，成为不同国别、不同人种观众的收视灵药。我国的这类节目有仿效英国《百万富翁》的《开心辞典》等；还有一类是生存类的，比如模仿美国 CBS《幸存者》的《幸运大挑战》等。这种轻松娱乐节目使人们得到了抚慰，焦虑得以缓解，甚至获得轻微的麻醉。

【案例5】《一站到底》

此节目打破主持人与选手对抗的形式，创新地采用选手与选手的直接对抗，选手完全零门槛报名，节目组提供面广而不深的题目，以生活化、对抗性、激烈度为卖点，打造出一批平民知识英雄。

选手的台上答题以及个性表现，直接影响节目的收视。因此，选择怎样的选手尤其重要。在挑选选手上，除了答题能力的测试外，还要考虑选手的个性和形象，争取每个选手都有自己的故事、自己的风格。那些答题能力强而表现力又好的选手是可遇不可求，有时只能做调配，比如挑些分数不高但是表现力好的，再挑一些分数高但不怎么会说话的。对选手的选择，可以说是毫无门槛，极度亲民化。此节目拥有真人秀节目的味道。

该节目在发布平台上也拥有融媒体风格。除在江苏卫视官方网站上有节目点播、直播之外，还专门设置了《一站到底》节目官网。同时还与土豆、搜狐、PPTV、爱奇艺、迅雷看看等视频网站合作，方便受众随时点播观看。此外，该节目还推出了唯一官方授权"一站到底PK版"游戏。游戏借鉴益智博彩综艺节目的对战模式，游戏题库与综艺节目的题库共通，可以让玩家与综艺节目观众一起体验益智答题的乐趣。[①]

五、脱口秀

脱口秀（talk show），亦称为谈话节目，是观众聚集在一起讨论主持人提出话题的节目。最早出现在美国，是由主持人、嘉宾和观众一起谈论各种社会、政治、情感、人生话题。不照本宣科，脱口而出，因而被港台的翻译家们形象地译作"脱口秀"，意为"访谈节目"。

此类综艺以"单口小段＋喜剧环节＋名人访谈"为固定表演模式，有时以人物为中心，也有时围绕任务组织话题，根据话题选择谈话人。

节目有现场观众参与谈话，也有无现场观众的谈话；可以有带嘉宾的谈话，也可有不带嘉宾的谈话；可在演播室现场录制，也可利用卫星通信技术让不同地域的嘉宾同时进行交流，呈现形式灵活多样。

在美国等西方国家，这类谈话节目已成为电视节目的主体样式，占总量的60%～70%，其中娱乐谈话节目具有很高的收视率。通常在晚上11:00至次日1:00间播出，使忙碌了一天的人们得到放松。谈话内容多为成人话题，内容广泛、庞杂，主持人风趣、幽默，时常庸俗地开些玩笑、做些噱头，以为观众提供笑料。

【案例6】《金星秀》

《金星秀》是一档以节目主持人命名的综艺节目，该节目分脱口秀和明星采访两部分，在脱口秀部分中，主持人金星结合自身的人生阅历对时下热点话题进行解读与分析；明星访谈部分，主持人则邀请各路明星嘉宾一起参与话题讨论，将不同的人生观碰撞出各种火花去感染观众。

该节目在模式上也做了大胆的升级尝试，将70分钟的节目划分为三个板块：脱口秀、有话问金姐和明星访谈。主持人金星不仅会献上精彩的个人表演，还回答网友提问，与圈中的明星好友聊天吐槽。

---

① 周启明，刘勇. 益智类答题节目平民化路径探析——以江苏卫视《一站到底》节目为例[J]. 上饶师范学院学报，2014（5）.

六、"真人秀"

有这样一部电影，叫 *The Truman show*（《楚门的世界》）。Jim Carrey 在 1998 年主演的，他饰演的楚门从呱呱落地开始，就成为播映最久、最受欢迎的纪录片肥皂剧主角。他居住的小镇是个庞大的摄影棚，他的亲朋好友和他每天碰到的人都是职业演员。他的一举一动、一言一行，分分秒秒都暴露在各处隐藏的摄像机镜头面前，随时在电视节目中播出。全球上亿观众都在关注他的一举一动，而他自己却浑然不知。他毫无隐私可言，他的生活已不属于他自己，而属于所有人。经过 30 年众目睽睽下的生活，楚门终于感到有点儿不对劲。当他发现自己就像鱼缸中的鱼时，他决定要不惜代价地逃离。

这是对真人秀最好的诠释：纪实性、冲突性、游戏性。

真人秀常邀请明星或草根作为节目嘉宾，通过设置一定的比赛、游戏、旅行等任务，来展示嘉宾的个人表现、性格特征。

也就是说，真人秀＝纪录片（纪实手法）＋剧集（故事性），以公开"最原始人性"和"个人隐私"，来满足观众的窥视欲。真人秀的核心在于"真人"，绝非虚构，真有其人。真人秀这种节目类型把综艺节目娱乐化推向了新的方向和高度。

"真"是特色，是非虚构的，表现手段是纪实。非虚构就是一些普通人在常规状态下的生存状况，用纪实的手法去反映。如果没有"真"这一点做保证，那么这就是一个戏剧性的节目，但没法跟剧情片去比。剧情片可以比它的结构更精巧，节奏控制得更好。

"人"是它的核心、根本。该档节目里面的人、人性、人格没有突现出来，就不会有感染力。

"秀"是指虚构和游戏。如果说人是它的核心，真是它的特色，秀就是它的手段，所有的真实必须通过虚拟的规则来完成。如果规则没有掌握好，前面的人性、人格出不来，它的真实空间就得不到展现。

真人秀节目内容具备：① 一定的冲突性，由人为设定前提，富有刺激性和娱乐性，如残酷的淘汰规则，像一场惊心动魄、情节曲折的连续剧；② 拍摄手法的纪实性；③ "真人"形成的真实感，以及"秀"对纪录片的一种反动和戏拟；④ 参与者不能为所欲为——"镜头窥视下的表演"，规则下的表现——夸张或压抑的非常态生活景观。选手和观众都有极强参与性。

"真人秀"给参与者带来不容忽视的利益诱惑，可签得无数演艺和广告合约，参与者很有可能成为明日之星。观众也可获得超然的"坐山观虎斗""我就是国王，我决定生死"的幻觉，让观众"看别人的故事，想自己的心事"，可以说自带"社会实验"性质。在社会话题类、情感类的真人秀中，一些素人的参与有时更真实，更容易引起共鸣。让"纪实性"与"娱乐性"完美结合是真人秀综艺应该持续思考的问题。

【案例 7】《一锤子买卖》(DEAL OR NO DEAL)

美国 NBC 播出。主持人为喜剧演员霍伊·曼德尔（Howie Mandel）。

该档游戏类节目起源于荷兰，已经在 38 个国家播出，包括澳大利亚、英国和美国等。紧张的气氛、巨额的奖金和不可预料的结局牢牢吸引着观众的注意力。

《一锤子买卖》的环节设置非常简单、不断循环。一是选手选择一个箱子并揭晓其中的金额；二是银行家出一个价格购买选手的箱子；三是选手选择成交 or 选手选择不成交；游戏结束。

游戏过程的演绎有戏剧和煽情效果：26 位美女模特走上舞台，每人手里拿着一只手提箱，箱内装着从 1 美分到 100 万美元的数额不等的支票。电脑随机选择在场观众中的一位，这位幸运儿站在众人的中间，挑选其中一只作为自己的手提箱。他在主持人的引导下，依次打开其他的 25 只箱子。选手、主持人和"银行家"均不知道箱子里究竟藏着多少钱。随着手提箱一个个被开启，参赛者手里那只手提箱的金额也逐渐变得明朗。

【案例 8】《爸爸去哪儿》

《爸爸去哪儿》以明星父亲为卖点，以清新萌娃为看点，用一种全新的综艺节目形式吸引观众的"注意力"，让综艺节目贴近日常生活，同时又能起到一定的教育作用，让综艺节目不再仅仅是"娱乐"，而是"寓教于乐"，让观众在看节目的同时，也能被潜移默化地培养一些正确的育儿理念。

《爸爸去哪儿》这档节目定位为亲子互动真人秀，同时节目拍摄地点不再是摄影棚内，也不是电视综艺舞台上，而是走向户外，走向大自然，走向现实的社会生活中。节目限定父亲和子/女单独参加，"度过一次没有妈妈在身边的奇妙旅程"。明星父亲褪去荧屏前的光环，还原真实生活中的"父亲"身份。他们能否承担好照顾子女的责任？明星子女首次曝光，他们跟普通人家的小朋友有什么区别？是否能适应户外的艰苦生活？这些问题都是观众十分关心的问题，也是网友热烈讨论的话题。①

七、小型综艺节目

传媒业有个二八法则——20％的产值在新闻，80％的产值在娱乐。小型综艺节目也应运而生。其长度通常在30分钟以内，没有大型演播室，成本低廉，通常由几个小板块拼接而成。

各个国家或地区的小型综艺节目均有不同的表现。在日本，大多借鉴了美国的制作方式，融入了很多生活元素。比如，旅游类节目，JET日本台的《旅人日志》，通过新晋艺人在旅途中的趣事展示他们不为人知的另一面，很有人情味；美食类节目，与美食竞技有关，比比谁更能吃辣，有《烹调超人》等；古玩类节目有《好运！宝物大鉴定》等；创意类节目有《超级变变变》，在人体本身做文章，通过想象力和身体的可塑性，变化出各种物品、场景甚至事件。

【案例9】《康熙来了》

台湾地区的谈话性小型综艺节目，节目中有八卦讨论、女明星卸妆、搜查包包、辩论、美食介绍、网络明星、舞蹈大赛、交换礼物、明星专访、探访明星家等。

节目会邀请台湾当红明星来到节目中，通过访谈，观众了解艺人不为人知的一面，在知性与理性的对话中了解明星的幕后故事。

该档节目给主持人相当大的发挥空间，完全即兴的提问和无底线、无禁忌的话题让现场总是惊喜连连、爆笑迭出。

---

① 尹冰. 浅析如何做好亲子互动真人秀电视节目——以湖南卫视《爸爸去哪儿》节目为例[J]. 中国报业，2013（22）.

【阅读材料2】真人秀的"野蛮生长"，明星与卫视的"互虐模式"①

如今，真人秀市场两极化现象严重，众多卫视蜂拥而上，跟着"爆款"走，让观众审美疲劳的同时，也出现了一系列乱象。

一是版权不清。各大卫视争先拷贝国外综艺模式，导致某档节目"换个马甲"就在其他卫视登台。原创匮乏，"拿来主义"已成不争事实，且有愈演愈烈之势。如果说将韩国和欧美流行节目模式"买买买"而引进中国，最多被人诟病缺乏创新，但起码版权费还是正当支付的。但是，部分真人秀直接走向了"复刻"道路。

二是"重点明星"的真人秀片酬开始非正常走高。随着跑男等处于真人秀金字塔塔尖的一些节目开播，参与明星的身价和人气疯涨不止。

三是IP开发短期效应。如今各大卫视和制作公司对节目IP的开发、变现手段层出不穷，比如各种同名手游的开发。但是，一般一款手游的开发周期是6个月，而活跃周期为2~3个月，就真人秀"生命周期"来说，根本等不了半年那么久。很多卫视早在节目播出期间就联合制作公司推出手游，节目余热一旦散去，手游生死也就"置之度外"了。

"大电影"也是真人秀最爱的IP衍生方式。用电影形式展现常态节目内容，就能轻松跨进电影亿元俱乐部。《爸爸去哪儿》衍生出来的同名电影，在马年春节档轻松斩获7亿元票房，《跑男》也紧随其后，上映5天累计获得2.6亿元票房。但与票房飘红不相称的却是齐刷刷的差评。真人秀大电影"只要快钱，不求质量"的宗旨和"根本不是电影"的操作手法也让电影圈专业人士不满。冯小刚就曾专门评价这类真人秀大电影"对中国电影的发展产生了极其恶劣的影响；将导致没有制片人会继续愿意投资一部严肃的、付出了很大努力的电影"。

第四节　网络综艺节目

网络综艺节目是指网络视频服务提供商、影视制作机构或个人制作并

① 全媒派.200多档真人秀在中国"野蛮生长"，明星与卫视开启"互虐模式"[EB/OL].[2019-09-22] https://mp.weixin.qq.com/s/8xceEyWlYZb4mNbU_mQ5DQ.20151210.

以网络平台为主要播出渠道的综艺节目。网络综艺节目诞生于互联网的数字化、移动化的环境之中，是由视频网站主导，基于互联网生态和互联网思维进行研发、制作并主要面向网络受众的节目。

一、中国网络综艺节目的发展

中国网络综艺在 2007—2013 年经历了萌芽期，多为小制作、小成本，内容和题材上具有偶发性。2014—2015 年，由于资本加持，网络综艺节目《奇葩说》成为网综分界线，爆款网综吸引了市场流量，成为和电视综艺匹敌的力量；2015—2017 年，网络综艺迎来大爆发，数量呈几何级增长，各网络平台操刀的自制网综相继出现，网综进入野蛮生长阶段。由于政策制约少等因素，网综过度迎合网民的娱乐、低俗倾向，与之相对应，文化类电视综艺由于制作精良、学娱结合、大咖加持，出奇制胜，在这段时间内赢得不少受众；2018 年，"台网同标"政策出台后，网综发展回归理性，超级头部网络综艺占据主要流量入口地位，小而美的分众网综也找到了恰当的生存空间。[①]

我国网络综艺节目成长和发展速度较快，总体来看共经历了三个阶段。

（一）搬运阶段

互联网普及以后，土豆等网站开始购买和搬运国内外电视综艺节目，人们在网络上收看的节目与电视上完全相同，只是在网络平台上播出，其内容和创作团队都是源自电视综艺节目，这种模式存在购买电视综艺节目成本高、广告招商营利困难等问题。

（二）台网联动

第二阶段进入"台网联动、深化合作"阶段。以《晓说》为代表的大量网络自制综艺呈井喷之势，网络综艺开始具有了一定规模的稳定观众，

---

① Wemedia. 2018 综艺行业调研报告［EB/OL］.［2019 - 08 - 12］http：//wemedia.ifeng. com/93750570/wemedia.shtml.20181218.

内容质量较前期也有了较大程度的提升，并出现教育、文化、娱乐等不同风格类型的节目形式，开始由前期的"搬运"向电视台输出。

台网联动的综艺节目将传统综艺节目的创作方法与互联网技术进行较为深入的融合，创造出了很多创意新颖的节目样式。[①] 这种融合互动的模式给了综艺节目内容创作者更大的发挥空间，结合网络视频平台的互动性和灵活性，网络综艺迎来了发展转型的重要时机。此阶段涌现出了《火星情报局》《王牌对王牌》《晓松奇谈》《爱上超模》等优质节目。

（三）网络创新

第三阶段是高成本、高投入、大制作的创新发展阶段。各大网络视频平台在积累了人气、资源以及经验之后，加大了对原创综艺节目的资金投入、创作体量和创意研发，各大视频网站对 PGC（专业生产内容）的精准布局和精心运营，使得其拥有独立的视频版权并可以自由分销。[②] 这一阶段的代表作品有企鹅影视、哇唧唧哇和微博联合出品、腾讯视频独家播出的音乐偶像养成节目《明日之子》，爱奇艺推出的说唱音乐竞赛节目《中国有嘻哈》以及腾讯视频、上海笑果文化传媒有限公司推出的喜剧脱口秀

成长期			井喷期	
2014年	2015年	2016年	2017年	2018年
《奇葩说》第1季	《奇葩说》第2季	《拜托了冰箱》第1、2季	《中国有嘻哈》	《中国新说唱》第1季
		《放开我北鼻》	《明日之子》第1季	《明日之子》第2季
		《明星大侦探》第1季	《吐槽大会》第1季	《偶像练习生》
		《妈妈是超人》第1季	《明星大侦探》第2季	《创造101》
			《向往的生活》第1季	《这！就是街舞》第1季
			《中餐厅》第1季	《这！就是铁甲》第1季
			《妈妈是超人》第2季	《吐槽大会》第2季
			《火星情报局》第2、3季	《明星大侦探》第3季
			《拜托了冰箱》第3季	《向往的生活》第2季
				《心动的信号》第1季
				《妻子的浪漫旅行》第1季
				《中餐厅》第2季
				《我家那小子》第1季
				《妈妈是超人》第3季
				《火星情报局》第4季
				《拜托了冰箱》第4季

图 7-1 我国网综行业发展历史沿革

（资料来源：前瞻产业研究院整理）

---

① 冷淞，张丽平. 网络综艺节目的创新发展、营销传播与价值解析［J］. 电影评介，2017（17）.
② 同上.

节目《吐槽大会》。自此，网络综艺节目无论是在制作水准、广告招商能力还是在观众口碑上，都有与传统电视综艺节目不相上下的竞争优势，甚至有超越的态势。

二、网络综艺的特点

（一）青年文化

互联网新兴媒体环境决定网络综艺节目在题材和风格上都更为多元活泼，从选秀类《创造101》到婚恋类《心动的信号》，以及网民熟知的《中国有嘻哈》等均将年轻人推崇的青年亚文化元素推入了公众视野。

例如《奇葩说》，这是一档由爱奇艺打造的说话类达人秀。节目由马东主持，并邀请了传统媒体电视台综艺节目主持人蔡康永、金星、网络红人罗振宇、流行歌手高晓松担任导师，选手则来自赛前公开海选。辩题的选择更是高度契合当下年轻人的现实生活，展示年轻人进退两难的问题，比如"该不该催好朋友还钱"（第三季0807）。

节目话题的选择也是感性话题与理性话题交叉，以幽默诙谐风格见长。各类导师与选手的"金句"频出，比如："屎壳郎的人生就是，仰望星空，低头滚粪。"

节目环节也出新招。依据节目每一期给定的辩题，节目遴选出的素人将会被划分为两个阵营，导师做最后总结发言，节目进程由中间方的"审判长"主导，分布两端的导师则依据各自的观点被划分成不同阵营，采用天平型主持群形式，辩论两方相互对立，中间方保持客观中立。节目观众作为评委决定各方的胜负，并采用积分淘汰制，每一期获胜阵营的最佳辩手成为"BB king"，累计各期积分，淘汰积分不足、表现不佳的选手，继而选出年度"奇葩之王"。

节目突出网络时代色彩，推广互联网语言表达方式，并附各类神曲配乐和即兴弹幕等，各种手段多管齐下，可瞬时爆发出现网络流行"金句"和看点，加深节目娱乐色彩和新锐程度。

（二）即时互动

网络综艺的主要观众是年轻群体，因此节目在嘉宾颜值、舞台布景、语言风格等方面都必须采取与电视综艺差异化发展战略，尊重网络年轻人的审美和表达习惯，内容轻松活泼、娱乐性强。

例如《中国有嘻哈》，用讲嘻哈故事的方式推进，还原一个最真实的Hip-hop音乐说唱者的竞赛过程。采用"星素结合"方式，以选秀、素人竞技为主，明星指导为辅，以明星话题引导叙事创新，加深网络媒体感、契合受众的跳跃思维，用"抽屉式录制"手法，设置伏笔、利用插叙、倒叙等混合剪辑手法，从歌词所表现的内容与态度中透露选手们的人生历程与价值追求。《中国有嘻哈》追求平民化，"嘻哈"文化触及了受众的嗨点，不哗众取宠，张扬、敢说、躁动不安，无一不是对准了追求个性的年轻一代。

这样的定位设计，使得嘻哈"迷"通过购买爱奇艺VIP，参与社交圈子评论、申请线下商演等参与"嘻哈现象"的生产制造，并对"嘻哈"文化尽情拼贴和戏仿。

再如《奇葩说》，其在官方节目主页上设置话题墙，对每期话题的正反方进行投票；每档节目专门设置官方弹幕，邀请主持人和选手一起观看节目，共同评论，并对网友提出的问题和吐槽进行回应，成为一种"群体参与"的场景，具有电视综艺无可比拟的独特优势。节目、嘉宾、选手的微博宣传以及百度官方贴吧和爱奇艺节目主页等进行线上互动。每一次辩论，选手的淘汰都是由现场观众通过手中的啪啪键投票决定。传统的综艺节目互动性不强，参与感严重不足，而网络综艺则可以通过评论区、弹幕等形式营造出一种"实时参与""群体狂欢"的体验。

（三）植入广告

优酷、爱奇艺等网络平台推出各种各样的会员服务，使观众无须像在电视机前那样受到广告的限制，在某种层面上提升了观众的使用体验，但网络综艺节目并未放弃广告这一主要变现手段，更讲究广告植入策略。

网综节目中的广告与综艺节目内容融合度更高，以一种娱乐性、段子化的方式演绎广告，甚至成为节目中不可或缺的一部分。由于广告植入自然、语言幽默、脑洞大开，往往更能受到观众的欢迎和认可，而且远比传统冠名广告成本来得低，如《奇葩说》节目中马东的脑洞广告词："时尚时尚最时尚的美特斯邦威，国际扛饿大品牌谷粒多，掏出来搞事情的小米手机。"这种节目中台词或道具、场景植入越多，搞趣元素就越能获取观众。

（四）媒介技术力

1. 大数据测位

基于平台自身的大数据分析，对网络综艺节目观众群体进行画像，获取其对于网综选题、内容环节兴趣点、主持人风格、场景等的偏好，基于用户进行内容生产，主题选择更年轻化、娱乐化，如校园文化、游戏文化、宅文化、二次元文化等。

优酷土豆的《火星情报局》在策划阶段，制作团队建立了上万人的种子用户群，节目话题全部来源于种子用户群直接的反应，确保观众群属性与优酷土豆的用户高度吻合。同时，他们发现汪涵的主持风格很受用户欢迎，故力邀汪涵担纲主持。

2. 激活用户体验

伴随 5G 技术的引进，人工智能介入，网综引入直播、VR 等为用户创造出更加丰富多元的体验。

如在爱奇艺创下 25 亿次播放量的《爱上超模》，每集 70 分钟，有 6 000 多个镜头，采用了迥异于电视综艺的超快节奏视频剪辑。一般每集都控制在 60 分钟以内，还会依据亮点、笑点、泪点等将节目切分为若干片段，形成独播片花、集锦，以"长视频＋短视频"的混合内容矩阵，满足移动媒体时代用户多元接触习惯，而且《爱上超模》还运用其自主研发的 Video Out 技术，使用户在观看节目时，只要点击选手的服装，便可直接跳转购买"超模同款"。

再如主打"伴随式"观看概念的《我们 15 个》，动用了 120 台 360° 全高清摄像机、60 个麦克风以及全球最先进的内容管理系统，进行 365 天 24 小时不间断的拍摄、直播。用户可以通过 App 或网络进行实时全景观看。

基于媒介技术给用户视频消费行为模式带来的改变，网络综艺可能会出现两种方向：一类是单纯满足用户视听观赏的娱乐内容，如户外真人秀、歌唱类等泛大众节目；另一类则是针对垂直细分用户，更加强调个性化、实时性、互动性和用户体验。

　　概言之，较电视综艺而言，网络综艺的商业化、娱乐化程度更高，但节目的文化价值、社会价值尚待提升。有娱乐、缺文化是目前网络综艺面临的突出问题。网络综艺与电视综艺之间势必会有更多的互动与融合。如表 7-1 所示。

表 7-1　我国网络综艺与电视综艺的对比分析

对比维度	电视综艺	网络综艺
用户	电视节目主动，用户更被动	主动权在用户手中
	覆盖群体更为广泛，面向全国用户	以年轻的用户为主
	用户群体消费力更强	用户全体消费力有待提升
制作	制作团队更成熟，各环节（如宣传、摄影、后期、舞美）均有内部团队负责	制作团队参差不齐，周边环节以外包为主（如摄影、后期、舞美等）
内容	以老少皆宜、合家欢的题材为主	自由度更高，类型更加多样且细分化，定位更加准确
	影响力更强	内容品质参差不齐
	内容品质更加完善成熟	
观看特点	固定时段（IPTV 除外）	自由选择
运营	时效性差，与用户的互动性较弱	互动性更强，用户可评论、发弹幕
		以数据分析为导向，指引内容生产
审核	多重政策规定对电视综艺影响较大	审核制度相对宽松，存在不可控的未知风险
	审核更加严格	监管趋于电视综艺
广告	广告时间限制较大，插播广告每次时长不超过 90 秒	广告限制小，形式多样
	广告主数量多	广告主数量小于电视综艺

资料来源：前瞻产业研究院整理。

【阅读材料3】从渠道到内容、从内容到生态：网络综艺的变革与转型①
　　在内容方面，网络综艺从粗放型探索转向精细化生产，逐渐形成内容

---
　　① 宋彤彤、彭侃. 从渠道到内容从内容到生态：网络综艺的变革与转型［EB/OL］.［2019-09-22］https://mp.weixin.qq.com/s/bDKUxrC-XEDPNj5xXMOgXw.20180216.

与渠道相辅相成的内容生产格局；在市场方面，网络综艺市场规模持续扩大，产业链不断扩宽，IP开发、内容消费生态化成为网络综艺的发展趋势。从渠道到内容，从内容到生态，网络综艺在变革和转型中，进入新的发展时期。近几年，网络综艺有了突飞猛进式的发展，主要体现在三个方面：一是产量快速增长、节目类型不断细分；二是投资体量的增长，从千万元级迈入了亿万元级，甚至出现了多档投资超过两亿元的网络综艺节目；三是知名制作人入场，很多电视综艺节目的优秀制作人，或加入视频网站的高管行列，成立自己的工作室，或成立制作公司，参与到网络综艺的内容生产中。

在内容形态方面，呈现出比较明显的两种趋势：一是类似电视综艺的"大片式"网络综艺。这种"大片式"的网络综艺投资体量较高，拥有大制作、大明星和众多营销资源的加持，主要面向大众市场，如《中国有嘻哈》《明日之子》等节目；二是网络综艺的垂直细分化，出现了面向小众市场的网络综艺，如美食、旅游、时尚等与生活方式相关的网络综艺。这种垂直细分的网络综艺，在互联网的圈层文化中，能够满足某一部分小众市场，同样有自己的生存空间。

目前，内容仍在网络综艺的市场竞争格局中似乎占据着重要的位置。从整体上看，国内影视行业的内容水准包括工业化程度、类型化程度和内容品相，都有很大的提升空间。优质的内容仍处于很稀缺的状态。因此，如果网络综艺的内容足够好，在背靠BAT等互联网巨头的视频网站的渠道资源帮助下，往往就可以很好地推向市场。在网络综艺产业日益成熟的背后，仍然存在许多待解决的问题。首先是网络综艺的内容同质化问题。其次是网络综艺的商业模式问题。网络综艺需要开拓新的商业模式，如进一步探索网络综艺的付费点播模式、与电商的合作、进行周边产品开发等。再次是网络综艺的数据造假问题。数据造假问题与网络综艺的商业价值有关。

由于目前网络综艺的主要收入来源于广告，点击率成为判断一档网络综艺商业价值的最直观指标。为增加广告招商额度和节目收益，制作方甚至视频网站自身会对某档节目的点击率进行注水，产生虚假数据。由于网络综艺的数据掌握在平台方手里，加之统计标准各不相同、第三方监测机构监测力度有限，与电视收视造假相比，网络综艺造假更加容易。网络综艺行业需要建立一个统一的标准，由是，才能让广告主对网络综艺更加认可，才能更好地提升网络综艺的价值。

三、网络综艺营利模式

目前，网络综艺的收入主要有以下四种模式：广告招商、版权分销、IP衍生和用户付费。

（一）广告

广告是最常见的网综营收渠道，正如前文所述，网络综艺的广告在表现形式上更加灵活，不仅包括TVC（television commercial，电视商业广告）片段播放，还包括主持人和嘉宾口播植入、情节植入、环节植入等。

大型辩论类脱口秀《奇葩说》在广告植入方面可谓行业标杆。除了贴合网络热题的硬广口播，如纯甄酸牛奶"奶后吐真言"等，还有将广告点和每个环节结合的原生广告植入，选手随时喝起桌上的道具酸奶，字幕便会打出相应的文案。《奇葩说》第一季的广告冠名被美特斯邦威5000万元拿下，第二季的广告收入破亿元，第三季广告收入突破3亿元，而这档节目的年运营成本仅是千万元级别（不包括嘉宾费用），单单从广告收入方面，就足够支撑节目运营。[①]

（二）版权

我国网络综艺节目购买境外版权很普遍，但国产网综高价购买国外版权毕竟成本很高，因此开发原创网综，卖到国外以及传统电视台也是营利的好选择。

优酷原创综艺《这就是灌篮》的模式版权被福克斯买下，后者计划在中国大陆以外的国家和地区进行模式的本土化开发。同时，热门网综自带话题能够吸引一波忠粉，在电视综艺网络版权价格持续走高的情况下，对于热门网综价值的开发也成为视频网站的新生着力点。

---

① 网络综艺投资报告：一篇文章读懂"娱乐至死"新时代［EB/OL］．［2019-09-22］https：//36kr. com/p/5045166. html.20160328.

（三）IP 衍生

以优质网络综艺话题、故事点为 IP 源头，向影视、游戏、动漫、小说、演艺经纪等领域衍生，构建网络综艺 IP 矩阵。

例如，《中国有嘻哈》塑造了自己的潮牌"R! CH"，开发了超过 200种产品，覆盖服饰、配饰、数码、食品、酒水等品类，节目播出期间在爱奇艺商城、京东商城、天猫等主流电商平台和线下店铺售卖，展现了综艺与市场的多方式结合潜力。[①]《这! 就是街舞》衍生出《这就是舞者》，《创造 101》衍生出《火箭少女 101 研究所》，《中国新说唱》衍生出《陪你看说唱》，《明星大侦探》衍生出《名侦探俱乐部》。对 IP 的重视和开发是网络综艺区别传统综艺的一大特质。

（四）用户付费

这是近年常见的网综盈利模式。以《明星大侦探》为例，付费会员拥有提前观看系列节目、观看幕后花絮、提前观看案情解析等"福利"，而"创造 101"中，付费会员可拥有更多的投票数，为此不少用户充值会员，不惜"氪金"（即支付费用）。

通过付费筛选重度用户，不仅能成为网综的有力营收渠道，更能成为其进行数据分析、深耕未来战略的方式。

【阅读材料 4】网络综艺节目崛起十年，改变的不仅仅是生活方式[②]

一部《大鹏嘚吧嘚》，第一次让国人将好奇的目光投向"网络综艺"这一新兴领域。之后，几乎平均每 3 天就有一部网综推出，花费 5 000 万元以上制作费的大体量网综越来越普遍，付费网综的市场不断扩大……一系列数字和现象都表明了"超级网综时代"的到来。

从一无所有，到"网综超级元年"，中国互联网仅用了十年。

酝酿期：蹒跚起步，与电视综艺相去甚远

时期：2007—2013 年

特点：制作成本偏低，节目类型偏少，节目数量不多。不少节目以搞

---

①　刘家楠. 网络综艺节目多元创收策略研究［J］. 西部学刊，2018（4）.

②　章琰. 网络综艺节目崛起十年，改变的不仅仅是生活方式［EB/OL］.［2019 - 9 - 22］http：//media. people. com. cn/n1/2017/1121/c40606 - 29657782. html.20171121.

笑为宗旨，教育意义不大；有的节目更靠大尺度吸引眼球，生命力不长。总体来说，网综的数量和质量都与电视综艺相去甚远。

早期，网络综艺节目大多是小成本、粗制作，有低俗卖弄之嫌。这一时期，网络综艺多是娱乐八卦、热点新闻的搬运工，节目内容分类不明确，有些节目则是电视综艺的缩减版。

在《大鹏嘚吧嘚》之后，相继出现了很多网络自制综艺节目。这时期的网络自制综艺节目犹如现在的一些网络大电影，在尺度、污文化、情色上出奇制胜。从观众的反响来看，虽然这些以污文化为主的网络综艺节目从来都不缺少关注，但是正面肯定的声音不多。对于综艺节目，中国观众还是不能接受尺度过大、过于低俗化的综艺节目。

生长期：生根发芽，逐步向电视综艺靠拢

时期：2014—2015 年

特点：2014 年被业内认为是网络自制节目元年。一批形式新颖、各具特色的网络自制节目，冲破了过去娱乐至上、歌舞当家的电视综艺环境，亮出了网络媒体的新品牌。2015 年，网综延续上一年的势头，站稳了脚跟并呈现蓬勃生长态势。这两年里，已有个别节目的制作精良程度能与电视综艺媲美。

2014 年，"一剧两星"新政实施，广告和资本蜂拥而入，使得视频网站获得发展良机。而美剧版权问题以及电视媒体收紧版权、实施网络"独播"，也在刺激视频网站加快自制内容的开拓。网络综艺节目作为视频网站实力的象征和尚未被大规模开发的领域，引发了爱奇艺、优酷土豆、搜狐、腾讯、乐视、56 网等纷纷出手。其中，优酷宣布斥资 3 亿元做自制内容，搜狐 2014 年针对自制内容的投入是 2013 年的两倍。

在这种背景下，一批高投入的综艺作品在网上和观众见面了。2014 年，马东主持的中国首档谈话类达人秀《奇葩说》在爱奇艺独播，一夜之间让网络综艺火了。据统计，2014 年，一共有 150 个网络综艺节目上线，比以前增长 200%。

这一年，还有几档视频网站自制综艺节目引发了关注。一档是腾讯视频研发出品的全国首档大型调查类真人秀《你正常吗》，8 期节目网络总点击量超过 2 亿。另一档是搜狐视频自制的首档隐秘拍摄明星真人秀《隐秘而伟大》，开播不久总播放量就达 1.01 亿。另外，腾讯视频的《Hi 歌》也号称制作费近亿元，财大气粗程度赶超电视台。

2015 年，网络综艺节目不断在版权费用、观众点击量、广告收益方面刷新数据，不少视频网站彻底脱下"小成本、粗制作"的外衣，投入了更多经费在自制综艺上。这些网络自制节目有专业电视制作班底操刀，一线主持人和明星加盟，其制作规格已经不输电视综艺，引发的关注度也不亚于电视综艺。除了《奇葩说 2》和《你正常吗 2》，这一年还有《偶滴歌神啊》《我们 15 个》《晓松奇谈》《完美假期》《笑霸来了》《爱上超模》等，无论是从制作数量还是从花费来看，网综都已经渐渐向电视综艺的配置靠拢。

井喷期：全面崛起，网台结盟成普遍现象

时期：2016 年

特点：2016 年，网络综艺进入"快车道"，迎来"大时代"。节目在数量、质量、投资、制作团队和规模及标准上都比以前高出很多。这一年，不少综艺已经完成了"视频网站先播，卫视跟播"的视频网站向电视台的反向输出，也有不少综艺节目开始用视频网站、电视台、制作公司三方联合出品的方式制作节目。视频网站从追着电视台跑，正变成被电视台追着跑。

优秀内容制作团队的入局，为网络综艺带来整体量级的提升，网络综艺进入"大投入、精制作"时代。腾讯、优酷、爱奇艺等网络平台，与专业内容制作公司如灿星制作、世熙传媒、天娱传媒、远景影视、唯众传媒等展开合作。与之同步的，是幕后团队实力的提高，其中最具代表性的有《爸爸去哪儿》制片人谢涤葵制作的《约吧！大明星》，易骅团队制作的《看你往哪跑》《花样姐姐》制片人李文妤担纲的《放开我北鼻》，台湾地区金牌制作人詹仁雄制作的《姐姐好饿》，以及由汪涵加盟、原《越策越开心》《天天向上》团队制作的《火星情报局》等。

此外，参与的明星数量也逐步增加。整合各家页面数据得出的排名前 50 的综艺节目中，有接近半数都有明星加盟，其中包括 2016 年网络人气爆棚的薛之谦、大张伟等，还有张继科、孙杨等体坛明星，冯小刚也在《姐姐好饿》中献出了网络综艺的首秀。知名电视主持人涉足网综更是普遍现象，如《拜托了冰箱》的何炅、《火星情报局》的汪涵、《暴走法条君》的谢娜、《拜拜啦肉肉》的马东、《美食台》的林依轮和《圆桌派》的窦文涛等。

随着 2016 年网络节目集体爆发，相关管理也更为严格。在 2016 年 3 月全国电视剧行业年会上，国家新闻出版广电总局有关领导强调，"电视不能播什么，网络也不行"。在这种氛围下，网综的粗俗风一扫而空，取而代之的是充满文化气质的节目，如《圆桌派》《头等舱》《智在说》等，不少业内大咖也在网综市场抛头露面，如窦文涛、许知远、郑智化和陈丹青等。

逆袭期：趋于稳定，超级网综时代已来临

时期：2017 年

特点：网络综艺市场进入一个降温的阶段，热度和增长态势与前几年的爆发无法相提并论，而网综节目的质量和数量都开始趋于稳定。相比之下，电视综艺江河日下的声音不绝于耳。至此，网综已完成了"逆袭"，并出现了如《中国有嘻哈》这样的"爆款"，因此被业内称为进入了"超级网综时代"。

2017 年对于电视综艺来说，并不是顺利的一年。之前炒得火热的《中国新歌声 2》《极限挑战 3》播出后略显平淡，全民关注的盛景不再。《中餐厅》深陷抄袭风波，《七十二层奇楼》也面临口碑危机。相比之下，网综却出现了爆款——吴亦凡的"freestyle"让《中国有嘻哈》成为暑期热词，《明日之子》《快乐男声》等网综也让人眼前一亮。《中国有嘻哈》已经走出了一条综艺 IP 商业化运营之路，如今这条路正被爱奇艺的新 S＋级项目如《热血街舞团》《机器人争霸》接力探索。

随着技术的不断进步，网综在形式上也屡有创新，比如"直播综艺"。其中，爱奇艺的《十三亿分贝》就引入了直播，将音乐综艺玩出了新花样，获得了该年度"十大品牌影响力网络综艺节目"的奖项。此外，《饭局的诱惑 2》登上斗鱼直播，酷狗也推出了一档直播综艺秀《跨界也疯狂》，还有《美人尖叫秀》更凭借多型格高颜值人气网红、趣味游戏混搭、网络实时互动的优势，获得了众多网友关注。

思考题：

1. 你喜欢哪一种类型的综艺节目，为什么？

2. 你认为我国综艺节目原创力缺乏的原因有哪些？

第八章
传媒的品牌建设

品牌的定义非常广泛，可以从符号说、情感说、关系说、资产说等角度理解。品牌往往带来超越产品本身的溢价。作为众多品牌类型中的一种，传媒品牌是传媒企业文化价值的展现与无形资产的构建，包括传媒自身内容产品的知名度、影响力，以及为了适应传媒市场需求所具备的创新能力，包括创新环境、政策、团队人员以及传媒对其内容产品进行营销推广的水平等。为此，传媒通过设立品牌以提高受众对传媒内容的知晓度、记忆度、忠诚度、美誉度。新的移动互联时代，各类社会化媒体的存在为品牌塑造提供了新的工具和可能，也催生了许多全新的品牌传播与管理理论。

第一节 什么是品牌

一、品牌定义

美国市场营销协会曾给品牌下这样的定义：品牌是指打算用来识别一个（或一群）卖主的货物或劳务的名称、术语、记号、象征、设计或其组合。[①] 品牌也会给拥有者带来溢价，是可以产生增值的无形资产，这源自消费者心智中形成的关于其载体的印象。

品牌因其识别感直接使得消费者能够依据这些特定的、集合化的符号

---

① 刘刚. 电视节目的品牌打造 [J]. 记者摇篮，2005（4）.

对不同企业及相关产品、服务进行区别。品牌是产品属性如名称、包装和价格、历史、声誉以及广告宣传方式的无形总和。美国著名营销学家菲利普·科特勒认为："品牌是企业最持久的资产，比企业具体产品或生产设施的生命都要长。品牌在企业发展中处于核心战略地位，需要妥善地经营和管理。"① 科特勒将品牌的内涵升格为一种对企业来说至关重要的"无形资产"，为"品牌"赋予了经济学与管理学意义上的"价值"。

综观国内外品牌学研究理论，对于品牌内涵的理解主要有以下四种学说。

1. 符号说

美国市场营销协会（AMA）对品牌的定义是："品牌是一种名称、术语、标记、符号或设计，或是它们的组合运用，其目的是借以辨认某个销售者或某群销售者的产品或服务，并使之同竞争对手的产品和服务区别开来。"② 该定义强调了品牌外在的可识别属性，认为消费者对品牌最直观的认知即为商标、包装等外在个性形象。品牌的意义在于令消费者在众多商品中识别出该品牌的产品，以区别其他同类竞争者。

2. 情感说

情感说并不局限于品牌的外在标识，而是将其置于整个营销环境中进行考量。品牌不仅意味着有形的标志，同时，历史、声誉、影响力等无形情感因素也至关重要。

3. 关系说

关系说认为品牌是消费者与商品的关系，消费者才是品牌的最终拥有者。在该维度下，品牌成为消费者评价的结果，其主体在于消费者而非企业。有学者认为，品牌是一种类似成见的偏见，成功品牌是长期持续地建立产品定位及个性的结果，消费者对其有着较高的认同度。因此，塑造成功品牌就必须满足顾客的使用需求和情感需求，方能达成消费者与商品之间的认可关系。

4. 资产说

品牌资产是一种超越生产、商品及所有有形资产的无形资产，是可以

---

① 陈姣. 科特勒营销全书［M］. 北京：中国华侨出版社，2013.
② 菲利普·科特勒. 营销管理：新千年版（第10版）［M］. 北京：中国人民大学出版社，2001.

预期未来的进账，远超过推出具有竞争力的其他品牌所需的扩充成本。品牌是一种无形的资产，更是一种为企业带来信誉、市场和口碑的庞大资源，具有无法估量的资产总值功能。

二、品牌：传媒产业发展中的关键

品牌是经济学概念，对于产品和企业来说，是一种具有经济价值的无形资产，它往往表现为各种所谓的软实力，如品牌形象、品牌印象、品牌联想、消费者口碑等。形成品牌的产品或企业，往往更受消费者的青睐，能够在消费者脑中被即时唤醒，即刻占据消费者对于某一品类的心智认知。

品牌往往带来超越产品本身的"溢价"，即产品能带来同等使用价值情况下的附加价值，以至于消费者愿意为品牌商品支付更高的价格。

显然，品牌承载着消费者对产品以及企业服务的认可，是品牌商与顾客购买行为关系磨合的衍生品，是消费者对一个企业及其产品质量、服务、文化内蕴的一种评价、认知，是一种信任。

（一）传统媒体品牌

品牌的塑造离不开品牌拥有者对品牌设计、传播、品牌触点，包括用户、渠道、合作伙伴，甚至竞争对手创意的把握。品牌是传媒产业发展经济学中又一个关键概念，包括传媒自身品牌的建设以及传媒平台对其他企业、产品的品牌塑造。

1. 传播品质

不同媒体有其独特的传播品质，在塑造企业产品品牌形象方面各有优劣。

（1）广播：广播使信息和传播程序简化，适合发布时效性极强的品牌广告。用广播媒体投放广告进行品牌建设和传播，费用低、操作灵活，可以根据市场行情的变化来调整传播策略。而且声音这一传播介质，给人以人情味和无限的想象空间。

（2）电视：是集合声音、图像、视频于一体的传播媒体，有利于人们对品牌有一个全方位、身临其境的现场感体验，使消费者对品牌的想象力更丰富，从而容易构建品牌认知度和忠诚度。

但是，电视媒体的制作成本相对较高，不过倒是可以给消费者一种企业强大的潜意识认知，对于品牌本身来说是一种肯定。

（3）电影：这里所说的电影对品牌的建设分为三种。一种是电影中出现的品牌植入广告；一种是微电影营销，可将企业的品牌文化和品牌理念以消费者所喜爱的方式表达、传播，以期借助情感达到与消费者的情感共知，不断培养消费者的品牌忠诚度；还有一种，是电影院中放映前的广告，以电影播放的形式呈现，对入场的观众有强制性观看的效果。

（4）报刊、图书等其他纸质传统媒体品牌传播，因纸媒图文单一、近乎独白无受众互动，从而淡出品牌构建通道。

2. 投放趋势

品牌建设需要根据企业自身、产品调性制订相应的媒体投放计划，而在整合营销完善的情况下，基于当地的媒体状况，对投放目的需求、广告预算做出基本划分选择和媒体监控，很有必要。

毕竟，每种媒体都有自身的优势，但总体而言，网络和社会化媒体信源更广、吸引的受众更多，其优势不断凸显，传统媒体的优势逐渐减弱，企业或多或少地减少了在传统媒体平台上的品牌投放，将重心移送到各类新兴媒体平台上。大体而言，企业品牌投放趋势表现如下：

（1）电视：大量电视使用者上了年纪、受教育较少、收入较低，因此在电视上投放广告已经不像往日那般受到品牌的重视。

（2）电影：一般来说，电影的受众以年轻人居多，而且大多受到过良好的教育。在电影上投放广告能让受众更好地接受，再加上配合电影情节做灵活的宣传，能让电影观众更好地吸纳品牌广告内容。

（3）广播：广播频道众多，在投放品牌广告时，企业尤其要注意不同频道的差异性。交通一族兴起是不可忽视的群体。

（4）期刊：印刷媒体有许多种类，而最具代表性，也是企业投放品牌广告较多的就是杂志。不同的杂志拥有不同的受众，要找到自己的目标群体进行品牌推广。

（二）数字网络品牌

网络与数字作为一种动态的信息载体，注重传播与凸显品牌的复合价值，可以借助互联网高传速、高覆盖性、高互动性、高内容容载量等传播优势，让品牌承载更多的信息，增加信息传递的流畅度。① 无论是品牌升级还是传媒行业转型，无疑都要依靠数字营销手段来撬动，以此增强企业的核心竞争力。②

1. 特征

数字网络品牌借助新型数字媒介手段，传播具有数字特征内容；内容以数字形式呈现，可以在消费者需要的时候与之互动，通过与消费者建立情感关联来巩固关系，是一个以互动求认知、以关联促关系、以沟通达成品牌价值、以体验实现品牌增值的形象塑造过程。③

任何品牌的创建和塑造都需要通过不同的媒体形式传递给消费者，以促进消费者的感知和品牌认知。媒体形式的变化和媒体技术的不断创新为品牌建设和塑造提供了不同的技术手段和媒介。与传统媒体相比，以数字媒体为载体的品牌传播呈现出以下特征：

（1）即时互动。互动是网络数字媒体自带禀赋，可以创造性地为品牌带来交互性，即消费者接触品牌信息后，通过网络数字媒体的交互界面进行即时感知与评价，并与品牌信息随时互动。即时互动更多地表现在互动的快速性和互动的效果上。它使品牌信息能够与消费者有更多的直接联系，或是消费者可以通过数字品牌功能了解其背后产品及企业的信息。

即时互动是网络数字品牌的核心特征，在形象建设上与以前的媒体品牌建设有别，可通过网页的品牌链接地址，以及各类新兴媒体即时通信工具（如微博、微信公众号）与品牌所有者深入沟通，了解用户的品牌需求。因此，网络数字品牌成为消费者了解品牌的核心。消费者在数字媒体传达的信息中，会自主整合品牌形象与相关概念，消费者可感知、可体验，也可参与品牌的"传递和接受"互动过程。这是数字网络品牌与传统媒体的巨大差异。

（2）关系持久。数字网络品牌的核心驱动力是维护品牌与消费者之间的持久关系。每种品牌、产品或服务都希望通过媒体保持这种关系，但由

---

① 余明阳. 品牌学［M］. 合肥：安徽人民出版社，2002.
② 刘晗. 以数字化营销促品牌升级与行业转型［N］. 中国新闻出版广电报，2018-10-23（004）.
③ 张佰明. 网络数字化品牌——新媒介催生品牌共名［J］. 新媒体传播，2009(10).

于传统媒体在传播时间上都受到技术限制，而在传播与品牌化过程中，与消费者的接触点也是在消费者被动接受产品信息时才会产生，这很容易使得品牌与消费者之间的关系产生信息"传与受"之间的错位。

数字网络媒体为在线品牌与消费者之间建立更加可持续的关系提供了坚实的技术保障，提升了消费者在品牌关系中的地位，使消费者成为建立品牌关系的核心，也为品牌所有者提供了与媒体消费者沟通的畅通之路。

（3）风格年轻。有关的统计报告显示，目前18～40岁的年轻群体是上网的最主要群体，全球移动手机和互联网使用者仍然显现出年轻化的特征，加之互联网媒体环境（如微博、Twitter等）本身的社交娱乐属性，这种生态环境决定了数字品牌呈现年轻、活泼、平易近人的品牌个性。我国传统护肤品品牌百雀羚，国际一线美妆品牌雅诗兰黛、兰蔻等，在互联网上都表现出较为亲切活泼的风格。

于是，不少品牌在利用大众媒体发放广告的同时，也逐步与社交媒体中的网红、博主等具有影响力的网红人物合作，以硬广或软广的形式向其粉丝宣传"带货"，开辟新的销售市场与渠道。在过去，传统品牌销售仍然采取"线上＋线下"的形式，线下具有大量的门店和体验店。然而，互联网品牌在线上销售可以实现即使不存在线下门店仍会具有较高知名度的效果，极大节省了经营成本。例如，坚果品牌"三只松鼠"并未设立线下门店，却注重品牌个性与推广，成功进入近年来每次"双11"淘宝零食销量前列。

（三）数字网络品牌的建设

1. 聚合品牌内容

信息因技术的发展传播迅捷，网络与数字的内容整合能力超强，网络可以说是信息的有效整合蓄水库，在品牌建设中的作用也日渐凸显。很多企业已经借助数字网络技术与呈现的新通道来加强自己的品牌建设，让品牌建设更经济、高效。

品牌产品或服务的多样化易吸引网络中的目标对象，创建更多的品牌推广项目，使网民可从不同角度接触、讨论有关品牌信息；还有增加各品牌产品与服务推广之间的聚合效应，统筹品牌推广活动的整体效果。

不是将网络看成只有等待点击的广告，而是在网络中，不断投入相关品牌的创意话题，形成品牌的聚合效应，使得品牌与消费者之间达成非常有效的新沟通方式，由此开辟品牌内容建设的新通道，使得品牌内容与用户之间直接沟通的深度和力度大增。

2. 整合品牌传播渠道

数字技术整合传统媒体文字、图片、声像等元素，并赋以信息、娱乐等内容；网络超越时空，不仅能增加单个品牌营销内容广度和深度，还可以借助其再传的"涟漪效应"即时巩固现有的客户，以及不断培育潜在的客户；互联网还可以作为一种市场测试，随时收集用户反馈，帮助品牌市场人员判断是否应该加强或减弱在网络数字媒体领域的品牌推广。

在互联网这个统一平台上，可以整合多个品牌内容建设计划。"互联消费者"因移动互联网而出现，品牌信息与消费者的沟通从有限时间内的有限渠道（比如消费者看电视时所关注的那些电视频道），转变为每时每刻都有可能把品牌的信息以精准的方式传达到消费者。互联网成为品牌传播的整合性通道。

3. 数字网络品牌建设六大黄金法则

（1）变品牌成可记忆、易于传播的符号。传统媒体的品牌塑造，很大程度上是在产品基础上而形成的，而互联网上的产品基本上是无形的，是消费者看不见、摸不着的一种服务。因此，对于互联网企业，更需要创造一个非常强烈的品牌记忆符号，才能让消费者形成实在的感知。

社交媒体正在改变品牌体验。社交媒体提供了企业同消费者直接沟通的平台，对消费者极大"赋权"，让信息更加透明，甚至消费者的消费体验能够成为"品牌内涵"的一部分，影响其他消费者对品牌的印象。"移动购物"已是常态。消费者购买前的沟通和比较、购物（乃至交易），以及购物后的分享等整个购物环节正在融合到一台智能手机上，针对这一"无限扩展"的消费者购买和沟通渠道，品牌符号的简洁尤为关键。

品牌名称简明平实、易读写，方便人们口头相传，不仅对于建立品牌联想十分有价值，而且品牌名称亲切熟悉、富有含义，也容易使消费者记住并能很随意地传播出去。例如，谷歌强烈的品牌记忆符号就是每逢特别节日，其网站的标志就会变身，变成节日卡通形象，节日标志已经成为谷歌品牌文化的重要部分。

（2）让产品体验生动化、娱乐化。强化互联网网民对互联网产品的产品体验，如百度推广其搜索引擎时，就杜撰了一个"小度"和"白依依"的爱情故事，并且让网友自发续写其故事，让网民在续写中感知其产品。

淘宝网最初采用大片营销方式深度推广，将明星道具全部搬到淘宝网上拍卖，使得淘宝产品在与大片的深度互动中得到很好的体验，还有如"褚橙"制作网红产品的励志营销模式等，都是以网络红人为背书，以粉丝为基础。

（3）学会讲故事。品牌要发展还需要营造一个故事或者是一个梦，成为网民们津津乐道的所在。会讲故事的品牌才懂得一个时代的核心竞争力。

"DOVE"巧克力的爱情故事大体如此：在1919年的卢森堡，一位点心师傅爱上了一位美丽的公主，为她制作了覆满热巧克力的甜点，俩人互生爱慕。后来，公主被迫远嫁，临行之际，她希望厨师能挽留他。厨师什么也没说，只是在巧克力上刻下了"Do you love me"的缩写"DOVE"来表达爱意。遗憾的是，巧克力融化了，公主没有看见"DOVE"，就此心灰意冷，远嫁他国。多年后，两人重遇解开误会。可惜体弱的公主却离开了人世。如果当年刻有"DOVE"的巧克力没有融化，会是怎样的结局？悲伤的厨师研制出了一种固体巧克力，为纪念这段爱情，他在每块巧克力上都刻上了"DOVE"。

百度上市时为什么会股价飙升到150美元一股，整整超越发行价6倍，并且成为美国股市IPO首日股价上扬最高的10大案例之一，就是因为百度在上市路演中讲了一个"中国的GOOGLE"的故事。

（4）学会借势或造势。所谓借势，即时刻注意跟踪社会上的文化热点、娱乐热点、体育热点，可激起市场和社会的多元化反应。最懂得借势和造势的非阿里巴巴旗下的淘宝网莫属，淘宝网只是一个在"非典"期间冒出来的游戏之作，却逐渐搭起了电子商务的生态圈。

最初的淘宝网将视线转移到"娱乐营销"，通过与各种热门大片的合作，从《韩城攻略》《天下无贼》到《头文字D》，淘宝网赚足了人气，赚足了风头，同时也着实吸引了很多用户到淘宝网开店。

（5）创造需求比寻找心理区隔更加重要。互联网通过某种信息模式的重组，给消费者一种全新的体验，而不是诉求上的所谓不同；不是在简单地取悦或者满足消费者的心理，而是在创造需求。

谷歌之所以能够成为世界上市值最高的互联网公司，就是因为谷歌一直以来都把创造客户需求放在首位，通过对自身搜索技术和搜索产品的创意加工和升级，不断地推陈出新。

昔日烟王褚时健，曾一手创出烟草"红塔山"，品牌价值达460亿元，连续7年排位中国烟草业第一品牌。71岁锒铛入狱，75岁保外就医，包下2 400亩的荒地种橙子，而这些橙子，6年之后才能挂果，那年他81岁。可惜第一批挂果不甜也不酸，毫无卖点。为此褚时健含泪砍掉3.7万棵最先种的橙树，最终只剩下19万棵，一夜之间损失4 000多万元，终于甜度达标。然而在水果扎堆的西南，褚橙竞争力并不大。84岁的褚时健北上合作，凭借"吃褚橙，品人生"为卖点的品牌故事，创下5天售罄20吨的销售记录。

亚里士多德提出这样一个观点："我们无法通过智力去影响别人，而情感却能做到这一点。"人类是情绪化的动物，而故事的本质就在于放大用户情绪，共鸣建立联系。以故事的形式表达品牌主张，是一种更易被用户接受的沟通方式。

（6）让网民主动传播。在"个人传媒时代"，依靠网民口口相传的口碑效应凸显，成为互联网塑造品牌的重要手段。

智能手机的普及和社交媒体的发展，为品牌建设者和消费者搭建了一座及时沟通与互动的桥梁，如企业微信公众号，使品牌建设和品牌传播从传统的单项传播的模式变成了双向互动的模式，消费者以归属感与主人翁的意识来培养品牌忠诚度和品牌认知度。"内容为王，主题至上"的微信运营模式成了很多企业公众号的品牌推广策略。

【案例1】亚马逊的品牌建设

亚马逊的创始人杰夫·贝索斯在创立公司的过程中，花费了几个月的时间寻找一个可以象征公司规模与力量的名称，最终选择了Amazon.com。

"Amazon"即亚马逊，"亚马逊"可以使人联想到亚马孙河，地球上流域最广的河流，孕育了世界上最为丰富的动植物种类；在其中又蕴涵了公司的价值取向，即提供非常丰富的选择以及成为行业领导者的地位。

".com"即网络。".com"的扩展名称显示出公司是以网络为平台，从而有别于传统零售商；此外，这一名称又是亚马逊公司的网站地址，便于消费者记忆。这个名称的选择具有战略意义，在与媒体的接触中，亚马逊公司经常刻意地传播公司名称的含义。

广告语或口号的正确选择也成功帮助亚马逊快速建立起自己的品牌形象。在建立初期，亚马逊采用了"地球上最大的书店"这一震撼性的广告语，成功地吸引了公众的视线，在推广业务、提高知名度方面起到了不小作用。

其后，亚马逊公司又针对消费者对在线购物所存在的疑虑，推出"让在线购物更有趣"的口号，突出亚马逊出众的服务和在线购物省时、省力、省钱的特性。随着电子商务的不断发展，竞争日趋激烈，亚马逊又以"天天低价品质保证"为口号，向消费者传播其在价格和品质保证方面的优势。①

第二节　传媒自身品牌

一、传媒品牌要义

网络与数字时代，人们处于海量资讯狂轰滥炸之中，如何让传媒内容产品脱颖而出被消费者识别？如何设计传媒自身内容产品、传播渠道？品牌，应当是这种消费情境下最有效率的识别手段。

树立自己的品牌形象，做好品牌规划，判断自身品牌的定位，并根据自身要素提出品牌建设目标；通过品牌建设，才能使传媒企业获得市场的认同，并使传媒企业在激烈的商战中获得受众长期的关注。

对于传媒这个特殊的行业来说，明确其社会责任意识尤其重要，然后根据市场和其自身发展的变化，不断进行品牌的自我维护和提升，方能达到新的高度。

什么是传媒品牌？它是指传媒企业文化价值的展现与无形资产的构建，包括传媒自身内容产品的知名度、影响力，以及为了适应传媒市场需求所具备的创新能力，包括创新环境、政策、团队人员等，包括传媒对其内容产品进行营销推广的水平。为此，传媒借助各类品牌传播技巧，通过

---

① 李穆南. 亚马逊的品牌建设之道［J］. 中国市场，2011（39）.

设立品牌以提高受众对传媒内容的知晓度、记忆度、忠诚度、美誉度，是针对传媒消费受众的有效品牌传播。

二、名栏目

名栏目是传媒固定版面的内容传播，是相对独立的信息单元，可在受众心目中产生易于重复使用的栏目，是传媒组织在竞争激烈的市场环境里安身立命的保证。

名栏目按照一定内容（如新闻、知识、文艺）编排布局，有固定的名称、固定的更新时间、固定的栏目宗旨，通过不断创新内容吸引人们的视线，给人们带来信息、知识、欢乐。

传媒组织不断开发媒体栏目品牌资源，培育名栏目，形成自身的品牌强势。

【案例2】湖南卫视的娱乐栏目

湖南卫视作为栏目竞争力最强、品牌栏目最多、主持人影响力最大的省级卫星电视，在中国的影响力与知名度非常大。这源于它精准独特的品牌定位战略。

湖南卫视曾定位为"以娱乐、资讯为主的综合频道"，后又提出"锁定娱乐、兼顾资讯，锁定年轻、兼顾其他，锁定全国、兼顾湖南"的品牌定位策略；运作一段时期后，湖南卫视正式提出"打造中国最具活力的电视娱乐品牌"，秉持"快乐中国"的核心理念，最终形成湖南卫视的整体频道品牌——最具活力的中国电视娱乐频道。

"快乐中国"是湖南卫视的品牌核心理念，有了这个内核，湖南卫视的品牌运营和扩张就有了坚实的、统一的基础。从娱乐功能来说，湖南卫视主要为全国观众提供快乐、愉悦的体验。在这一品牌内核的统率下，湖南卫视陆续推出《谁是英雄》民间竞技娱乐节目，推出《国球大典》创新体育娱乐节目，推出《超级女声》大众娱乐节目和《音乐不断歌友会》音乐娱乐节目，从不同内容、不同层面深入诠释"快乐中国"这一频道理念。例如，作为中国第一档聚焦青少年成长的情感故事节目《8090》在湖南卫视开播后，不仅让湖南卫视的"年轻"定位更专业，同时也使湖南卫视的品牌形象更清晰丰富，深入人心，充满张力。

具体分析可见：

（1）湖南卫视确定自己的战略定位是"娱乐立台"，这是最为关键的、灵魂性的价值创新战略，通过创新提升附加值。

（2）借助自身媒体平台进行整合营销，不断推出新节目、新产品。如在推广"快女"、《快乐大本营》《天天向上》等娱乐节目时，不时会播报一下最新进程或幕后故事。通过这些手段的创新，湖南卫视达到了资源最大限度的利用和开发。

（3）广设交流平台，实现传媒与受众交流的互动营销。在湖南卫视的互动营销中，短信投票、微博互动、微信互动是最先被启用并迅速获得多方面收益的方式之一，它将媒体和受众紧密地结合，实现双方之间的良性互动。

（4）主持人明星化。就湖南卫视的快乐品牌而言，乐观、热情、富有创造力的主持人是频道的最佳选择。如何炅、汪涵等明星主持人带给湖南卫视的"明星效应"，成为湖南卫视经营中的一大亮点，这也是湖南卫视品牌打造的重要因素之一。

（5）不断创新。从《快乐大本营》《我是歌手》到《天天向上》等有影响力的节目中可以看到，对新的栏目、新的内容、新的表现形式、新的主持人，湖南卫视皆表现出一种近乎痴迷的态度。

以上可见，湖南卫视始终在不断发展自己的优势栏目，不仅增加自己栏目的文化底蕴，使之更加有艺术性，而且也真正实现了湖南卫视"全国收视，全国覆盖，全国品牌，全国影响"的目标。

从湖南卫视的打造名栏目案例中，可以找到品牌形象提升需要注意的一些特性：

品牌定位——差异性；

品牌形象——统一性；

创作内容——创新性；

品牌互动——借力性；

媒介延伸——有效性。

【案例3】旅游卫视

品牌定位："时尚改变生活、行走改变世界、绿色创造未来！"

旅游卫视宏观上强调专业旅游频道特征，微观上综合满足观众娱乐需要，以旅游资讯为主线，时尚、娱乐并重。旅游卫视位于美丽的海南海口，为海南省唯一的省级卫星频道，一度在全国拥有很高的收视率。

围绕其品牌定位，以旅游休闲为主要内容，以多样化、专业化的旅游节目，与其他卫星频道展开差异化竞争，成长为独具特色、最具影响力的卫星频道之一，全天 24 小时播出。旅游卫视频道主推以行走、时尚、访谈、高尔夫、公益活动为特色的节目架构，为观众烹饪独具风味的视听大餐，为客户搭建优质精准的传播舞台。该频道引进保利华艺等社会资金，剥离广告、娱乐等业务运营领域，但海南广播电视台牢牢把握节目终审权，打造以下一些名节目：《美丽俏佳人》《卫视高尔夫》《第一时尚》《玩转地球》《旅游看今天》《旅游新观察》《城市惠生活（周末有"周末大惠"）》《有多远走多远》《行者》《我爱每一天》《创意生活》《畅游北京》《漫游日本》《大驾光临》《世界游》《爱＋才会赢》《小球大世界》等。

分析上述名栏目，可以看出旅游卫视的品牌建设亮点：

(1) 准确的频道定位；

(2) 独特的栏目包装；

(3) 品牌形象的深化；

(4) 品牌内涵的延伸。

三、传媒名家

传媒名家，一定意义上是传媒的代言人和名片，其独特的个人魅力与思想力度，让受众记忆深刻，影响深远。

从名记者到名编、名主持，乃至传媒经营者名总裁、名董事长，等等，他们是集体智慧的表现，有"飘萍一支笔，胜过十万军"的感召力。

【案例 4】白岩松

作为著名的中央电视台主持人、中央电视台新闻评论员、专题评论员，他的主持机敏，语言犀利，节目深刻而不呆板，活泼而不媚俗。藏在一副眼镜后的小而明亮的眼睛告诉我们：他思想深邃，性格沉稳。

由于其独特的语言风格和个人号召力，他主持的节目《焦点访谈》

《新闻周刊》《新闻 1 + 1》《新闻会客厅》都受到了极大的好评，他用他的眼泪、激动、愤怒、深情和思考，为受众串起了一系列刻骨铭心的记忆；受众接受了他的主持方式，也就会被他主持的节目所吸引。

【案例 5】Get Away——安龙

《车游天下》（*Getaway*）是上海外语频道推出的一档人气双语全球旅游节目。作为 SMG 唯一一档自制的旅游节目，其鲜明的大都市风格与创新的特质吸引了一批固定的收视群体：

（1）悬念性设置开头。制造出喜剧、悬疑等不同效果，用"第一眼"抓住观众的注意力。

（2）重体验，强调互动。节目力求外籍主持人安龙亲身参与每个项目，如蹦极、潜水和制作菜肴，用体验的方式带给观众最直观的视觉享受。外籍主持人安龙来自澳大利亚黄金海岸，他活泼的个性，幽默并且流利的中文，使得节目更加生动有趣，偶尔还会冒出几句出人意料的上海话，其主持风格深受上海观众的喜爱。

（3）娱乐性，用情节推动节目。一部《车游天下》更像是一部小电影而不是风光片，没有平铺直叙，只有持续不断的"包袱"和跌宕起伏的情节。

【案例 6】《人民日报》的品牌化经营策略[①]

党报是一种特殊的品牌，它首先是一个作为大众媒介的权威媒体，同时也是市场经济中的一种商品，具有双重属性。鉴于它的第二种属性即商品属性，党报同样需要在市场上运用市场营销、广告等知识或手段进行自身品牌的动态经营即品牌传播。

（1）创新传播方式，开放社会化线上媒介平台。与众多党报相比，《人民日报》在传播方式的创新上比较成功，它依托新技术平台的意识较强。早在 2010 年《人民日报》的移动客户端就已经上线，适用于安卓、IOS 等系统，客户端在报纸原有版面的基础上又结合图片、视频等传播形式，打造文字、图片、音频、视频等多位一体的阅读方式，旨在为用户提供更流

① 陆海空. 新媒体时代党报的品牌传播之道——以《人民日报》为例 [J]. 东南传播，2014 (3).

畅、更舒适的阅读，仅在客户端上线的一年内下载量就已逾百万次。

（2）改变语态，线上品牌形象的二次塑造。党报虽然在线下形成了固有的严肃、官方的形象，然而在线上党报却可以利用新媒体更有效地实践"贴近实际、贴近生活、贴近群众"的工作原则，密切同群众的联系，走亲民路线，利用清新的文风、紧跟潮流的网络语言来对自身品牌形象进行二次塑造。

浏览"@人民日报"官方微博，可以发现"正能量""给力""亲""神吐槽""小伙伴""伤不起"等网络流行词大量运用在微博中，"@人民日报"官方微博线上所呈现的形象有别于以往的严肃风格。此外，《人民日报》的官方微信每天晚间推送"'@人民日报'微博精粹"，将当天的头条趣事整理推送。文风清新语言亲民，一改在线下"官腔"形象，使得《人民日报》在线上形成了全新的媒体品牌形象。《人民日报》近年每逢节假日与腾讯合作开展的各类微信群品牌活动也颇有创意，如"八一"建军节换装、"教师节"换头像等，口碑效果颇佳。

（3）建立"品牌群"。在营销学中有一个"品牌群"的概念，比如苹果公司的产品 iPhone、iPad、iPod、iTouch，甚至包括它的应用商店 iTunes等，都无一例外地有一个字母"I"当头的品牌名称，这些子品牌构成了苹果公司的"品牌群"。建立"品牌群"的品牌策略可以帮助企业渗透品牌传播，让受众从多个方位了解品牌。

作为知名品牌的《人民日报》，也在构建它的"品牌群"。1997 年 1 月1 日，人民日报社创办了以"权威性、公信力、大众化"为宗旨的人民网，是人民日报社新闻宣传的重要品牌，并成为加强党的网上宣传的重要阵地和对外宣传的重要渠道。2012 年 7 月 23 日凌晨 4 时 58 分，账号"@人民日报"在人民网、新浪网上同步发出第一条微博，其微博品牌正式上线。与此同时，人民日报社还在新媒体上打造强势品牌栏目，如依托于人民网的"强国论坛""强国社区""一说到底"和"@人民日报"上的热门话题"＃你好，明天＃"等。这些品牌群与品牌栏目的建设，都有助于人民日报社全方位、多轨式地抓住目标受众，渗透自身的品牌信息，进行有效传播。

（4）加大新媒体人才投入

目前，"@人民日报"官方微博的运营团队是一支完全重组并独立于传统媒体之外的运营团队，人员年轻、思维活跃，能在新媒体上与粉丝或其他意见领袖进行积极互动。

【阅读材料1】《南方周末》的品牌理念①

品牌和内容生产力是构成媒体持续竞争力优势的两个重要因素。

品牌活动必须符合媒体的品牌特质

作为一份时政周报，《南方周末》对自身的品牌价值和愿景有着很清晰的认识。在外界来看，它是一份有担当、敢说话的报纸，是一份特别有社会责任感的媒体。所以，报社的品牌活动也必须基于责任、担当这一品牌内涵和特质而展开，通过品牌活动的增值，反过来强化《南方周末》的品牌特质。

例如，《南方周末》创办中国（内地）民营企业创富排行榜。当时，社会上已经有福布斯、财富等排行榜，它们基本以财富的绝对数量为标准。《南方周末》则采用一个综合性的指标，除财富标准外，还有一个综合性的评价和考核。其中，经济指标是一个重要部分，占一定比例，其次是环境和社会责任。

《南方周末》期望通过该排行榜开出一种新风气和价值观，推动中国企业社会责任的健康履行。同时，《南方周末》也希望借此排行榜，为自己在新的历史时期的转型提供一个新的平台。这个排行榜被推出之后获得高度认可，《南方周末》也在此基础上陆续推出了"世界五百强在华投资企业排行榜""国有上市企业社会责任榜"，并成立中国企业社会责任研究中心，统筹三个排行榜的评选工作。

除了上述排行榜评选活动外，《南方周末》还围绕其品牌特质衍生出许多强调社会责任的活动，比如举办中国企业社会责任年会，在学校开展企业社会大讲堂，发起农村支教行动，等等。《南方周末》强调，《南方周末》操作的所有活动都必须符合责任和担当这一价值追求。为此，《南方周末》对其市场活动进行整理，对与强调责任不太相关的品牌活动进行了削减，进一步突出其品牌定位。另外，报社要求在对读者进行表达、对广

① 程征.《南方周末》的品牌理念［EB/OL］.［2019-09-23］http://media.people.cn/GB/40628/11195536.html.20100322.

告客户进行阐述时也要强调其品牌理念和内涵，从而形成统一的品牌定位和诠释，再向外发散。

品牌价值的延伸

《南方周末》认为，媒体自身有发行渠道面向市场，应该围绕报纸产品的核心去生产一些有新闻价值的内容，创造有新闻价值的市场活动来提升媒体的品牌价值，并以此继续延伸出新的平台，创造更大的市场价值，实现品牌的变现。

《南方周末》围绕品牌做的活动主要有公益性和商业性两类。公益性活动包括年度的人物评选、向传媒致敬、高校研讨会、电影联展等。举办这些公益活动的目的是让更多的人理解《南方周末》的品牌形象，实现报社的新闻理想。

比如，推出年度人物评选和向传媒致敬榜，分别向那些推动历史进程和传媒业发展的人物致敬。这两个活动的立意与《南方周末》的品牌形象十分契合，它们最初并没有进行销售，但是活动举办数年来，受到很多关注，成为报社的符号和象征。于是，《南方周末》开始对这些活动进行包装和销售，并做成颁奖典礼，引起更多的关注。《南方周末》将文化原创榜的评选做成颁奖仪式，这是报社第一次以颁奖的形式将一个大型的榜单落地。后与上海文广合作，将年度人物评选、报纸创刊 25 周年、国庆 60 周年几个主题糅合在一起，举办了一台名为"致敬中国梦践行者"的电视文艺晚会，向那些兼具家国情怀、公民意识，通过卓绝的努力，获得了令人称美的成功的"中国梦践行者"致敬。晚会由专业的执行方操作，《南方周末》负责提供创意和策划，这次活动给《南方周末》带来了影响力和商业价值上的双重成功，也为其评选活动提供了一种比较理想的操作路径：评选—活动—晚会。

从粗放式经营向精细化经营过渡

在品牌活动的策划和执行上，《南方周末》有两个专门的机构来负责：资讯研究室和经营中心的市场部。资讯研究室主要是对品牌表达的把握，另外就是操作由报社主导的公益性品牌活动，负责策划与执行；经营中心的市场部负责商业活动的操作，是品牌延伸和品牌开发、变现的执行者。简单来说，资讯研究室是花钱推广品牌的部门，市场部则是让品牌增值、利用品牌挣钱的部门。

除了这两个机构，报社的采编部门也会提出一些活动的创意。一些评选的榜单，都是由各个采编部门推出的，比如文化和旅游部推出文化原创榜，新闻部和经济部推出年度人物榜。这些采编部门以他们的眼光，利用自己的团队力量，对产品进行包装和销售。一些大的活动则很难由单独的部门完成，需要调动报社所有的资源，全部出动，各部门贡献出各自长期积累下来的人脉资源和创意、策划及公关的能力。

《南方周末》强调品牌活动的可持续性，如果一个活动只能做一次而不能持续，哪怕可以赚到钱，也选择放弃。

第三节 传媒塑造企业品牌

传媒，即传播媒介，是信息传播的载体，承载各类信息的发布与扩散，在其他企业的品牌塑造中，传媒承担着品牌信息中转和声量扩大的角色。如今的传媒，已经超越了报刊、广播等一对多大众传播，也超越了直播、短视频、贴片广告、植入式广告等传播形式，企业品牌信息在媒介技术的更新迭代中得以创新，以原生广告、信息流广告、台词植入、道具植入等直接面对用户。

一、社会化媒体的品牌策略

（一）从 4P 到 4C

社会化媒体（social media）时代，人人皆为媒体，并且人与人之间的沟通方式发生了变化，随之也带来了品牌传播观念、形式上的重要转变。在网络与数字语境中，企业可以寻找一个能激发对话的语境，并整合和发布具有关联性、吸引人们关注和讨论的内容（其中当然也包括用户自创内容），用户通过阅读、评论和分享相关品牌产品或服务内容，建立与自己喜欢的人、产品和服务的直接关联，进而形成围绕着品牌传播的网络社群。

可以说，网络社群是品牌传播的有效途径。营造品牌语境是背景，产品与服务内容是核心，网络中人与品牌联系是目的。社会化媒体中，品牌传播从整合信息到聚合信息，传播内容从宣讲到学会倾听与平等对话，使得企业与用户可以进行人性化的、个性化的亲密接触，并在彼此一对一互动中，以对方感到惬意的方式，巧妙融入品牌信息进行传递。

如此，传统品牌营销强调 4P，即开发出一个产品（product）、确定价格（price）、投放市场（place）并进行推广（promote）的策略，在社会化媒体中，品牌营销则演变为 4C 理念，即内容（content）、语境（context）、联系（connection）和社群（community）。

以社会化媒体为信息传播中介，不仅能承载品牌常规产品信息、活动信息，还能结合媒体传播速度快、拥有立体传播矩阵等特点，包裹品牌内容营销内核，实现价值输出和爆点引发，加持创意，甚至借用社会化媒体制造热点，撬动人们的好奇感，实现信息的快速传递和品牌的高效建立。

例如，支付宝这一品牌在用户使用中得以自然传播，然而其"搞事情"的"中国锦鲤"大奖策划，在社交网络中形成了病毒式传播，一时间无数人加入"拜锦鲤教"，"锦鲤"成了好运的象征。这是一场支付宝发起的全民抽奖活动，只要转发支付宝"祝你成为中国锦鲤"的微博，就可以参与其中，在微博上掀起了一股热潮，不到 6 小时转发量就突破百万次，国庆一周累计转发破 300 万次，诸多网红和明星大 V 例如高晓松、李现等借势转发，几度冲上微博头条。不仅如此，在抽奖结果揭晓之后，以"信小呆"名字命名的微博话题在一天之内的阅读量超过 2.5 亿，和她相关的话题在微博热搜榜前 10 名中占据了 3 席，信小呆更是一夜之间晋升为网红，个人微博一天暴涨 50 万粉丝。毋庸置疑，支付宝的抽奖活动堪称当年互联网最热门的话题之一，这场营销活动也让"锦鲤"一词跳出娱乐圈，蔓延至整个社会。

（二）LKP 策略

在网络与数字环境下，消费者对一个品牌的知晓与信任，很大程度上受口碑评论影响，很多消费者查看一个产品信息的时候，会受到社交群体里面其他人评论的影响，购物网站、在线的点评、搜索引擎、各种社群都是收集口碑评论的有效来源。客户的需求、消费者的媒体选择，是建立在数字分析系统基础之上的，针对消费者每天的媒介接触点进行管理、执行、拓宽，对其每个接触点进行有效的信息沟通，方能进行有效媒体接触点的数据管理，进行有效的媒体投放。

显然，社会化媒体中的品牌管理需要倾听消费者的建议和反馈，即"听"（listen），去收集数据、了解消费者在关心什么；需要认识和了解各类产品或品牌相关的网络社区以及他们的社区文化，即"识"（know），对品牌语境去熟知；"融"（participate），指品牌通过聆听和互动参与，与消费者相融相知，从而为网络社区中消费者提供更多的价值，让消费者感受到品牌方对他们意见和建议的重视。

比如，消费者把他们的需求呈现在搜索引擎上，而以百度为代表的搜索引擎则把用户的需求集合告诉商家，由商家满足他们。百度贴吧的每一个"吧"，本身就是一个小小的虚拟社会，如体育吧，网友在其中发表他们对生活的看法、对明星的崇拜，甚至对耐克用品的建议、反馈等。这些"吧"作为完全互动的平台，商家可以有组织地在上面发布信息、提供问题，让网民参与。同时，百度能够针对某些行业、某些品牌或者产品在互联网大众搜索行为上的趋势、变化和关心的热点，做出定量报告，提供给合作伙伴，为其营销决策提供依据。耐克中国品牌传播总监 Kerri Hoyt-Pack 曾言："与消费者沟通的关键是'由消费者来决定'。"

品牌广告的确能造成传播效应，但在网络与数字媒体环境下，用户之间的传播更有效，二次传播对品牌粉丝数量的积累也有绝对影响，品牌粉丝的增加与品牌的推力和好友的拉力也密不可分。品牌的二次传播、粉丝数及活跃度均源于品牌与消费者精准的对接。

【案例 7】社区口碑营销案例分析——小红书

小红书是一个生活方式分享社区，用户通过文字、图片、视频笔记等的分享，记录了这个时代年轻人的正能量和美好生活。通过用户生成 UGC 内容，形成一个购物产品信息分享社区，内容涵盖时尚、护肤、彩妆、美食、旅行、影视、读书、健身等各个生活方式领域，内容形式逐渐多元。

小红书 App 从购物攻略指南起家，积累种子用户。

市场背景

由于信息不对称，用户在购买海外产品时并不能完全获悉购物资讯，不知道买什么；单纯的工具指南类 App 并不能让用户及时地获取瞬息万变的购物信息（买什么、在哪买、多少钱），以出境游和购物的高价值女性用户为目标的小红书打造了一个购物分享社区，为用户一站式答疑解惑，触及了用户的内心需求。

产品运营——打造 UGC 社区

网络社区的特点是用户活跃，用户自生产、自传播、参与程度高，互动性强，主题特定，具有较强心理归属感。用户是基于共同的爱好、审美趣味、生活方式而形成一种彼此易于沟通、信任的社区，因而形成了以用户真实购买、体验、口碑为主要特征的社区，颠覆了传统的营销模式，使品牌传播效果几何级增长，在用户黏性、真实性、精准性等方面优势明显，也大大减少了广告费用。

（1）用户精准定位。小红书社区核心用户主要以喜欢海淘、喜欢追求高品质的中青年女性用户为主，希望找到一些更能匹配自我的生活方式和生活认知的商品。该用户群体具有较高的经济收入，消费理念和审美趣味追求个性、时尚、品质；同时，这部分群体也具有共同的后消费行为方式——"晒"，喜欢彰显个性生活及生活方式。

（2）专属的社区空间。小红书充分利用"社区"优势，在打造用户社区方面大做文章，重内容分享体验，重内容浏览体验，重社区互动活跃。小红书坚持让用户自采自创，还原一个真实海淘场景：一方面，境外购物者主动分享自己真实的购物经验与心得；另一方面，用户到社区寻求购物帮助和指南。整个过程以用户之间的笔记记录、评论、互动等形式进行，在互动内容上以单纯的商品购买经验交流与心得分享为主，打造了纯净的消费行为专属空间，话题明确，真实度、认同感较高，而当用户获得帮助完成购物之后，自然而然变成分享者的角色。

（3）口碑传播形式——小红书笔记。小红书打造了最合适的内容载体——"笔记"。用户自采自创，笔记中融合了商品详情和用户的使用体验，比一般的商品详情页精简，比视频成本低，且打开频率高，可以直接被销售商品引用，是千人千面买家秀的最佳组合。小红书鼓励用户之间点赞、评论、关注、分享，试图用更强的社交关系提升平台黏性。小红书社区每天有上万条内容由真实用户发出，图片质量高，内容描述详尽，打造海外购的"知乎"，对广大的白领群体产生了强大的吸引力，带来巨大的用户流量，小红书也成为 UGC 社区商业模式的独角兽。

（4）从社区分享到跨境电商。在"重内容，轻达人"的产品策略的引导下，社区的用户活跃度得到了高度提升，用户在社区"逛久了"，也收藏了好多好货，但不知道去哪里买，小红书为解决用户需求，顺势推出了电商功能，从社区海淘分享到社区电商，水到渠成，无缝对接。"福利社"上线后，在内容和社区基础上，开放购物功能，以自营的方式做跨境电商；之后，"福利社"发展成"小红书商城"，小红书完成从内容阅读到产品购买的一体化服务。

小红书出色的运营能力和营销能力也是其品牌崛起的一个原因。

【阅读材料 2】戴森卷发棒的社交媒体营销

戴森在纽约召开新品发布会，正式推出美发新产品 airwrap 卷发棒。这款功能强大的卷发棒宣称是美发圈内的黑科技，当卷发时机身的气流会自动吸附头发绕到卷发棒上。

在戴森吹风机推出卷发棒新品预告的当天，微博指数即飙升，次日热度提升了整整 1 000%。除了产品的自身优势外，戴森吹风机究竟运用了哪些策略让女性对一款 3 500 元的天价卷发棒趋之若鹜呢？

女性向来是戴森在营销上的一大战略，而如今，年轻女性消费特征呈现从"悦人"到"悦己"的转变。都说女人和孩子的钱最好赚，中国女性消费者越来越懂得"对自己好一点"。

戴森在发布会后制造微博话题"＃今天女朋友暗示你买戴森卷发棒了吗？＃""＃据说收到这个卷发棒的女生都哭了＃""＃这才是今年终极草单＃"等话题吸引用户进行热议。而"黑科技卷发棒"则不出意外地上了热门，一时间几乎所有的时尚博主人手一款卷发棒，测评、转发、抽奖，玩得不亦乐乎。

在官博推出预告信息后，评论区女生清一色地@自己的另一半或闺蜜，而男士则紧张地表示如何不让自己的老婆看到这一新品，因为直男们实在无法想象一个卷头发的工具要花费自己好几个月的零花钱。这一现象的出现产生了很多有趣的用户自主生成内容，直男们的反应恰可以成为用户很好的二次传播素材。

这一热点又引来段子手插一脚，于是各种段子满天飞，博得网友会心一笑。戴森精准捕捞目标用户的购买和非目标用户的舆论热度。

微信公众号方面，戴森首先挑选了二次转发力强的头部大号，从广告圈、时尚圈、女性情感、设计圈这几个圈层打入，一时间所有大号跟风转，且内容优质篇篇10万＋不在话下。而就在正面评价达到顶层时，负面内容出现，吐槽戴森来抢钱的，卷发棒测评不值得购买的声音比比皆是，但是品牌传播的目的已然达成。

二、企业品牌的微信平台营销

（一）微信的推送传播机制

随着智能手机的普及和移动社交的发展，微信演变成一种在线的生活方式，实现了人与人、人与设备、人与服务的连接。各类微信公众账号可以直接推送品牌信息，建立企业自媒体。

越来越多的企业开始布局微信，有效开展微信品牌营销，有效定位品牌，将品牌风格以文字、图片、视频的形式，以类似朋友圈的原创性内容直接推送给用户。

【案例8】"内容＋电商"的"一条"微信公号

一条，是一家主打生活短视频、注重生活美学的互联网新媒体，专注于为国内的中产阶层人群提供生活方式的参考。它通过对一群表现特定生活方式（美食、建筑、摄影、茶道、手工艺等）的生活美学家的采访以及对相关题材的拍摄，制作每条3～5分钟不等的视频，并每日6—8点在微信公众号、腾讯、优酷等网络平台发布。

一条目前成为中国最大的视频类原创微信公众号之一，拥有1 700多万用户，全网达3 500多万，电商年营收超10亿元。

（一）定位精准

在移动互联网、新媒体盛行的情境下，纸媒相继衰落，生活类杂志也处境堪忧，大量受众转移到微信等新媒体阵地；另一方面，不少对生活品质有较高追求的社交媒体用户苦于精致优质内容的缺乏，他们渴求能够彰显自己品位的高端生活类内容。"一条"敏锐地发现了这片市场，专注于挖掘建筑、美食等高品质的行业，向中高收入人群提供与他们精神需求相匹配的优质内容，并迅速取得了他们的认可。

一条定位于"专注解决新兴中产阶层在生活美学方面的内容和电商消费需求，一个专门服务于中产阶层人群的媒体平台"，满足了这一人群的消费美学需求。另一方面，世界各地很多生活家、建筑师、独立设计师，他们的产品在美感、设计等方面很难完美嫁接大众化的需求，有时甚至被边缘化，而一条实现了两者之间的有效对接。

一条的运作像一家杂志，完全是杂志社的操作流程，包括报选题、开拍、剪辑、做微信播出，没有导演。

(二) 多维传播

(1) 微信平台：微信公众号——一条、一条视频，依托腾讯精准广告平台——"广点通"，提高微信内容推送质量（推广模式——砸钱：一条微信公众号上线的头两周，每周砸下 100 多万元在"广点通"等平台投放广告）。

(2) 视频平台：一条在创办之初即与优酷等各大视频网站合作，将每条视频的首发权交给对方，而对方给一条导入粉丝。直到现在，一条短视频在优酷等视频网站的发布时间仍比微信平台早 1 个多小时。

(3) 意见领袖：当一条采访某一领域的顶尖人物的短视频发布后，都会有该领域其他佼佼者自发转发到朋友圈，甚至引发刷屏现象，继而吸引其他弱关联的用户了解并关注一条。据报道，黄晓明、同丘露薇等公众人物都曾在朋友圈转发推广，影响更广阔的人群和行业，使得一条的传播渠道更加多样化。

(4) 有效形式——短视频：短视频本身具有画面感强、主题集中鲜明、播放时间短等优势和特点，是呈现生活美学的最佳媒介。

一条所拍摄的每一条短视频都经过精心打磨，每条 3~5 分钟的视频都经过一个 5~6 人团队至少 10 多个小时的拍摄、近一星期的剪辑。

一条短视频具有以下特点：镜头变换缓慢，趋于静态；强调布景与摆设，美观和谐；整体风格呈现高度一致，给读者的印象强烈且深刻。

短视频下方，一条也会将视频内容以图文结合的方式呈现给读者，以便数据流量较少的读者欣赏阅读。与视频风格类似，一条图文的排版也具有强烈的风格，文字简洁爽朗，图片干净舒适，善用小符号。一条的排版风格在业内获得的赞誉度极高，甚至已经成为大多数新媒体排版入门者教科书般的案例。

（三）内容专注

一条长期专注呈现建筑、摄影、美食等专业性强的高品质行业，并保持非常高的制作水准与声誉。

（1）选题：按照杂志的审美做短视频。

（2）产品核心：碎片化、高品质，按照杂志的审美，做高品质的版本。凭借敏锐的眼光和独特审美，从 10 小时的素材中，选出 3 分钟的内容。

（3）内容持续生产：模板化，可复制。

一是内容生产模板：5 分钟的旁白，绝不超过 950 字，一定要讲到 10 个点，并且有逻辑，结尾再升华。

二是视频模板：1 分半钟时，受众会感到疲倦，就需要有新的重点出来。特别好看的点不能放在后面，因为前面的 5 秒、10 秒没意思，受众就会退出去。

（四）电商操作

一条旗下 App "一条生活馆"上线。作为移动电商平台，聚集了 1 500 多个设计品牌，覆盖生活、家居、电子、美妆、服饰、美食、图书等 20 多个领域。

（1）选品：下不碰"屌丝"，上不碰奢侈品。如一条曾采访过 1 000 多位顶尖的设计师，其中一半的人向观众推荐过他们认为最好的东西，形成了公司非常重要的资源。在产品开发、营销上做到极致，单点打爆。

（2）"目的地"式购买：一条 App 上实现"目的地"式的购买，打破了传统通过文章阅读的发现式购买；"目的地"式购买增加了用户黏性，用户复购率、口碑营销不断上升。

（3）分销，获取新用户流量：在线上做分销体系，把自己的电商内容分销给其他的优质自媒体，根据销量给分销号一定的利润。

一条电商的转型，就是把内容优势发挥到极致，把选题能力转化为选品能力，把令人尖叫和愿意分享给朋友的产品放在平台上，与用户连接。

（二）互动与分享灵活机制

微信用户不仅阅读信息，还互动、分享或不为所动。

微信公号里有"关键词回复"，用户借此可以与商家直接沟通，避免传统的旁观。微信技术提供简单的"一键分享"，用户可以将自我认可的品牌内容或自我观点发送到微博、微信朋友圈等社交功能为主的媒体，为用户自主传播品牌提供便捷。

企业在微信平台，通过投放广告、开展各项公关活动、销售活动，借助各种微信信息流，让用户自主参与、互动与分享品牌信息。

【案例 9】"雷布斯"缔造"小米"

小米的成功是互联网思维的典型代表。先利用互联网聚集大量粉丝，再利用高配置、高性价比的产品进行宣传，采用互联网销售模式，配以专业的客服，粉丝效应聚合，造就了现在的小米。

从上面的例子不难看出，移动互联网时代的移动互联和各类社会化媒体为品牌塑造提供了新的工具和可能，也催生了全新的品牌树立和管理理论。正如微信发明人张小龙所说，再小的个体也有自己的品牌。作为一个重要的营销工具，微信的商业价值将会通过不同形式展示出来。

【阅读资料 3】世界蓝血奢侈品牌的新媒体运营

（一）香奈儿 Chanel

秉承创始人可可·香奈儿女士的创新精神，创造象征永恒的经典，即如香奈儿女士所言："流行易逝，风格永存。"

香奈儿官方微信公众平台的用户界面菜单主要分为三部分，即"品牌消息""在线购买""更多讯息"。

其中，"品牌消息"主要是香奈儿主营业务的一些子栏目，包括"美妆部分""高级定制部分""腕表部分"以及专门发布品牌公关通稿的"Chanel News"（香奈儿资讯）。

"美妆部分"如"气垫水粉底"，作为香奈儿美妆版块最佳产品，被置于品牌消息的菜单栏中，订阅用户可以点击这一子栏目，自动链接到香奈儿官方 wap 网站的气垫水粉底详细介绍页面。打开页面首先呈现的是香奈儿的美妆产品（气垫水粉底）试用视频，而在视频下方则有同系列的其他款美妆产品，如遮瑕笔、眼刷等。而基于本季主打系列，香奈儿还在页面附上该款产品，以及品牌其他产品的美妆步骤视频。用户不仅可以实时浏览与观看新一季产品的实拍影像，还能通过视频中的试妆与化妆步骤、技巧掌握一定的美妆知识。

再如，"高级定制服系列"。在这一子栏目中，汇聚了香奈儿最新一季的高级定制系列的完整秀场视频、与会嘉宾介绍、宣传大片、秀后妆容设计等推文。

而"Chanel News"作为官方发布公关通稿的重要版块，承载了向订阅用户介绍品牌故事、展现品牌理念，以及更新最新产品宣传大片、展示明星红毯秀，抑或发布与其他机构或个人（一般是明星）合作消息、推荐秀场音乐等重要使命。

其应景推文是亮点。如中国农历新年将近，香奈儿会推送向全体中国人民拜年的祝福文章，同时，也紧跟热点，在 2 月 14 日情人节时，推送关于香奈儿甄选情人节礼物、展现爱情宣言的文章。

对于送给女朋友的礼物，香奈儿采用基于用户定位的方式，进行产品宣传，巧妙转变立场，为男孩们推荐相关礼物。例如，主推诸多香水系列中适合年轻女性的嘉伯丽尔香水、颜色青春粉嫩的炫亮魅力唇膏丝绒系列等，送给"独立的她"，这一部分女孩大多洒脱随性，敢于展现自我。

而对于"感性的她"，这一部分女孩内敛柔和、清新温婉，主推的则是清透自然接地气的气垫水粉底、主打温柔浪漫花香调的邂逅柔情淡香水；同时，针对送给男孩的礼物，香奈儿向女孩们主推男士运动双效沐浴露和蓝色肌底精华，给"爱玩的他"，从而照顾到了情人节中需要彼此送礼的男女双方。

其公众号还重明星"带货能力"。经常推送一些品牌代言人与产品互动的文章。如新年将至，推送《这是刘雯最想要的礼物》一文，依赖刘雯在时尚界和娱乐圈中的强大粉丝号召力，假借刘雯"最想要的香奈儿礼物"的名义与口吻进行产品营销。

（二）路易威登 Louis Vuitton

作为奢侈品牌，路易威登以卓越品质、杰出创意和精湛工艺演绎着时尚旅行艺术。

其用户界面菜单主要分为三部分，即"即刻选购""最新动态"和"LV 尊享"。

（1）"即刻选购"。不同于香奈儿的在线选购菜单，路易威登细致地将本季主推产品置于其中，如路易威登最新的智能腕表，以及成立以来第一条香水系列、Archlight 运动鞋。

同时，针对情人节、春节送礼，路易威登直接将产品推荐与购买相结合，用户可以点击"LV 臻礼之选"和"新春佳礼"，链接到路易威登 wap 网站选购官方推荐的节日送礼产品，这些产品包括配饰、包袋、香水、手机壳、生活用品等。

（2）"最新动态"。在这一菜单中，涵盖了品牌新闻资讯和最新一季成衣、包袋的推文。例如，情人节佳礼推荐文章，里面推荐了路易威登的最新香水系列，并附上产品宣传视频，同时还将一些编辑甄选的小礼品制作成横向滑动的长图，用户可以左右滑动浏览。

（3）"LV 尊享"。这包括 LV PASS 的 App 下载链接、官方网站链接、附近门店指南等。

（三）古驰 Gucci

全球精品品牌之一，借由其独特的创意和革新，以及精湛的意大利工艺闻名于世。

古驰的微信公众号菜单设置大致与上面两家奢侈品品牌微信公众号的设置类似，即包含线上选购、相关资讯、账户与服务部分。

新年之际，各大品牌都相应推送与新年有关的文章，而古驰却另辟蹊径，在别的品牌借势营销仅仅推广产品的时候，古驰却通过"科普"与"情怀营造"的方式，推送与新年相关的文章。

如在中国狗年，古驰特别介绍了 12 只不同种类的狗，演绎中国新年特别系列的时尚主题，它们的个性代表了不同的生活哲学。对不同生活哲学狗的叙述，可以对应到现实生活中人的生活哲学，用户可以在其中获得共鸣。例如，布鲁塞尔格林芬犬，代表着"经济自由、独立自主"，象征着对经济高度与生活宽度有追求的人们，而在狗的动图与文案配合下，品牌新一季的小狗头刺绣钱包作品也跃然呈现；再如，骑士查理王猎犬代表着"敢于放慢步伐、气质高贵"的人们，象征着对生活节奏保持"放慢"态度的新一代年轻人，而动图与文案下正是一双白色星星刺绣板鞋，十分完美地契合了文案中"放慢脚步、欣赏脚下风景"的寓意。通过关注节日以及精妙的选题策划、文案设计、配图和语言组织，古驰推文一经发布，就迅速风靡朋友圈，真正意义上做到了与用户的接近。该文通过展现不同犬种的生活哲学的方式，营造出或是独立，或是高贵，或是洒脱，或是可爱的情怀。这既得益于品牌设计师对于浪漫缱绻的执念，也得益于品牌新媒体运营者心中的那一抹浪漫主义情怀。

奢侈品品牌同时都开发了各自的小程序，但如何克服用户喜爱实体店买奢侈品的习惯，似乎还有很长的路要走。

思考题：

1. 传媒自身品牌建设内容包括哪些？
2. 传媒如何成为其他企业品牌有效的传播载体？

第九章
版权：传媒发展的核心

"媒介侵权"是出现率颇高的一个名词。传媒版权如何界定？侵权如何界定？本章围绕传媒版权展开，分别介绍传媒版权的内涵，其多次销售的属性、传媒版权的内容本位特征、创意经营、价值评估、法律规范、业内侵权现象等，并在"版权跨界"中，详细介绍多样化的版权跨界运营模式。

第一节　传媒版权的多次销售

一、多次销售

在复制时代，文字作品和音乐作品等经济利益的实现，靠的是合法复制品的生产和销售，从而实现产业链各环节的利益。但在网络与数字时代，传媒企业面临的却是互联网音乐视频等搜索和下载，文字网站上传、下载和转载等问题，面临免费被消费者享受的局面。

而且，不同于其他有形商品的买家和卖家之间实行的一次销售，传媒产品可以进行"二次销售"（即传媒企业先将内容产品卖给受众，然后再将受众数量及相关消费行为等数据卖给广告商，这常常是传媒的主要利润来源），比如电视的"收视率"、网络的"点击率"。

传媒产业甚至可以"多次销售"。比如一本图书，可以通过出版商发行纸质版，也可以通过电子版继续销售，图书还可以被改编成电影、剧集、网络游戏、动漫等，进行更广泛的销售。在这多次销售的过程中，每一次销售环节其实都涉及"版权"问题。

传媒存在制造和包装知识产权的问题，传媒产品的生产者如以高价格出售知识产权，便能获取利润最大化。

二、传媒版权

（一）版权

版权（copyright）亦称"著作权"，是指文学、艺术、科学作品的作者对其作品享有的权利（包括财产权、人身权），指作者或其他人（包括法人）依法对某一著作物享受的权利[①]，如展览、改编、售卖等经济和非经济活动。版权对于著作人来说，具有重要意义，如获取经济利益、实现自我满足、形成社会交往货币等，尊重版权对社会的稳定、健康、长远发展有着重要意义。

但版权的保护是有一定期限的，目的是促进知识在公众范围内的复制和传播，促进知识带动社会进步。因此，涉及版权利益的群体有三类，即作品的创作者、发行者和受众，三者出于不同的目的都在使用版权作品。创作者通过版权维护自身作品的原创性不受侵犯，并通过授权给发行商获取利益，进而投入下一次的作品创作活动；发行商在市场上分发作品；作品的受众通过付费获取作品的使用权。

依据国际通行规则，受版权保护的作品必须具有独创性、可复制性两个特征。《中华人民共和国著作权法》将该权利分为人身权和财产权两个方面：人身权（精神权利）是指作者通过创作作品而获得的身份权、名誉权和维护作品完整性的权利，该权利通常专属作者本人，一般情况下不能转让；而财产权（经济权利）则是作者通过其作品获益的权利，可以授权许可他人使用，也可以转让。

作者和相关人员在法定范围内享有的著作权利包括人身权和财产权。人身权包括一次性实现的发表权和永久、不可转让的署名权、修改权和保护作品完整的权利；财产权即相关人员可利用作品获取经济利益的权利。

---

① 王美涵. 税收大辞典［M］. 沈阳：辽宁人民出版社，1991.

随着社会分工的细化，大量的版权代理中介出现，他们通过作者授权对于文创作品进行价值的深挖和变现，其中一条路径即为"版权的多次销售"。原著作品推出后可经过作者授权被改写、编译或形成其他形态的新作品，后续新作品的产出获益和售卖渠道扩展都可被视作多次销售红利。

我国国家版权局在《中国版权产业经济贡献报告》中提出，版权相关产业是指全部或部分活动与版权法保护的作品或其他受版权法保护的客体相关的产业，主要活动包括创作、制作、表演、广播、传播以及展览或者发行和销售等。

（二）传媒版权

传媒产业和版权产业的交叉点在于商业化和营利。传媒产业的经济属性，决定了其营利的目标。传媒版权指传媒产品 IP（intellectual property）衍生过程中，其多样性内容产品的增值和商业变现力。

例如，文艺片导演贾樟柯的电影作品在国内市场曲高和寡，但通过多次售卖获益颇丰，其《三峡好人》通过 75 个国家的海外版权销售，获得高达 4 000 万元的版权收入；《世界》在北美地区的版权收入就高达百万美元；《山河故人》的 4 000 万元投资成本，在尚未上映时就通过海外版权预售收回；其电影往往在策划阶段就被买定，再通过上映 3～4 年，版权续约轮番营利，打破了文艺片"亏钱"的市场惯例。

再如，首播于 1994 年的美国情景喜剧《老友记》，主演们也依靠年复一年的轮播版权售卖实现了"躺赢"——西班牙《世界报》网站报道，每年华纳因为出售 200 多集《老友记》的播放权就能获得 10 亿美元的收入。根据约定，6 位主演每人获得这份巨额收入的 2%（2 000 万美元）。

与实体商品不同，享有版权保护的传媒作品大多为无形的信息产品，可通过下载、拷贝等手段进行无成本的多次复制，并可推广和重新加工。网络与数字时代，各类信息产品得以在不同的媒介载体上呈现，这就使得当下传媒产业的发展同版权的销售经营密不可分，版权的多次销售，有利于传媒产业推出更丰富多元的文化产品，更有利于产业获得丰厚的利润。

当前，传媒版权销售与其他版权经营一样，主要采取以下两种形式：

（1）固定价格出售：指传媒版权拥有者以固定价格一次性买断的形式将版权销售给购买者，购买者对其具有任意复制、加工、销售的权利，固定价格的多少与产品销量无关。例如，我国许多综艺、影视的引进，均是在购买版权的基础上重新制作播出的。

（2）按份收费：每售出一份传媒产品，版权所有者则获得相应一部分的销售收益，所有者收益与产品的销售量密切相关。

第二节　传媒版权开发

传媒产业的发展是"钱途无量"的，然而要想做到"钱途无量"还要遵循一个公式："内容底蕴＋内容创意＋内容品牌＋内容版权＋内容产业链"＝传媒产业"钱途无量"。只有具备一定的内容底蕴，加上富有创意的想法，保障权益的版权和具有标识性的品牌，以及决定产业宽度与广度的产业链，才能确保传媒产业"钱途无量"。

一、传媒版权的核心资源

传媒版权是知识产权（IP）的一种类型，它是由自然科学、社会科学以及文学、音乐、戏剧、绘画、雕塑、摄影和电影摄影等方面的传媒内容作品组成的。

构成传媒内容的作品必须具有某种精神方面内容，即作品要具有某种思想或者美学方面的精神内容；要有具体的表达，或影视作品，或动漫、网络游戏、音乐、直播，乃至新闻，等等；另外，还要具有独创性。只有具备了这三个条件，才能构成传媒版权作品，才有作品版权。这三个条件决定了版权的核心资源是可传播的、优秀的创意内容作品。网络与具有数字可传播的创意作品赋予了传媒版权的"经济能力"，承担着传播文化、弘扬人类精神的使命。

这些传媒作品在传播中，会不断拥有版权的复制权。具体如下：一是作品本身著作权，包括人身权与财产权；二是作品领接权，即传播作品的相关权益，如图书出版者权、表演者权、录音录像制作者权和广播影视组织权等。

为了保障作者的作品获得正当权益，以及协调作品的创作者、传播者和广大公众因作品的传播和使用而产生的相应的法律关系，版权法也应运而生。所有版权收益都离不开其自身内容的可再开发性。

二、传媒版权的创意经营

传媒作品的各类版权，只有在被用于谋取经济利益时才有市场交易价格，即交易双方协商确定，并签署版权协议，由专业版权代理和专业律师进行具体的业务依法授权办理后，版权方可转化为经济价值和效益，当规模达到一定程度时便可形成产业。

版权是文化产权交易的核心内容之一，是传媒产业的重要经营领域。版权的开发是版权创意经营管理的第一步。网络与数字技术飞速发展，以数字技术传播信息，既降低了复制成本，又降低了分销成本[①]，在新兴媒体爆发时代，对版权的开发、经营和管理要以创新思维来规划，以受众需求为核心。

三、传媒版权的价值评估

传媒版权作品是精神产品，其价值难以用标尺衡量，不确定因素太多，评估体系难以面面俱到。通常动态评估可以防范评估风险（评估分为两次），传媒产品形成前进行一次，传媒产品投放市场后再进行一次，随后通过后期评估的反馈，对前期进行不断修正使评估更准确。传媒版权价值评估的基本方法[②]大体有：

（1）重置成本法，即根据假想创造资产所发生的所有花费，并考虑一定的损耗而评估其价值的评估方法。基本公式为：评估值＝重置成本－损耗。

（2）收益现值法，即通过估算被评估资产在未来的预期收益，采用适宜的折现率折算成现值，然后累加求和，得出被评估资产价值的一种资产

---

① 在西方经济学中，分销的含义是建立销售渠道的意思，即产品通过一定渠道销售给消费者。从这个角度来讲，对任何一种销售方式，我们都可以把它称为分销。亦即分销是产品由生产地点向销售地点运动的过程，产品必须通过某一种分销方式才能到达消费者手中。

② 佚名. 企业版权价值评估［EB/OL］.［2019 - 09 - 24］https：//www.66law. cn/topic2010/bqpg/80047. shtml.

评估方法。

（3）现行市价法，即通过分析当前市场上可对比资产交换价格来确定资产的评估值。其基本公式为：被评估版权价值＝同类交易实例价格×调整系数。

四、传媒版权的法律规范

对于传播方来说，作品的选择、整合不可回避版权授权；对于受众而言，在挖掘信息、使用信息时要加强版权意识。政府相关部门需加强立法、平衡政策，进行版权意识的引导更是关键。对于著作权人来说，应当提升自身对自己产品的版权控制力，明确版权价值所在，维护好自身版权利益。

围绕着著作权人，网络与数字时代版权跨界所面临的法律问题主要有以下四个方面：一是传播方面临着选择、整合与授权等挑战；二是由于技术发展过快而导致立法的不稳定性；三是政府对于媒体的平衡政策以及内容引导；四是受众对于信息的挖掘，增加了无意的侵权人的风险。在这种情况下，著作权人的控制力也会下降，价值判断容易模糊。

技术发展过快而导致立法的不稳定性，实质是合规问题。如何在发展过快的媒介技术和相对滞后的版权制度之间寻求平衡？这需遵循三个基本准则：一是凡涉及他人作品权利的，生产者和传播者必须主动取得他人授权，增强版权合法意识；二是著作权人要捍卫自身权利，通过各种方式获得法律的认可；三是相关版权维权通道透明、立法预见性提高。

五、传媒版权侵权问题

（一）网络盗版疯传

自媒体使得网民可任意再创造，未经著作权人许可擅自发表其作品，剽窃、篡改、歪曲他人作品的现象在网络上漫天飞，如春节档电影《疯狂的外星人》《流浪地球》《飞驰人生》等多部颇受好评的国产电影，在上映后的三四天内就遭受了严重的盗版侵害。网友通过淘宝或微信三方交易等方式，仅需支付几元钱就可获得数部最新电影的资源，更不消说随意改造剧情、人物形象、台词等用于商业炒作。

（二）模式创新侵权

国内传媒将国外颇具新意和经典性的优质传媒内容引进国内，并实现内容制作上的中国化以适应国内受众的审美品位，这无可厚非，且有效保护了跨境传媒内容输出的版权。例如，在综艺节目方面，国内传媒公司开辟了"版权引进＋模式创新"的经营方式，通过和各地电视台合作，将《达人秀》（*talent show*）、《好声音》（*the voice of Holland*）、《舞林争霸》（*so you think you can dance*）引进国内并有效改进。

但在引进国外电视节目的过程中，侵权问题也不断涌现，许多现象级的节目陷入争议中。一些自称原创并一手打造的高口碑综艺节目与诸多日韩节目在内容和形式上极其相近。

甚至最受关注且最具争议的网络综艺《偶像练习生》，也从脚本到舞台打造几乎照搬韩国同类型节目 *Produce 101*；形成鲜明对比的是腾讯视频打造的女团选秀节目《创造 101》则购买了韩国该节目的海外版权，该节目的制作公司 Mnet Media 也在官方平台发布了腾讯视频合法购买其版权而爱奇艺存在抄袭行为的公告。

随着传播技术的高速发展，传播技术的大众化和普及化，版权问题已由传统的文字作品、影视节目蔓延至网络平台内容。例如在新闻采编方面，国内最大的智能新闻聚合平台"今日头条"自行用算法抓取不同来源新闻的行为，遭到了《南方周末》、财新社、凤凰社等多家媒体的起诉，侵权问题始终不容小觑。尽管法律层面已对侵权行为做出了明确规范，然而在网络与数字信息时代，由于信息产品可以被任意复制、传播，加之当前人们的版权意识不足、付费意识缺失，单一付费产品可通过多种渠道传播，给原创作者带来了极大的损失。版权侵害行为屡屡发生，传统的版权保护尤为艰辛。

1."洗稿"与"拆书"

"洗稿"和"拆书"是针对互联网内容原创作品的侵权和牟利行为的概说，俗称"内容创业有洗稿，知识付费靠拆书"。

"洗稿"就是意图与原创内容产生差异，对他人作品进行删减、篡改、拼凑，但依然可见原作精要。相较于原创，洗稿成本低、无门槛，易获得关注，成为网络平台大量自媒体惯常操作行为。腾讯曾公开检讨其领先投资了涉嫌洗稿的自媒体"差评"的 A 轮融资，并引起社会激烈讨论，这无疑体现了社会对版权问题的关注。

"拆书"即摘取正式出版物的重要章节、要点或片段，将其写成可供受众听阅的书稿，美其名曰为用户节省自行阅读的时间。拆书需要的是语言口语化。许多自媒体人无视纸质图书版权，将出版物的文字内容进行拆解，擅自录制成音频上传至一些音频平台供人免费或付费下载听阅。

2．"同人"作品创作

"同人"一词来自日语"どうじん"（doujin），用来指与志同道合的人分享非商业性的作品。广义的同人作品包括原创同人作品和二次同人作品，其中原创同人是指完全原创的非商业作品，二次同人是指以其他现有作品为基础引用其角色、剧情、文字、音乐进行改编或者再创作。

在欧美国家，同人作品被称作"粉丝小说"（fan fiction），根据对原作品要素的利用方式不同，进行如下改造：一是剧情衍生类，在原著情节的基础上创作一些原著中没有的情节，如续写、番外等；二是自创人物类，在原著情节的基础上设置一些在原著中没有的人物角色；三是时空变幻类，把原著的人物脱离原著描写的时代和社会背景，或者人物通过时空交替变换穿梭（又称穿越文学）；四是模仿讽刺类，即借用原著的情节、人物，模仿原著内容对原著进行讽刺、嘲弄、批判或评论。

这些同人作品中，除了小部分是经由版权方在 IP 运营过程中组织创作的"官方同人"外，更多的是未经权利人许可的"自由创作"，原著作权人与同人作者之间出现冲突和纠纷则不可避免。如迪士尼曾公开发表反盗版声明，声称拥有作品角色名称、标题和内容等要素的知识产权，抵制任何侵犯这些权利的行为；任天堂曾起诉过多部粉丝作品；《围城》的作者钱锺书也曾以作家鲁兆明未经许可擅自续写其作品并出版《围城之后》为由，向行政机关提出申诉。

3．下载传播侵权

网络的复制、下载等手段多样，许多隐蔽的技术更为受众提供了盗版影音资料传播的便利，加之受众对于影视、书刊等电子文化产品的付费意识仍然薄弱，付费习惯尚未形成，难免有意或无意损害原创作者和出品方的经济利益，并可能削弱原创的积极性，造成盗版侵权的恶性循环。

4. IP 开发侵权

一个 IP 内容产品所蕴含的相关产业链经济价值无限，从网络小说、影视、动漫、游戏，到票房、会员费、道具费以及主题公园等周边产品利润，乃至微信付费表情包等均可获得收益。而当前有关 IP 开发应用的法律仍需进一步完善。

5. 新闻聚合侵权

新闻聚合是网络平台共享新闻内容的一种方式，主要有三种：一是新闻聚合网站直接通过网络爬虫抓取不同网站的新闻信息，然后再重新分类在网上公开发布，读者点击相关链接还可阅读全部内容；二是基于网络的新闻阅读器，网民订阅后就可以在任何有网络连接的场所接受该阅读器发送的个性化信息；三是新闻阅读应用，可安装在个人电脑、智能手机或平板电脑上，用来收集新闻或其他类的信息聚合源，并在一个界面上将其归类，以方便读者阅读。

在涉及新闻聚合的侵权纠纷中，主要会涉及作品的独创性、版权的归属、深度链接、时事新闻、合理使用、法定许可使用等，其中新闻的独创性事关版权客体的认识，版权归属事关对版权主体的界定，深度链接对版权拥有者的复制权、传播权等提出了挑战，时事新闻、合理使用、法定许可使用则涉及版权与公共利益之间的平衡。[①]

6. 孤儿作品的版权

孤儿作品（orphan work）是指享有版权但很难甚至不能找到其版权主体的作品。主要分为以下几种：一是作者已经不在人世，无法找到真正的著作权人，被称为"真正的孤儿作品"；二是在网络上能随意找到的公开资源，但因种种原因没有表明确切作者，使用者也未花费心思寻找著作权人，被称为"伪称的孤儿作品"；三是在网络上随处可见也未能标注作者，且无论使用者怎么努力也找不到或联系不上著作权人的作品，被称为"表见的孤儿作品"。上述作品在实际使用过程中普遍无法获得著作权人的许可，因此存在较大的版权争议。

当下，业界针对孤儿作品版权的措施主要有三大模式：一是扩展性集

---

① 邵国松. 新闻聚合的版权问题研究［J］. 南京社会科学，2015（5）.

体授权模式，指版权集体管理组织和作品使用者之间自愿达成的一种授权协议，即如果一个版权集体管理组织被版权人授权，管理大量版权，且该版权管理组织在某一特定领域有充分的代表性，那么该组织就可以依照法律将版权管理范围扩展到其他未授权版权持有人的作品①。二是非自愿许可模式，又称国家许可模式，这是一种在必须保护使用作品的版权和必须适当传播的情况下的可接受的折中解决办法。一般而言，作品首次发表后，可基于公共利益等特定使用目的，不经作者或版权所有人同意，而直接允许他人使用作品。三是责任限制模式，是美国法律倡导和主张的一种对孤儿作品版权进行保护的方式。该种模式旨在对孤儿作品使用者和版权人的相关责任进行限制。一般而言，责任限制模式允许真诚的使用者在无法确认和找到版权人的情况下先行使用作品，但版权人接受法律救济的权利也要受到限制。为获得这种权利，使用者须证明他进行过"合理而勤勉的搜寻"（reasonable and diligent search）。在这种情况下，如果有可能或是确属合理，还须向作者和版权所有人提供版权归属。②

7. 微博、微信等自媒体版权

微博、微信作为自由自我表达的网络平台，对于其内容发表之后的版权保护问题至今存在争议。早在 2006 年，我国就出台《网络信息传播权保护条例》，对作品的网络传播加强了版权保护；微信也开启"原创"标签，只有在原平台作者许可的情况下才能进行二次修改或传播，以防止公众号间的侵权行为。但仅仅 140 字的微博内容或短短几句话的微信空间原创段子是否可在新闻作品上直接使用等跨平台的版权问题，依然是我国推进网络空间版权保护的难点所在。

有学者提出，微博内容是否享有版权需具备三个条件：一是微博内容表达了作者的思想或情感。也就是说，那些流水账似的只是记叙柴米油盐的微博内容（如"一觉睡到下午 1 点，起来逛街去"），或是哗众取宠只是发出无病呻吟的微博内容（如"真讨厌，人家才不想去呢"）等，由于缺乏在文学、艺术和科学领域内人们已达成共识的思想表达形式，不能等同于智力成果，并不属于享有版权的作品。二是微博内容具有独创性，全部

---

① 王英，马海群. 面向数字图书馆的扩展性集体管理制度探究［J］. 数字图书馆论坛，2011（6）.

② 卢家银，段莉. 孤儿作品版权保护的三大模式评析［J］. 编辑之友，2016（1）.

或大部分照搬他人的智力成果所作的微博（如简单复制粘贴他人创作的流行语、搞笑段子等，或对其稍做改动并以自己的名义发布的微博），不仅不能被视为作品，还涉嫌侵权的问题。三是微博内容，通过"落地"的方式以有形的纸质媒介出版。①

微信空间存在大量微作品。一篇短文、一条段子甚至一句话、一张照片、一段很短的音视频等这些微作品，如何评估它们的价格，这对于整个版权行业来说都是新课题。同时，微信空间还存有大量来自其他不同类型媒体如报刊、广电等传统媒体的版权作品。同一版权作品在不同类型的媒体中的传播价格不一样，如何让不同类型媒体环境中的权利人和使用人（如图书出版社和微信媒体使用商），在网络传播版权授让价格上达成一致意见，至今也是行业难题。②

8. 音乐版权

"音乐侵权"似乎无法可依，法官综合各方面意见得出的判断成为决定性依据。有关律师表示，包括影视作品的侵权，很多判断标准都是十分模糊的。对于如何杜绝类似侵权案件，律师认为在有关法律并不完善的情况下，唯有进行行业自律。如果你的作品确实是抄袭的，那么即使法律不给你定罪，你的音乐作品也会被歌迷所唾弃。

在音乐圈中，有将"8个小节雷同"作为判断音乐作品是否抄袭的标准。而律师对此明确表示："我国并无相关版权法，版权法律都归属《著作权法》之下，而《著作权法》中根本没有类似'8小节雷同即算抄袭'的相关规定，音乐侵权并不像商标、专利，法律中没有量化的标准，因此类似官司更多的是靠法官的'自由裁定'。说白了，这还一定程度上取决于法官本人对音乐的理解。"③

如以KTV音乐版权为代表的娱乐行业知识产权问题就引起业界和社会的广泛关注和讨论，在这之前由唱片行业众明星签名公开呼吁，在全国掀起一阵著作权保护热潮，问题的焦点集中在各大唱片公司对娱乐行业数字音乐版权问题的声讨，但娱乐行业信息化进程中的知识产权话题却被大

---

① 刘涵. 报刊利用微博内容涉及的版权问题探析［J］. 中国编辑，2012（1）.

② 朱鸿军. 冲突与调适：微信空间版权正当性的反思［J］. 国际新闻界，2016，（12）.

③ 中国网，《音乐涉嫌抄袭法律人士称目前尚没"法"界定》［EB/OL］. ［2019-9-24］http：//www. china. com. cn/chinese/MATERIAL/1167897. html.

多数人所忽视。现如今，随着数字传播技术的快速发展和互联网上免费时代的到来，KTV收费问题再一次成为焦点。

KTV行业在经营过程中可能存在两种侵权行为：一是侵犯词曲作者的著作权；二是侵犯制作公司（也就是人们所说的MV）的放映权。KTV版权收费后，商家如何做到既不转嫁成本，又能在保证利润的条件下进行合理的定价和经营，值得认真探讨和解决。

9. 网络视频版权

围绕视频分享网站的版权侵权纠纷从未停止过。曾经，国内视频分享行业的巨头优酷网、土豆网等被诉版权侵权的赔偿金额已高至上千万元。诉讼结果大多以视频分享网站败诉告终。在面临巨额版权侵权诉讼的同时，国内视频分享网站尚未真正实现盈利。从版权方角度看，视频分享网站上大量的盗版视频严重损害了其权益，而视频分享网站运营商则认为传统版权法框架下分配给网络服务商的版权责任过重。

由于国家对盗版视频的严厉打击，视频网站不得不购买正版版权，使得视频版权价格不断攀升。如在网络视频刚兴起的2011年，为期3天的"2011中国国际影视节目展"上，共有980家参展商、400多家影视制作机构前来参与。然而最惊爆的是：黄志忠和张嘉译主演的电视剧《浮沉》被众多视频网站相中，纷纷竞标争抢，最终卖出了一集过百万元的天价，30集电视剧售价超过了3 000万元。视频网站已经成为这次电视节的主力军。

在新媒体高速发展的今天，"美剧下架"事件引起了对网络视频版权问题的更深层次的思考。爱奇艺网站在2014年出牌"独播战略"，大有占领市场头把交椅的姿势。这一阶段的视频网站，早已把版权问题划入了企业的整体运营当中，比如搜狐视频为了拿到《中国好声音》2013年的独播版权，付出了1亿元的高额费用。

版权问题，在新时期已由价格战逐渐升级到了版权内容采购和网络独播的竞争高度。搜狐、腾讯和爱奇艺曾组建视频内容合作组织，按照"联合买剧、联合播出"的原则，进行买剧和播放合作。为面对居高不下的版权市场价格，此合作可以分摊高额的支付费用，进行合作式的营销共赢。但后来，各家主流视频网站纷纷放弃了这种策略，其原因是：内容同质化严重影响了视频网站的独特化经营，不可能占据更多的市场份额，用户选择黏性也会越来越低。现如今，各大视频网站在经历了并购风潮后，都有了过亿的用户规模，版权费的非理性暴涨不再频繁出现，只是价格仍然居高不下。①

10. 网络游戏、直播的版权

在媒体融合的时代，一个原创内容产品中可能包含了多种媒体形式，通过不同形式在多种类型的媒体平台上传播。其中，网络游戏作品是一种多媒体作品，其本身以及运行过程中所呈现的内容分别构成著作权法上的计算机程序、文字、美术、音乐、电影等类型的作品，也可能被视为这些作品的集合物。②

在人人都是直播主、时刻直播的时代，游戏直播凭借情节的激烈性和可观赏性受到了许多关注和追捧。有的游戏玩家由于个人高超的游戏技艺，将自己参与游戏的画面录制上传至视频媒体平台或者进行实时直播，吸引了大批观众。随着游戏直播这一产业的快速发展，涉及巨大的商业利益，引发了游戏的创作者与直播主、直播平台之间的版权纠纷和利益牵涉，即用户或第三方公开播放或通过网络传播游戏画面的行为，落入游戏开发者表演权、放映权、信息网络传播权或"其他权利"的控制范围。这些行为是否构成合理使用，需要进行个案分析。③

如耀宇诉斗鱼直播案。耀宇公司享有DOTA2赛事的独家直播权，斗鱼公司未获授权在其平台上进行赛事转播，耀宇公司诉请停止侵权，赔偿经济损失。④ 法院认为，斗鱼公司明知涉案赛事由耀宇公司举办，耀宇公司享有涉案赛事的独家视频转播权，并付出了较大的办赛成本，在未取得任何授权许可的情况下，向其用户提供了涉案赛事的部分场次比赛的视频直播，其行为直接损害了耀宇公司的合法权益，损害了网络游戏直播行业的正常经营秩序，违反了诚实信用原则和公认的商业道德，构成对耀宇公司的不正当竞争。

一些竞技类的游戏，游戏直播融合了玩家主播个人创作（游戏技巧）的部分，通过玩家主播富有个人魅力的解说，在一定程度上可以促进玩家的参与热情以及扩大游戏的知晓度，这也是游戏的出版商一直以来对个人玩家直播游戏持容忍态度的原因。但是媒体平台如斗鱼公司未获许可便向用户提供

①　郝苗苗. 从"美剧下架"审视视频网站版权运营策略［J］. 今传媒，2015（4）.
②　崔国斌. 认真对待游戏著作权［J］. 知识产权，2016（2）.
③　同上.
④　马世钰，吴以源，刘东奥. 网络游戏直播的著作权问题——由"耀宇诉斗鱼案"引发的思考［J］. 法制与社会，2017（10）.

了电竞游戏的视频直播，这类侵权行为严重侵犯了版权所有者的权利。

概言之，传媒产业涉及的版权问题众多，而且任何一个传媒企业在力求利润最大化时，会不断地对自己的内容产品进行战略定位调整，探求真正的现金流。开辟渠道建设，实现多次销售和让版权效益最大化。一个好的传播渠道可为传媒企业开辟通畅的版权利润流，使得传媒企业利润如自来水一样，龙头一开，哗哗钱来。

【案例1】《甄嬛传》的版权经营

热播宫廷剧《甄嬛传》是为数不多的口碑收益双丰收的国产电视剧之一，可以说创造了一个收视狂潮。那么《甄嬛传》的版权经营是怎样的模式呢？

总制片人表示，"早在开机前，《甄嬛传》的前期销售已经完成，那时就收回了成本"。这些前期销售包括电视台版权购买、视频网站版权购买和相关品牌合作等。《甄嬛传》的版权价格不菲，单家卫视出价达95万元/集，总价超7000万元。而为了拿下独家网络版权，某网站砸下了2000万元买下5年版权，又通过版权分销、剧目互换、广告投放等方式，将成本全部收回。

另外，《甄嬛传》走出国门，走向美国。以往一部热剧，卖给国内电视台动辄上百万元一集，但输出到国外立马变成"白菜价"，《甄嬛传》有望扭转这一局面。制片人说，"虽然具体价格不方便透露，但在美国的卖价会比国内卫视首轮播出的价格要高得多"（国内卫视首轮播出95万元/集，76集总价超7000万元人民币）。①

第三节　传媒版权跨界经营

版权跨界是指图书、报刊、影视等传媒产品的版权合作与交流，以及传媒产业链和其他文化创意产业链上产品的版权交易，乃至国内外各行业和领域的版权贸易。

依据世界知识产权组织（WIPO）精神，结合版权法律制度以及国家

---

① 《甄嬛传》将剪辑成6小时的电视电影在美国播出［N］. 现代快报，2013-1-31.

统计工作实践，我国将版权相关产业界定为以下四类：一是核心版权产业，即完全从事创作、制作和制造、表演、广播和展览或销售和发行作品及其他受保护客体的产业；二是相互依存的版权产业，即从事制作、制造和销售，其功能完全或主要是为作品及其他受版权保护客体的创作、制作和使用提供便利的设备的产业；三是部分版权产业，即部分活动与作品或其他受版权保护客体相关的产业；四是非专用支持产业，即部分活动与促进作品及其他版权保护客体的传播、发行或销售相关且这些活动没有被纳入核心版权产业的产业。[①]

一、传媒版权跨界运营

（一）全版权运营模式

版权跨界运营也称全版权运营，是近年来被文化产业界人士提及较多的概念，其主旨是通过全方位、立体式的版权转化，实现版权这一无形资产的增值。例如，麦兜动画形象，可被称为不同产业间版权跨界运营的典范。麦兜这一卡通形象已经进入电影、图书、音乐和玩具领域，成了香港标志性的文化符号。[②] 此外，如小猪佩奇、阿狸等备受喜爱的卡通形象也逐渐从屏幕走向人们的实际生活。以上版权的跨界应用均属于标准的OSMU（"同源多用"模式，one source multi use），通过一次作品设计实现不同领域的多种加工，获得极高的版权附加价值。

互联网背景下，由于信息量加大，信息流动速度加快，用户自主生成内容 UGC 的勃兴和新的信息呈现形式的出现，带来了版权利用的多元化。以热门网络小说为例，全版权发展就是让网络文学作品从线上走到线下，从网络连载延伸到图书出版、影视制作、游戏开发等，通过对作品著作权和改编权的利用，实现同一作品多种表现形态间的关联和转化，进而实现著作权市场经济价值的最大化。通过全版权运营的模式，实现小说、电视剧、电影、端游等多方面的运作。[③] 全版权运营是产业融合的一个切面，

① 朱志峰. 论当前我国社会转型中版权制度创新的困境与出路 [J]. 西南大学学报，2014（3）.

② 崔波. 版权跨界运营模式应用评析 [J]. 经济论坛，2012（4）.

③ 李文怡. 全版权运营模式初探 [J]. 出版广角，2018（4）.

对于增强版权意识、带来丰富多彩的长线娱乐形式、给著作人带来全方位的收益有显著作用。

盛大文学的全版权运营模式是最好的实例。盛大文学全版权运营包含版权的生产和分销两个部分。版权的生产在盛大文学的七大原创文学网站上完成；版权的分销，则是与其他内容生产商协作完成。

【案例2】盛大文学的全版权运营模式

盛大文学有限公司（简称"盛大文学"）是以经营网络游戏著称的盛大集团的子公司。盛大文学先是成功推行网络付费阅读模式，然后收购"起点中文网""晋江原创网""红袖添香""榕树下""小说阅读网""言情小说吧"和"潇湘书院"七家国内领先的原创文学网站。这些都是为了专注于文学版权运营，为线下出版、电影、游戏、动画等提供有版权内容的。盛大文学在实质上是新时代的数字出版公司。

盛大文学旗下原创文学网站完成版权的内容生产，版权的分销在不同渠道上销售出去。盛大文学拥有数千部当红、畅销流行小说的影视改编权，已售出影视改编权的小说超过百部，进一步延伸产业链，但不受制于终端阅读。自 2008 年开始，盛大文学便着手无线阅读平台的优化，与中国移动达成战略合作协议，共同开辟无线阅读市场。为此，盛大文学专门设立了无线公司，依托其搭建的数字版权中心，正式进军无线阅读市场。

此外，盛大文学还进行广泛的渠道建设：其一，与文学类网站开展内容源合作，为其提供原创文学作品；其二，与文学类网站开展渠道合作，在其上面开辟小说专区。①

盛大文学的全版权运营模式是对数字出版营利模式的创新，初步打造了数字出版全产业链，推动了网络文学的主流化。

（二）平台跨界运营模式

平台商业模式的精髓，在于打造一个完善的、成长潜能强大的"生态圈"。它拥有独树一帜、精密规范的机制系统，能有效激活多方互动。

---

① 盛大文学全版权运营模式研究，第三届数字时代出版产业发展与人才培养国际学术研讨会，2012（3）.

平台生态圈里的一方群体，一旦因为需求增加而壮大，另一方群体的需求也会随之增长。如此一来，一个良性循环机制便建立了，通过此平台交流的各方也会促进对方无限增长。通过平台模式可达到战略目的，包括规模的壮大和生态圈的完善，乃至对抗竞争者，甚至是拆解产业现状、重塑市场格局。[①]

【案例 3】梦工场

梦工厂（dreamworks SKG）是美国排名前十的一家电影洗印、制作和发行公司，同时也是一家电视游戏兼电视节目制作公司，制作发行的电影有 10 部以上票房收入超过 1 亿美元，是建立在电影产品版权平台上的媒体公司。

创始人是三位好莱坞重要人物大卫·葛芬、杰弗瑞·卡辛堡和斯蒂芬·斯皮尔伯格。2009 年 2 月 9 日，史蒂文·斯皮尔伯格带着他一手创建的梦工厂，正式加入了迪士尼的童话王国，迪士尼将包办梦工厂出品电影的发行和市场推广。其中，迪士尼将在包括《变形金刚 2》在内的 6 部影片盈利中收取 8% 的发行提成；迪士尼将在 2010 年起的一年内负责发行 6 部梦工厂出品的影片，此外，迪士尼还拥有梦工厂出品电影在除印度外所有地区的音像制品及电视放映发行权。

对迪士尼来说，梦工厂的加盟与版权经营正好可以带来更多的影片，让其充分利用全球发行平台。梦工厂针对电视网 Nicktoon 的 6~17 岁的青少年受众，将动画电影《马达加斯加》开发制作成系列动画片，并授权 Nicktoon 独家播映。其系列动画片大胆启用原影片中大受欢迎的配角企鹅四兄弟为主角，搞笑而富有想象力的情节吸引了众多电视观众。

(三) 产品跨界运营模式

1. 版权担保贷款——以版权作抵押获取融资

【案例 4】《集结号》版权抵押贷款

《集结号》在无第三方公司担保授信的情况下，以版权做抵押吸收招

---

① 陈威如. 平台战略 [M]. 北京：中信出版社，2013.

商银行 5 000 万元的贷款。项目结束时，华谊兄弟连本带利仅仅需要归还招商银行 5 500 万元左右。这也就意味着，华谊兄弟仅仅用了 500 万元左右的利息和两年的时间，就撬动了 5 000 万元的资金杠杆，并促成了一部贺岁大片的诞生。

【案例 5】《英雄》剧本融资

　　总投入为 3 000 万美元的影片《英雄》在当时也开辟了一种全新的融资方式：对剧本先做预算；再找一个国际著名的保险公司，将剧本、导演、演员和各种市场分析报告等呈交保险公司审核；然后在保险公司担保的情况下，向银行融资，获得贷款。影片刚拍完，欧美版权就卖了 2 000 万美元，国内音像版权又拍卖了 1 780 万元，还有贴片广告收入，资金的快速回笼令投资商信心倍增。

　　2. 延长版权产业链，在授权使用中实现经济和社会效益

版权合作模式演变出业务合作模式、合作出版模式和合作经营模式。以《ELLE 中国时装之苑》为例，国内外期刊合作最常见的一种模式，即境内杂志以支付版税的方式取得境外合作方出版物文字或图片内容的使用权。

　　3. 媒体的体育赛事转播

【案例 6】谁挽救了 1984 年洛杉矶奥运会？

　　尤伯罗斯出任 1984 年洛杉矶奥组委主席时，奥组委的银行账户上仅有 100 美元，没有政府任何资助，也无法获取捐款。

　　但他凭着自己的商业头脑进行完全的市场化、商业化运作，使得洛杉矶奥运会结束后竟获得纯利润 2.325 亿美元，开创了奥运会历史上最成功的一次商业化运作。

　　现代奥林匹克运动会在 1976 年蒙特利尔奥运会承担高达 10 多亿的负债，1980 年莫斯科奥运会遭到政治抵制而陷入了低谷。在 1984 年洛杉矶奥运会以前，举办奥运会基本上是"赔本赚吆喝"，举办国更多地将其视为"形象工程"。

　　但洛杉矶商界奇才尤伯罗斯改变了一切。当美国政府宣布对奥运会筹

建"断奶"后，尤氏创造性地提出了"以奥运养奥运"的新思路。

尤伯罗斯不遗余力地为奥运卖广告。他宣布一个惊人决定：洛杉矶奥运只需要30个赞助商，每个赞助商至少需要出资400万美元，同行业厂商只能有一家入选。

如此苛刻的要求非但没有吓走赞助商，反而引发了赞助商内部的激烈竞争。

最终，美国广播电视公司（ABC）在与全国广播公司（NBC）经过六轮较量竞价后，最终以3.09亿美元胜出，获得赛事的全球转播权。

思考题：

1."欢乐传媒"成功收购著名原创文学网站"榕树下"的经营策略是什么？

民营传媒企业"欢乐传媒"成功收购著名原创文学网站"榕树下"。

欢乐传媒此举耗费超过500万美元，之后将会把"榕树下"的文学作品范围向影像作品拓展。

欢乐传媒总裁董朝晖表示，此次收购是欢乐传媒向新媒体投资的第一步。之所以选择"榕树下"网站，主要是看中了该网站500万的注册用户，每天8 000篇原创文章的更新频率。同时，大量的原创文章对于每年有大量影视节目制作需求的欢乐传媒来说，是非常好的内容资源。网站上的优秀原创作品包括诗歌、散文、小说都可能被影像化，甚至拍成电影、电视。

2.美国编剧集体罢工是为了捍卫自身哪方面权益？

近几年来新媒体的发展让娱乐产品有了更多市场输出形式，比如互联网、付费下载电影等，这些领域的利润不仅增长速度快，而且占据越来越大的比例。但旧有的合同没能让编剧们因此尝到甜头，他们在这些领域内的著作权也没有得到应有的保护。

于是，美国编剧集体罢工，但这并非单纯提高报酬的问题，它牵涉到整个媒体产业的发展方向与模式。传统电影电视媒体如今受到了新兴媒体的巨大冲击。该事件的矛盾焦点是版税问题。

看到互联网蓬勃的发展势头，美国编剧协会提出了分享互联网节目利润的要求。该协会主席帕特里克·维隆说，这是一次"为下一代编剧进行的罢工"。美国电影电视制片人协会同样看到了这一趋势。

这个要求当然是合理的。媒体本质上是内容产业，属于智力密集型产业，具有创意经济特征，其最根本的一点是靠创造力、创意吃饭，因而创意和策划人才是媒体产业中的核心人才，有着核心价值功能，不容忽视。

鉴于新兴媒体的发展趋势，传统文化娱乐节目如何与其结合，尚无固定的模式，这使得电影电视制片人协会瞻前顾后，不敢贸然同意编剧协会的要求。

罢工的持续将直接影响美国电视产业的正常运转，也会影响全球传媒娱乐业的发展。互联网的知识产权保护问题是一个国际性的问题。

第十章

传媒产业关联：主题公园

主题公园是依据特定的创意主题，由具有一定的文化内涵和艺术价值的人造景观组成，随着现代旅游业的发展，其强大的娱乐互动性，让主题情节贯穿整个游园项目的休闲娱乐活动空间，是具有创意性活动方式的现代旅游场所。迪士尼的传媒内容是世界级的，其影视主题公园遍布全球，其独特的传媒创意渗透进主题公园，完成"一次投入，多次产出"的传媒产业关联效应。本章也对我国影视主题公园的兴起与可持续发展予以分析，指出文化创造力是主题公园构建游客"想象共同体"、吸引游客的关键性要素。

第一节　什么是主题公园

一、概念

作为游览娱乐的景区，主题公园最初由具有一定的文化内涵和艺术价值的人造景观组成，随着现代旅游业的发展，其强大的娱乐互动性、观赏性等基本属性对其主题创意的要求越来越高。中国国家标准《主题公园服务规范》提出："主题公园是指围绕一个或多个主题元素进行组合创意和规划建设，营造特定的主题文化氛围，采用现代科学技术和多层次活动设置方式，集诸多娱乐活动、休闲要素和服务接待设施于一体的旅游文化娱乐场所。"①

---

① 中国国家标准《主题公园服务规范》(GB/T 26992 - 2011).

由上可见，主题公园的中心内容是主题元素，可以是一个核心元素，也可以是多个元素组合；主题乐园有"特定的文化氛围"；主题乐园的营造方式借助"现代科学技术和多层次活动设置"；主题乐园功能综合。

从产业视角看，主题公园是旅游和文创产业的交叉，依靠创意来推动旅游，其主题创意尤为重要。世界上成功的主题公园皆个性独特，艺术性和趣味性并重，给游客画中行走、流连忘返的体验。

显然，主题公园是依据特定的创意主题，通过塑造环境、园林布局，让主题情节贯穿整个游园项目的休闲娱乐活动空间，是具有创意性活动方式的现代旅游场所。

二、起源与类型

主题公园起源于荷兰一对夫妇所建的"小人国"——马德罗丹。为纪念在第二次世界大战中牺牲的独生子，这对夫妇在海牙市郊修筑了微缩120处荷兰风景名胜的公园，开启了世界微缩景区的先河。该主题公园于1952年正式完工，开业时即轰动欧洲，成为全球主题公园的鼻祖。

主题公园的分类并无具体标准，目前主要有以下几种：

第一，按照主题公园规模大小来划分，基于主题公园的资金和固定成本投资额，主题公园分成大、中、小（微）型主题公园。

第二，按照主题公园自身的吸引力或服务辐射范围划分，主要分为如下三种：

（1）世界范围吸引力的主题公园，辐射最广，具有强烈的国际性吸引力和市场，如美国环球影城、迪士尼乐园等。

（2）国家范围吸引力的主题公园，辐射范围次之，具有区域或者全国市场及相应的吸引力，如上海欢乐谷、加拿大奇幻乐园等。

（3）地区范围吸引力的主题乐园，因其自身规划的局限性，吸引力和影响范围都较小，如北京石景山游乐园、大连发现王国主题公园等。

第三，按照文化体现与主题类型，可分为运动体育、娱乐休闲、城市产业、异域风情、文化历史以及自然生物等不同类型。具体又可按主题类型划分为历史主题公园（如杭州宋城等）、影视类（如横店影视基地）、文化类（如迪士尼乐园、哈利·波特主题公园等）；按体验功能分为情境模拟、游乐、观光、主题风情体验和高科技体验等。

以上分类方法，大致从多个维度对主题公园进行简单分类。但是现代新型主题公园呈多样化发展趋势，通常融合多种类型，难以对标单一的标准来判断和归类。时代的发展和旅游者的多样化追求不断推动主题公园类型的丰富和创新。一些季节性的、流动的、个性化的主题公园得以持续不断地发展。[①]

三、文化创意

设计主题公园的主题离不开创新思维，需要不断推陈出新，方能魅力常在，持续带给游园来客新鲜感。

主题公园大多是由景观造成的。一个主题公园设计有没有发展潜力、有没有生命力，其文化内涵起着非常重要的作用。因此，以经营旅游的方式多方位展示文化，赋予主题公园以丰富的文化内涵，是主题公园创意追求的目的。

现代消费者游园追求的娱乐模式，不仅要有身体的感官互动体验，还要有心灵的碰撞、感悟。在构思建设一个主题公园之前，要对其选址地文化内涵进行考察、挖掘，对该地历史、原有旅游资源进行分析，主题公园景观产品才能常看常新，生命力不止。"文化+游者的需求"是进行主题创意时首要的考量元素。

国内外各类主题公园都有一个共同特征：它们会随着时间的推移不断加入新元素，契合游客多种不同需求，围绕着一个或几个主题创造一系列有特别环境和气氛的项目吸引游客，主题公园内所有的建筑色彩、造型、植被、游乐项目等都为主题服务，共同构成游客容易辨认的特质和游园的线索。

全球最著名的主题公园为迪士尼主题公园，隶属于迪士尼公司，目前已建成的迪士尼乐园有6座，分别位于美国佛罗里达州、南加州，日本东京，法国巴黎，中国香港、上海。此外，坐落于日本大阪、美国奥兰多、新加坡圣淘沙以及美国洛杉矶的环球影城因其高还原度、主题独特性等特

---

① 游小俪. 基于游客感知的主题公园吸引力研究［D］. 广州：广东外语外贸大学，2018.

点，也成为全球游客趋之若鹜的所在。

【案例1】世界各地创意主题公园

1. 回味安徒生童话——丹麦古老的蒂沃利公园

蒂沃利公园（Tivoli Gardens）位于丹麦首都哥本哈根闹市中心，占地20英亩，是丹麦著名的游乐园，有"童话之城"之称，每年4月22日—9月19日对外开放。

兴建蒂沃利公园的建园者是一名记者兼出版商乔治，他向当时的丹麦国王克里斯蒂八世进言，表示"若人民耽于玩乐，便不会干涉政治"，于是获准修建这座公园。公园于1843年8月15日起开始接待当地居民和外来游客。最初公园只是群众集会、跳舞、看表演和听音乐的场所，后来几经改造，才逐渐形成一个老少皆宜的游乐场所。

2. 过山车的刺激——德国鲁其特的欧洲主题公园

公园可以用风景如画来形容，它坐落于湖边森林里，以一座中世纪风格的古堡为标志性建筑。

园区由12个以欧洲不同国家为主题的小公园组成，游客可从微缩的法国走进微缩的西班牙，继而在荷兰、德国、葡萄牙等国家间穿梭。

3. 体验欧陆怀旧式的休闲——澳门渔人码头

澳门渔人码头（Macao Fisherman's Wharf）是中国澳门首个主题公园和仿欧美渔人码头的购物中心。澳门渔人码头集娱乐、购物、饮食、酒店、游艇码头及会展设施于一体，结合不同建筑特色及中西文化，务求使游客突破地域界限，体验不同地区的感受。

4. 丹麦乐高公园——积木堆积的梦幻童话世界

举世闻名的乐高园（Lego）位于丹麦日德兰半岛东岸的小镇比隆，占地面积25公顷。自1968年创建以来，每年都有上百万游客前来参观游览，是一个用320万块积木建成的"小人国"，公园以其新颖独特的积木艺术吸引世界各地的游客。

5. 瑞典里瑟本游乐园

里瑟本游乐园是瑞典最大的游乐园，位于瑞典哥德堡，自1923年成立以来，就没有沉闷的时候，这儿有世界上最陡峭的木质过山车，在游人旺盛的夏季，乐园里经常充斥着胆大的人们做自由落体运动时的惊叫声。鬼屋里的鬼都是由真人扮演，经常出其不意地吓人。

6. 野生动物园的主题——韩国爱宝乐园

爱宝乐园位于京畿道龙仁市，占地面积 450 多万坪（约合 1 488 公顷），是一个包括动物园、游乐山、雪橇场、植物园等的大型主题公园。

爱宝乐园由三种主题公园，即庆典世界（Festival World）、加勒比海湾、爱宝乐园速度之路（赛车场）组成。庆典世界内具有世界级规模的购物街、全球集市、美洲探险、神奇乐团、欧洲探险、赤道探险等各种游乐设施，均根据空间的特点精心布列；韩国最早开设的水上公园加勒比海湾每逢夏天就挤满了冲浪爱好者；速度之路是韩国最早的赛车训练场，赛车手们可以在此练习，游客们也可在此领略汽车文化。此外，还有格兰洛斯高尔夫俱乐部、汽车博物馆、青年旅馆、运动公园、虎岩美术馆等。

第二节　迪士尼主题公园

迪士尼乐园由华特·迪士尼创办，是发展较早、世界上最具知名度的主题公园之一。该公园以迪士尼动画的角色为主题，在公园中，游客不仅可以亲眼看到米老鼠、小熊维尼、加勒比海盗等动画形象穿梭在人群中，也可以在卡通形象的游乐设施上获得愉悦体验。目前，迪士尼在全球已拥有 6 个世界顶级的家庭度假目的地，分别是美国加州迪士尼乐园度假区、奥兰多华特迪士尼世界度假区、东京迪士尼乐园度假区、巴黎迪士尼乐园度假区、香港迪士尼乐园度假区和上海迪士尼度假区。

美国迪士尼集团是全球最大的娱乐传媒集团之一。作为创意企业，迪士尼在 80 余年的发展历程中始终以创意为先导，追求科技领先、服务优化，逐步完善创意产业价值链，其独具特色的创意从产品开发到人力资源管理的各个领域皆有显现，成为全球创意产业发展的借鉴模板。

一、全球性主题公园

（一）六大主题公园

华特迪士尼乐园及度假区（walt disney parks and resorts），又称迪士

尼主题乐园（disney theme parks）或者迪士尼度假区（disney resort），以及华特迪士尼景点（walt disney attractions），是华特迪士尼公司旗下五大主要事业之一，主要负责规划设计、建造和管理公司所拥有的主题乐园和度假村，以及其他以家庭为主要客户的休闲事业，是全世界接待游客数最多的主题乐园公司。

迪士尼乐园之所以成为世界上最受欢迎的主题乐园，不仅得益于憨态可掬、深入人心的卡通形象角色，更离不开其背后的经营理念及方式。迪士尼坚守"共同营造欢乐"的核心经营理念，将主题定位于快乐、活泼与美好，安全（safety）、礼貌（courtesy）、表演（show）与效率（efficiency）成为迪士尼乐园进行顾客体验管理的基本理念，[①] 游客在园中可见到诸如唐老鸭茶杯造型的游乐设施、迪士尼公主城堡、随处可见的卡通人偶……这些主题元素构成了迪士尼主题乐园的经营特色。

在美国，所有的迪士尼乐园都是由八个主题园区构成：美国大街、冒险乐园、新奥尔良广场、万物家园、荒野地带、欢乐园、米奇童话城、未来世界，这八大主题园区就叫作"magic park"。

上海迪士尼乐园包含六个主题园区：米奇大街、奇想花园、探险岛、宝藏湾、明日世界、梦幻世界。六大主题园区充满郁郁葱葱的花园、身临其境的舞台表演、惊险刺激的游乐项目，其中还有许多从未见过的崭新体验。

（二）度假胜地

迪士尼还拥有 36 家度假酒店，推出的度假俱乐部模式，对全球娱乐业和旅游业产生了深远的影响，将主题公园与酒店相结合，完美突出了度假的概念与感觉。

如迪士尼海上巡游项目与主题公园相得益彰。"迪士尼魔力号"是迪士尼海上巡游线的第一艘游轮，作为一艘巨大的豪华游轮，拥有 875 个船舱、4 个饭店，还有 2 个影院等休闲设施。

通常，在迪士尼游轮海上巡游度假产品中，游客只需要支付一次费用，上船以后所有的费用都包括在内。在整个旅行计划中，游客们会有

---

①　石羽. 全球迪士尼化对我国经济型酒店的启示［J］. 华东经济管理，2007（4）.

一部分时间在船上度过（有些整天都在船上），而在游轮到达一些目的地（通常是风景秀丽的岛屿，包括迪士尼自有小岛 Castaway Cay 等）之后会停靠。游客可以下船在目的地享受多种游乐项目，包括在海边游泳、潜水、在岛上参加冒险。在游轮上，游客可以享用免费的美食，除了游轮上少数特定的高级餐馆外，游轮内部还有大型剧院，有特别的迪士尼舞台剧演出。游轮还为不同年龄段的游客提供不同内容：针对儿童有大型游戏厅、游戏，各类活动中心可以畅玩，还设有儿童游泳池；针对年轻人有酒吧、舞厅可以蹦迪；针对成人有 Spa 休闲场所、按摩服务等。

迪士尼游轮项目与迪士尼主题公园无缝对接，让游人全程处于迪士尼营造的欢乐氛围中。

二、动画、电影与主题公园

（一）主题形象

作为好莱坞十大电影制片商之一，迪士尼在 20 世纪 30 年代发行了《白雪公主和七个小矮人》，尽管动画片的拍摄成本非常高，但是迪士尼不惜花钱也要保证质量。此后，四五十年代，迪士尼还发行了《木偶奇遇记》《小飞象》《爱丽丝梦游仙境》等十几部动画电影。到 21 世纪，迪士尼发行的《星际宝贝》《公主日记》以及《冰雪奇缘》，片片皆经典，都获得了广大观众的喜爱。

除了动画电影，迪士尼也涉足真人电影制作。高票房《泰坦尼克号》以及《加勒比海盗》系列等也都是迪士尼公司发行的电影。

而上述动画、电影里的形象、场景，当你走在迪士尼乐园内，都可以看得到、摸得着。迪士尼将电影、动画片里的虚幻世界，在主题公园里还原到现实世界——人们身上穿着可爱的迪士尼文化衫、背着可爱的迪士尼人物头像背包、头上戴着可爱的米奇帽，穿梭在迪士尼动画和电影的场景中与喜爱的动漫形象一起逗乐玩耍；在迪士尼主题公园卖场里，选购自己欣赏的周边产品（玩偶商品、服饰及生活用品）。这些周边产品具有很强的娱乐性和可操纵性，并具备社会属性，使游客可沉浸在迪士尼的娱乐文化情景中。

（二）迪士尼的规模经济与范围经济

1. 规模经济和范围经济

这实际是指传媒企业在不同市场经营涉及成本效率的问题。规模经济是指生产同一种产品达到一定规模之后，平均成本降低；范围经济是指横跨传媒市场的多种产品组合，以实现效益最大化。

2. 迪士尼的规模经济

迪士尼专业的动画制作公司，从"创意内容"出发，逐步扩大到"产业基地"，用现代工业化流水线生产的方式，大批量地制作动画片并把它们销往世界各地。迪士尼还为米老鼠、唐老鸭等卡通形象申请了专利，在法律的保护下进行特许经营开发，并一直延伸到迪士尼主题公园以及相应的民用产品、演艺产业等。

3. 迪士尼的范围经济

这是横跨传媒市场的多种产品组合，以实现效益最大化。在其主题公园经营中，迪士尼从单一产品到整合产业链，各种玩具、食品、礼品、文具等，无不以卡通图案的附加值而带来丰厚的利润。

其主题公园文化旅游更是范围经济的应用，它第一次把观众在电影和卡通片里看到的虚拟世界变成了可游、可玩、可感的现实世界。

三、全程娱乐化营销

娱乐营销模式以对人性的充分尊重激活市场潜能，以娱乐元素激活传统营销模式。迪士尼主题公园的营销管理自始至终都体现着娱乐化的倾向。文化创造力、商业筹划力、科技推动力是迪士尼娱乐产业的三大动力机制。

（一）营销组合

迪士尼主题公园里的产品都拥有十分高的质量，其营销也非常有讲究。比如，迪士尼主题公园的门票价格就非常灵活，有新产品价格定位、产品价格组合定位、产品价格弹性定位等。

其影视、动漫等衍生产品均围绕"真、善、美"营利模式在全球获得有效的财务回报，具体概况如下：

一是文化定位在全人群，相信无论男性还是女性、老人还是孩子，任何种族、地域的每个人心中都住着一位孩童，都拥有一颗追求"真、善、美"的心，迪士尼以"童心产品"打造了一个没有市场细分的最广阔的大众娱乐产品。无论男女老少，皆可在迪士尼园区找寻欢乐。迪士尼诞生于20世纪50～60年代这个特殊时期，当时美国人生活在核威胁和东西方冷战的阴影之下，各阶层的人们对现实生活感到疲惫、紧张和恐惧，而迪士尼构思的梦幻世界唤起美国人生活的乐趣和热情，从而博得全社会的喜爱。

此后，迪士尼又作为现代美国文化的"形象大使"，向全世界传播其娱乐文化，从而把娱乐这个人类共同的生活需求变成了一个形象生动、内容丰富的活力载体，获取了全世界的认同和赞誉。

二是传媒产业关联商业筹划。迪士尼的传媒效应有效驱动主题公园的房地产收益，房产业成为其主题公园重要的资产和营利项目。迪士尼世界各地酒店、度假村、俱乐部、商场等房产组合带来了主题公园营利模式的扩充和边际效应的提升，使其在门票营收之外获取翻番的盈利。

三是科技＋文化效应。迪士尼主题乐园融激光、电子、数字、航天等各种最先进的科技为一体，科技为其创造情景气氛和娱乐效果，其场面之宏大、场景之逼真，令人叹为观止。例如，"未来世界"中有通信、能源、交通、农业和未来设想等多个主馆。能源馆顶部的8万个阻挡层光电池是世界上最大的日光收集器；在农业馆中，人们可以看到一座模拟外层空间条件来种植农作物的实验室；世界陈列馆里有中国的天坛、埃及的金字塔、意大利的宫殿、日本的神社、巴黎的埃菲尔铁塔等，精细华丽，均采用精湛的现代工程技术建造。[①]

迪士尼保持长存长新，注重创新和发展，其新上映影视主题的开发成为吸引老客、促活新客的重要方式，如增加潘多拉主题区、冰雪奇缘和银河护卫队主题区，以及环球影城的哈利·波特主题景点等，均带来了大量游客和高额收益。

---

① 王大悟. 主题乐园长盛不衰十大要素论析——以美国迪士尼世界为案例的实证研究［J］.旅游学刊，2007（2）.

（二）娱乐促销

迪士尼主题公园的娱乐促销与其欢乐文化是离不开的，迪士尼主题公园永远跟着热点走，能迅速抓住时尚元素，如：冰上汇演节目《丛林历险记》就运用了明星效益，达到了娱乐促销的目的，节目的轰动效应反过来也促使人们对迪士尼主题公园的向往，带动主题公园的发展。

迪士尼主题公园是一个提供全程欢乐的场所，人们来这里就是为了享受欢乐。不管是从主题公园内的环境和设计，还是游行的人物和音乐、故事都是在提供欢乐、营造欢乐的氛围。

迪士尼也很会掌握欢乐，通过乐园游戏的设置，准确把握游客需求动态，尽量延长游客在主题公园里的逗留时间，不断掌握乐园的吸引力、游客支付偏好，及时了解游园满意度并动态调整。

为不断提升欢乐，迪士尼制定 5～10 年中长期人力资源规划，统一服务处事原则、企业文化建设，要求一线员工所提供的服务，必须超过游客的期望值，从而使迪士尼主题公园真正成为创造奇迹和梦幻的乐园。

迪士尼主题公园的服务体系，大到游乐设施，小到一个售卖亭，均高效运行，通过各种方式，迪士尼从各个方面来完善欢乐。[①]

四、结论：一次投入，多次产出

迪士尼运用镜子效应，即先设计出一个动画形象，如果这个动画形象受到了欢迎，那么就再做各种游戏产品、主题公园和玩具等。这实际上是前文提到的范围经济。

然而这些其实都是文化娱乐产品，迪士尼借此发挥了规模经济的效应。

迪士尼这种富有想象力的娱乐体验经济实质是一种体验营销，即人性化的营销过程，强调经济资源、文化资源和艺术资源的整合与交融，使其营销活动由生硬的、赤裸裸的金钱交易过程转变为温馨的、互动的人性化过程。

---

① 董观志，李立志. 盈利与成长——迪士尼的关键策略［M］. 北京：清华大学出版社，2006.

在迪士尼乐园中，北欧的美人鱼、美洲的风中奇缘、中东的阿拉灯神灯、非洲的狮子、中国的花木兰、埃及与以色列的摩西的体验都可以寻得。这些都是迪士尼传媒作品中家喻户晓的媒体形象，而且取材世界各地的神话传说，无任何版权成本，只是创意成本的投入。迪士尼主题公园以服务为舞台、以商品为道具、以消费者为中心，"一切是动态的"，会让人们忘记现实，进入另一个"真、善、美"的世界，创造能够使消费者参与、值得消费者回忆的游园活动。

显然，迪士尼的传媒内容是世界级的，其创造的每一个IP都具备以下三种特质：创造一个可信的世界；具有扣人心弦的故事；具有有魅力的角色。根本而言，其产业链大体上是，先创作高品质影视作品这一核心创意产品，通过这一层具象、饱满的内嵌IP生动故事的演绎，在市场中建构起具有独特品质符号的品牌形象，建立起市场区分度与美誉度；通过媒体等周边影视节目内容的推介，进一步沉淀传媒创意产品粉丝，并进行传媒产品迭代；最后传媒衍生产品、消费级IP产品、主题公园和授权经营业务，充分利用主题乐园、线下衍生品商店、联合品牌营销及强大的授权经营业务，锁定利润丰厚的后影视市场，并获得逐步通往传媒产业级的海量消费大数据，获得"一次投入，多次产出"的收益。

【案例2】上海迪士尼的本土化经营策略[①]

迪士尼王国向外扩张过程中，经历过一次"文化触礁"。迪士尼乐园登陆法国之时，由于民众对当地文化有着强烈的保护意识，乐园开业初期一度遭受抵制，损失惨重。为了避免再次产生文化冲突，后续建设的迪士尼乐园特别注重"入乡随俗"，并将"全球化思维，本土化行动"作为一以贯之的传播策略。

一、饮食因地制宜

在中国"民以食为天"，所以餐饮是迪士尼本土化行动中不可缺失的一步。迪士尼主题乐园开园后，园内70%餐饮为中国美食，20%为东南亚、日韩等地的亚洲美食，另外10%为汉堡、比萨、热狗等西方美食。从比重分布上来看，高覆盖率的中餐充分体现迪士尼对中国人饮食习惯的重

---

① 张雨涵，严功军. 上海迪士尼乐园传播策略分析 [J]. 新闻界，2016（24）.

视，甚至研发了"迪士尼烧卖"和"迪士尼馄饨"，并提供川、粤、湘等多种菜系，满足不同地域游客的口味差异。但即使如此，迪士尼始终没有丢掉"原汁原味"的传播初衷，从食物设计到餐厅布置，处处都暗含着迪士尼符号。

二、建筑中西贯通

迪士尼在建筑风格中融入了多种中国元素。乐园入口，就是仿照极具上海特色的石库门建造而成。"奇幻梦话城堡"是整个乐园的标志性建筑，它的顶端盛开着金箔装饰的牡丹、莲花及上海市花白玉兰，另有祥云等中国传统符号点缀在城堡四壁。中式餐厅"漫月轩"以传统古建筑为基调，内有高山、海洋、翠湖、森林和河流等具有中国文化底蕴的书画作品陈列其中。园区另一亮点是位于城堡正前方的"十二朋友园"，它迎合中国人崇尚自然的审美意趣，仿照古典园林风格设计，园内花树扶疏、曲径通幽，精美的十二幅卡通人物壁画对应着十二生肖。这些中西合璧的设计印证了上海迪士尼乐园的宗旨——"原汁原味迪士尼，别具一格中国风"。在实地探访中，混搭式的建筑经过有序布局，没有产生对立与隔离，而是相互贯穿，成为浑然一体的艺术景观。

三、动画故事落地

迪士尼是一个"故事王"，卡通人物的开发、编排、孵化、传播是其核心能力。在专为中国游客打造的"十二朋友园"中，跳跳虎、小猪火腿、木须龙等生动活泼的卡通形象早已深入人心。它们经过精心挑选，分别代表了中国文化里的十二生肖，成为与游客合影的本命年吉祥物。例如，木须龙来自中国观众熟知的影片《花木兰》，它更新了传统认知中"龙"的形象，加强了人们对迪士尼动画的感官记忆。这组"十二生肖"仿佛"熟悉的陌生人"，借助传统文化的内涵，与十二生肖实现形象置换，使动画故事巧妙落地。

四、节目表演混搭

主题公园里的演出节目很好地结合了具有中国本土特色的艺术表演。经典剧目《人猿泰山：丛林的呼唤》，以中国国粹之一——杂技为基础进行跨文化艺术创作。整个舞台加入了声、光、电的渲染，演员在表演中恰到好处地融入了柔术、绸吊、跳板等奇技异巧，甚至结合川剧喷火、变脸等艺术手法，烘托出宏大壮丽的场面。

第三节　中国主题影视城

一、中国主题影视城的发展

影视城是由影视拍摄基地发展而成，可提供专业影视剧拍摄制作、影视剧拍摄景区及相关旅游资源开发经营等业务，一般设影视拍摄基地、旅游景区、饭店、宾馆、旅游营销、制景装修等经营单位。大部分是集影视拍摄制作、生态度假、观光旅游、康复疗养等功能于一体的影视旅游基地，通常会形成具有某一特定主题风格、特定 IP 主题的影视基地。

我国主题公园在萌芽阶段即将影视基地和旅游相结合，如由红楼梦拍摄基地打造的北京大观园（1983）。可以说，中国的主题公园起源于 20 世纪 80 年代，发展历程包括萌芽、发展、完善和升级四个阶段。从简单的影视基地和旅游规模小的结合，到引入主题公园的模式，吸引房地产开发商进入开发，再到引入数字模拟技术等新科技进主题公园，不断完善与提升游客体验。

【案例 3】怀柔影视基地

位于北京市怀柔区杨宋镇，是兼具影视拍摄、后期制作、娱乐休闲、旅游观光等功能的综合性旅游区。怀柔影视基地主要景点由国家中影数字制作基地、星美今晟影视城等多处后期制作和影视拍摄景观组成，包括后期影视制作为主的办公楼群和影视拍摄为主的仿古建筑群。在这里取景的有电视剧《大宅门》《铁齿铜牙纪晓岚》、电影《无极》《霍元甲》等作品。集影视科技体验、声光特效展演、美食特产市集、亲子游乐等多元素于一体。①

【案例 4】横店影视城经营之道②

横店集团有 5 家上市公司。横店经过了三个阶段：影视基地拍摄阶段；影视＋旅游阶段；文旅大消费阶段。

---

① 凤凰资讯. 走进怀柔影视城畅游电影嘉年华. [EB/OL]. [2019-3-22] http：//news. ifeng. com/a/20170420/50969168_0. shtml.

② 执惠旅游. 横店影视城运营核心点全公开. [EB/OL]. [2019-9-24] http：//k. sina. com. cn/article_5177555999_1349b3c1f001004wad. html.

横店影视城的经营理念是影视为表、旅游为里、文化为魂。

（1）影视为表。以影视带动整个影视城的文化，带动横店影视城的知名度。横店有完善的影视拍摄产业链，它带来了人流、现金流和物流，提高了横店的知名度，也带来了横店影视城的核心 IP 影视。

（2）旅游为里。以旅游作为商业变现的一种渠道，与旅游消费相结合，旅游收入占到其总收入的 70％。

（3）文化为魂。横店实质经营的是影视的文化 IP。

二、国内影视旅游兴起及产业开发

（一）兴起原因

随着我国人民物质生活水平的提高，人们的精神文化追求也相应提高。传统意义上浮光掠影式的观光旅游已经不能满足旅游者深层次的需求，于是影视旅游这种新的旅游方式应运而生。

作为传媒娱乐产业的影视剧不断向人们传达"媒体想象空间"，为人们提供一个有美学和文化含义的理想境地，让身处现代生活中的受众神往那个媒体世界，而影视基地则为人们前往那个领地的通道，于是，电影引致旅游，甚至剧集、综艺节目、网络游戏等传媒内容也诱发人们迫切地去往那个能找到不一样自我的领地，暂且抛开现实的烦忧，完成现实"移情"与"忙里偷闲"。

"去其他真实和想象的空间，找到另一个世界的未知我，以及我的生活"，是影视旅游兴起的主要动因，也是用户驱动下的传媒产业与旅游业关联发展的结果。而且，随着影视、网络等媒体文化不断渗入人们的生活，不断为人们提供一个"可拷贝的世界"，也是影视旅游的动力。

与此同时，影视、网络等产业经济利润对商家的诱惑，以及人们可支配闲散资金，也使得为普通人拍明星照提供完整场地的影视旅游带来可行性。

综上，国内影视旅游兴起的主要原因乃是影视等传媒已经成为人们生活的一部分。相对于传统的观光旅游而言，影视旅游具有几个方面的特点：一是拥有别样空间吸引力；二是具备"移情"功能，让人们得以释放现实压力；三是满足人们"明星自我"的主体愿望。①

（二）传媒产业关联下的影视主题公园

1. 传媒产业关联的方式

产业关联是指在经济活动中，各产业之间存在的广泛的、复杂的和密切的技术经济联系。传媒自身的多媒体、多渠道的传播性质，加之必不可少的取材、生产、传播与推广等环节，意味着传媒产业不仅存在着"生产—制作—传播"的产业关联，同时也存在着不同媒体（如影视、读物、音乐、主题乐园与原 IP 之间的复杂关系）。

影视与主题公园之间存在产品或劳务关联、生产技术关联、价格关联、劳动就业关联、投资关联，传媒产业的发展变化必然会影响到并波及与其相关的其他产业，包括影视等主题公园。

2. 传媒产业关联分析

（1）传媒价值链关联。传媒经济运作历程是不断整合关联价值的过程。迈克尔·波特（Michael E. Porter）提出价值体系（value system）的概念，当我们用价值链模型去分析整个传媒产业时，不难发现，传媒产品是一种"无形"的商品，是一种"文化产业价值链"，基本增值活动包括"上游"的 IP 资源来源、生产制作活动，"下游"则涉及传播、推广、市场营销等环节。如迪士尼，其核心业务是影视动漫制作、发行及销售，但也发展相关联的产业，包括主题公园。

（2）投融资关联。投融资关联这一概念来自管理学，企业要想实现自身发展，不仅要着力推出优秀的文化产品，更要有眼光关注行业间的投资、融资情况，从而发展传媒产业。影视主题公园的发展与"互联网＋"分不开，为消费者提供各类沉浸式体验活动，而游园的占地与开发，与地产商、旅游关联也更加密切。

3. 传媒产业波及效果

在国民经济产业体系中，当某一产业部门发生变化，这一变化会沿着不同的产业关联方式，引起与其直接相关的产业部门的变化，并且这些相关产业部门的变化又会导致与其直接相关的其他产业部门的变化，

① 童清艳. 中国影视旅游兴起、问题、前景［J］. 徽商旅游，2015（4）.

依此传递，影响力逐渐减弱，这一过程就是波及。在网络时代和文化产业高速发展的今天，文化传媒日渐成为关系到国家、地域经济发展的支柱产业，人们对于传媒的依赖也达到了前所未有的程度。传媒产业波及效应势必影响到主题公园。一般有两类：要么是最终需求发生了变化，如儿童动画 IP "小猪佩奇" 在受到全世界适龄观众的青睐后，就以文化 IP 为核心与服装、文具等生活用品联名合作，带动了相关主题公园和制造业的发展。

4. 影视主题公园关联

多年来，中国一些优美的旅游景点一直受到影视制造商的青睐，票房高、收视率高的影视作品又为这些优美的旅游景点成为影视主题游览基地带来可能性。如安徽第一个影视基地——黄山秀里影视村，近年来吸引了大批本地的游客参观，带来较好的经济效益和社会效益。然而，秀里影视村在国内的知名度仍不高，没有发挥好影视与旅游之间的关联。

全媒体时代，当用户信息通道多、信息全球化时，更需要进一步挖掘传媒产业与主题公园之间的文化内在关联。如 "黄山秀里影视村"，可以借助媒体的传播力量，扩大黄山及徽派文化的全球传播力度，强调 "自然" 理念，多挖掘一年四季变化中的景致特征去传播，考虑神话传说如何与科幻故事结合，可以打造新的影视名剧来提升景区知名度、美誉度，也可借助各类社会化媒体中的口碑传播涟漪效应，让游客自发传播，表达对景区主题文化的情感，这都是影视主题公园与传媒关联的拓展空间。

三、影视主题公园的体验化设计

（一）身临其境感

目前我国的大部分影视拍摄基地产品形式单一，缺乏生动的建筑道具，仅仅停留在单向度的演出，这些都大大降低了对游客的吸引力。很多景区没有形成与游客互动，不能带给游客感官上的体验，因此引不起游客情感上的共鸣。在体验经济时代下，人们更加注重产品给自己带来的独特的情感体会，喜欢亲自感受作品的氛围。

比如，美国西部环球影城，很多研究者认同 "身临其境" 是体验化设计与提高游客参与度的关键词。

环球影城的 Mummy（木乃伊归来），是一种类似过山车的游戏，加上电影场景，给人很刺激的感觉，而火灾场景的拍摄、水世界电影现场拍摄场景，上演的是英雄与海盗搏斗的真枪荷弹片：枪会真响，炮也真会冒火，船会真的燃烧。影城里可以观看 5D 电影，还有鬼屋、美好世界等。游览车里导游一路讲解如何构造电影场景，车里的电视会适时再现著名电影的镜头。其间，游览车会让游客亲身经历地震、洪水、空难场景。一些全球流行的电视剧，如《绝望主妇》中的美丽房屋、宁静小区，原来就是影视城搭建的布景。

这些美国的影城，部分作为游乐场地对外开放，既不影响正常拍摄，又可以满足人们对电影的好奇心，在这里，游客可找寻到主题公园的兴奋与刺激，还可以提升公民的"媒介素养"，在游玩主题影视公园中知道影视剧究竟是如何诞生的。

（二）原汁原味感

依托影视作品的知名度促进地方旅游经济的繁荣，能为旅游地带来积极的影响，但也不可避免地存在一些缺陷和弊端，特别是原先景致的改造问题。外景地由于电影或电视知名度大增之后，没有足够的承受力来面对游客的快速增长，出现了生态破坏、环境恶化等很多问题，由此给旅游者带来的不好经历必定会影响旅游者对旅游目的地的印象。

如何做到保持影视主题公园的原汁原味感，又能平衡影视旅游带来的商业利益和生态环境破坏？实现影视城所在地的可持续发展？

这里有一个实例。从美国波士顿北站搭乘火车，约 30 分钟便来到萨勒姆镇。这里是美国著名作家、《红字》小说的作者纳达尼尔·霍桑曾经生活与写作的地方——一处安静、诱发人回忆的近海小镇。

萨勒姆镇有一处中国徽州庭院。据说，一砖一瓦都是从徽州老院子拆下，完整运到这里，再原样复原。幽静的庭院被安置在类似商业区里，供人免费参观。

进了院门就是一口小石井，左手上木楼梯，到了二楼，有原先主人的卧室，里面的床、蚊帐、桌子等家什，摆放整齐，墙上还贴着"文革"时代的宣传画；还有算账房。右手转下楼，一楼有厨房，里面是烧柴火的锅灶，有干辣椒、干大蒜之类的仿制品。看了一楼的几间房，感觉就是典型的中国农村庭院，只是那青砖灰瓦让人浮现许多美丽的徽州画面。

庭院里种有树，四周也有绿竹环绕，让人恍然来到中国，就是这原汁原味的中国乡村风貌，是漂洋过海，从遥远的太平洋彼岸中国徽州，原封不动地搬到这里的。

影视旅游的商业利益如果与生态环境发生冲突，其本质也是违反文化传承。影视，是培养"真、善、美"的集合地，培养全民文化观念，才谈得上可持续发展问题。

四、影视旅游的产业关联发展

（一）可持续性

我国的影视旅游多集中在建设影视城上，这与相关的文化现象有着密切的联系。热播的《乔家大院》给当地的影视旅游带来了一定的创收。但是，这种文化现象带来的持续效应并不长久，许多影视城内大量的人造景观、单一的观赏模式，很难使游客保持持续的兴趣，也难以满足他们对影视制作的好奇，旅游也陷入了一种尴尬的困境。在重视影视旅游的时效性的同时，应该考虑如何开发影视旅游的产业链，使影视基地长存。

即使久负盛名的影视剧也有其市场周期，仅仅依靠某个单一的影视剧所发展起来的主题公园难免出现此时热捧、彼时沦落的境遇。

文化生产力的开发既需在强烈的流行行为中为人们提供娱乐性的消费，实现"流行共振"，同时又需要在一种务实的文化精神里提取相应的知识，所以影视主题公园的可持续性发展的原动力在于文化精神的传播，以及由此所形成的产业关联，这是系统工程。

"一次投入，多次产出"的镜子效应，是建立在全程娱乐管理的基础上。首先是依托影视剧的"渗透力"。影视剧靠的是剧情、导演、演员以及音乐、声光效果，这里面有哪些元素可以通过科技手段提升、再创造？其次，影视城的仿建筑、各类设备以及欢乐气氛如何营造？最后，如何动态把握游客需求与娱乐偏好？如何在每个细节（如文化类表演、吃、住、行、游、购、娱）上为影城带来效益，并且形成一条严密的产业链？以影视剧为依托，以当地文化为背景，以旅游观光为目的，方能形成多产业共同发展的产业链。

简言之，科技推动力、文化创造力和商业筹划力是迪士尼主题公园的成功经验，也是所有影视基地能够长存、获取规模经济的基础。

（二）"后电影产品"的开发

现代影视业越来越注重"后电影产品"的开发，逐渐形成了有着完整产业链的体系。国内影视城虽多，却没有形成完整的产业链，也没有形成一个产业聚集基地，从而导致影视城的抗风险能力较弱，也极易形成同质竞争。对比好莱坞模式，它将电影筹拍、后期制作、出品等影视功能聚合在一起，创造多元化的营利模式。

而自然景色、风土民情也同样吸引眼球。《指环王》放映后，新西兰所对应的经济价值达 4 100 万美元，这是将模拟景观融入自然环境中的成功典范。韩国大多影视作品采用景色优美、具有民族特色的背景，使得济州岛、明洞、南山等地方能常年招揽大量海外游客观光，还带动了美容业、零售业的发展。

中国未来影视旅游发展，从拍摄到场景再现，到娱乐休闲，每个空间都应是文化的载体，是文化符号的传达，拥有强大的创造力方能构成影视城的"想象共同体"。正如不毛之地的美国西部，其各种影城，都是基于影视文化的影响力而驰名。

思考题：

1. 迪士尼主题公园的营销模式是什么？
2. 这种营销模式是基于哪些规模经济与范围经济的理论？

第十一章
传媒管理的创新

传媒组织至少应该有五种类型的资源：人力资源、金融资源、物质资源、信息资源、关系资源。而传媒管理者、传媒的组织结构是贯穿上述五种资源的要素。本章以此为切入点，通过探讨传媒管理者、传媒的组织结构在整个传媒系统中的表现，探讨传媒管理创新规律。

第一节　传媒管理者的转变

随着传媒自身产品的不断出现，业务日益广泛，与上下游产业的联系日趋紧密，一个合理有效的传媒企业有助于产品的设计、开发、生产和销售等产业环节，而优秀的传媒管理者则对企业至关重要。传媒企业管理者需负责计划、组织、指挥、协调和控制传媒生产活动，还需要在传统媒体与各类新兴媒体发展中不断调整管理策略。

那么，当今的传媒管理者究竟发生了怎样的转变？

一是产品经理制度出现。在内容为王、用户至上的移动传播时代，能否激发并满足用户的需求是一个传媒品牌的最高任务所在。在一家传媒企业中，随着品牌和产品的不断增加，为了实现不同产品的同步增长，就需要有专人负责特定的产品线。今天，人们收看、使用、消费的各种传媒产品，无论是综艺、影视还是下载的 App，都离不开产品经理及其团队的辛勤付出。目前，传媒业中的产品经理的基本职能是分析用户市场、设计产品功能、负责产品推广营销、收集用户反馈等，为了给用户带来更好的使用体验而不懈努力。

二是身兼数职应对融媒时代。媒介融合要求传媒从业人员必须掌握多种媒介的实用策略。例如，随着媒介无纸化的发展，传统的纸媒记者就需要学习编辑音频、视频、动画等媒介的技巧。微博、公众号、短视频等媒介对同一信息内容提出了不同呈现方式的要求，而大数据和智能媒体则为其带来了更严峻的考验。然而，对传媒管理者的考验远不止于此。作为一名管理者，不仅要了解不同媒介的使用策略，还要不断更新理念，做到眼光高远，在传媒产品更新迭代周期越来越短的情况下，走出一条持续的差异化发展道路。

一、传媒管理者的心智模式

心智是一种思维模式。管理者的心智模式是指管理人员对外界固有的模式化认知和惯性思维，它常隐藏在人们的心中不易被察觉与检视，心智模式往往影响到管理者做出什么样的决策。

心智模式不仅决定人们如何认知周遭世界，还影响人们如何采取行动。

管理学大师彼得·圣吉在其著作《五项修炼》中总结了前人的研究，对管理者的心智模式进行了深入剖析。他认为，"心智模式"必须受到管理者的重视。[①] 彼得认为：

第一，心智模式要避免僵化而顽固。"在管理的过程中，许多好的构想往往未有机会付诸实施；而许多具体而微的见解也常常无法切入运作中的政策；也许组织中有过小规模的尝试成果，每个人都非常满意，但始终无法全面地将此成果继续推展。"这是因为管理者固有的认知阻碍了许多好的想法。

在传媒市场剧烈竞争的现代，好的想法来之不易，特别是对于传媒这个充满创意的产业来说尤为如此。好的想法一般来说都比较新鲜，面向未知的将来而没有任何相类似的经验可以借鉴，但是在具体的管理过程中，管理者往往会习惯性地回到他们旧的思维模式中。

第二，心智模式影响人们认知的方式与行动。20世纪40年代，那个

[①]　彼得·圣吉. 五项修炼［M］. 上海：上海三联书店，2001.

时候人们相信在一个地区只能有一家通信公司，这样才能提供有效率的服务。一直到 80 年代，人们仍然认为，让超过一条电话线来覆盖一条街是没有意义的。电话服务被视为一个"天生的垄断者"。大众传媒延续着这样的路线发展，一些国家对媒体实行了计划经济体制，例如加拿大、中国等。

在改革开放初期，计划经济体制的思维还在影响我国传媒行业许多的管理者，有相当一部分的人对传媒产业化充满恐惧。然而，到了现代，人们已经开始讨论中国新兴媒体颠覆传统媒体的问题。不难发现，人们已经跳出了旧的"心智模式"，接受了各类社会化媒体的概念，并且开始付诸行动。

第三，健全的心智模式利于学习型的组织。最早发现心智模式对于组织学习具有潜在力量的大型公司设计出一套名为"情境企划"（scenario planning）的新技术——一种整理未来可能变化趋势的方法。将未来可能突然转变的状况，拟定为几种情境，然后将这些情境告诉所有的管理者。经过相当一段时间的反复演练，让管理者开始解冻原有的心智模式，而培养出新的心智模式。

第四，"开放"（openness）与"实质贡献"（merit）这两项价值观是发展管理心智模式的重要方式。彼得认为，"开放"可克服人们不愿把真正想法说出来的毛病，可打破"沉默的螺旋"（少数人对正确的意见保持沉默）；"实质贡献"是指在做决策时，要以组织的最高效益为依归。

毫无疑问，在管理模式上追求形成健全的心智模式，强调"开放"和"实质贡献"的价值观，传媒产业同样适用。结合传媒产业的特殊性来分析，这会让组织者或者传媒团队的领导者形成更强的企业竞争力。

二、传媒人的"心智模式"

作为传媒的经营管理层，其所拥有的心智模式还应包括以下几个方面。

（一）严谨的思维

作为传媒人物，高瞻远瞩的眼光、考察问题的独到，都需要周密细致的思维，这是由传媒独特的创造性与现实性决定的。

（二）健全的心理

作为网络与数字信息时代的传媒人，需要有"MQ"（motor quoient）意识，即"心理商数"意识。要保持良好的心理状态，适时适度地调节好自己的心态与情绪，特别是要主动接受未来传媒发展的挑战，传媒牵动社会各路神经。

心理学家阿尔波特归纳出六条衡量心理机能成熟与否的标准，可以作为参考：

（1）具有自我扩展的能力，即可以积极地参加各种活动。

（2）与他人关系融洽，具备对别人表示同情、亲密或爱的能力，对任何人都能表现出温暖、理解和亲近，容忍别人的不足与缺陷。

（3）有安全感，自信，不受消极情绪支配，耐受挫折、恐惧和不安全的情绪冲击。

（4）具有现实的知觉，能够准确、客观地知觉现实，接受现实。

（5）自我意识良好，能准确把握现实自我与理想自我，并能调整其相互关系，也知道自己心目中的自己与别人眼中的自己之间的差异。

（6）有一致的人生哲学，有奋斗目标。

在这六条中，作为传媒人具备得越多，心理则越健康；反之则心理存在疾病的可能性越大。[①]

（三）完善的知识结构

作为传媒人，需要认识和处理的问题复杂而又多变，涉及各个领域。任务的综合性和多样性，要求传媒人具有多样化的知识。

（四）优秀的道德品质

传媒人除对上级负责、对同事负责，更要对社会负责，要有恰当的道德判断和足够的道德勇气，有强烈的社会责任感和历史使命感。

---

① 潘元俊. 职业经理人如何面对心理问题［EB/OL］.［2006 - 10 - 26］http：//ishare. iask. sina. com. cn/f/31Gu1fOj3Jb. html.

（五）正直的人格魅力

传媒人的人格力量，在社会中的威望和影响力，是靠传媒人在传媒内外的交往言行中表现出来的。传媒领导者的人格魅力更是团队合力形成的关键。①

【案例1】比艺人还"红"的幕后经纪人

近来在微博热搜以及电视综艺节目上频繁出现的一个名字——杨天真，引起了人们的关注。这位微博热搜的常客杨天真并非某位新晋的演员或偶像艺人，而是一名地地道道的艺人经纪人、娱乐公司的管理人。

杨天真本名杨思维，1985年出生，毕业于传媒大学导演专业，曾担任某明星工作室宣传总监，后与人共同创立壹心娱乐影视经纪公司。杨天真先后与演员白宇、陈数、李现、鹿晗、马伊琍、宋佳、赵又廷、朱然、朱亚文等，导演韩轶、李骏、李蔚然等，编剧韩延、查慕春、秦海燕、张冀等达成全约经纪合作。各路流量明星张艺兴、鹿晗等能够收获如此多的关注和商业邀约，除了自身努力外，还离不开杨天真出色的营销能力。

前几年一直是作为明星艺人背后的经纪人、操盘手工作，而这两年杨天真一改低调的作风，大张旗鼓地做了一档综艺《我和我的经纪人》，通过展现明星艺人与经纪人之间的互动关系以及揭露"人设"和"炒作"等营销策略，把经纪人这个本该止步于幕后的工作展示给观众，也成功地通过一档写实且有趣的综艺成为其公司——壹心娱乐的大型宣传片。杨天真的营销能力不仅将公司旗下的艺人培养成流量明星，更是将媒介管理者自身塑造为一个具有知名度的品牌，对公司及旗下的业务都有一定帮助。

【阅读材料1】现代传媒产品经理的职责②

1. 市场及用户研究

（1）发现并掌握目标市场和用户需求的变化趋势，对未来几年市场上需要什么样的产品和服务做出预测；收集竞争对手的资料、试用竞争对手

---

① 北京普尔摩企管顾问有限公司培训部. 职业经理人的八项能力 ［EB/OL］. ［2019 - 09 - 24］. http：//info. ceo. hc360. com/2004/10/2808247304. shtml.

② 麦东东. 互联网产品经理的工作职责 ［EB/OL］. ［2019 - 04 - 27］ http：//www. woshipm. com/pmd/132348. html.

的产品，从而了解竞争对手产品。

（2）用户研究：对用户需求进行挖掘和分析。

2. 产品规划及设计

确定目标市场、产品定位、发展规划及路线图。

3. 需求管理

对来自市场、用户等各方面的需求进行收集、汇总、分析、更新、跟踪。

4. 产品设计

编写产品需求文档，包括业务结构及流程、界面原型、页面要素描述等内容。

5. 版本管理

维护产品的每个版本的功能列表。

6. 开发及项目管理

（1）需求确认。组织协调市场、研发等部门，对需求进行评估及确认开发周期。

（2）项目跟踪。跟踪项目进度，协调项目各方，推动项目进度，确保项目按计划完成；向领导及相关部门沟通项目进度。

（3）产品测试。配合测试部门完成产品的测试工作；BUG 管理。

7. 产品运营

（1）流程制订。组织客服、运维部门，建立用户问题投诉、意见反馈及其他产品相关的工作流程、分工、响应时间要求。

（2）协调沟通。与公司领导、相关部门协调资源，沟通产品发展规划、产品发展现状及问题。

（3）对外合作。与合作方商讨合作可行性、方案，参与商业合同的编写，跟踪合作项目的进度。

（4）问题处理。跟踪产品运营过程中出现的故障、问题，并进行总结、分析，制订解决方法或纳入产品改进计划；协助市场、客服、运维部门，解答或协调解决用户提出的产品问题。

（5）数据分析。组织建立并逐步完善业务数据分析系统，确定数据报表样式，建立日/周/月报制度，整理并定期向相关部门提供产品运营数据；对产品数据进行监控，分析产品运营效果、用户使用行为及需求，以便对产品进行持续性优化和改进。

（6）文档编写。建立产品文档库；编写产品相关文档，如产品白皮书、用户手册、客服手册及其他产品相关文档。

（7）培训演示。编写培训教程，并为公司相关部门、用户进行产品培训、产品演示。

8. 市场推广

（1）营销支持。协助营销部门，提炼产品核心价值、产品卖点、产品资料，参与制订营销、运营推广方案并提供产品支持。

（2）市场支持。协助市场部门，参与各类产品发布、推广及各类市场活动。

三、传媒管理者能力结构

（一）有效性衡量传媒人

管理者的能力根本上是以有效性来衡量的。只有通过系统的、勤勉的工作才会使才能发挥出效益。

（二）能力与特质

1. 基础素质

传媒管理者的工作有效与其自身的能力结构密切相关，其能力结构包括一些基础素质与知识。具体体现为：

（1）身体——健康、体力旺盛、敏捷；

（2）智力——理解和学习的能力，判断力、精力充沛、头脑灵活；

（3）道德——有毅力、坚强、勇于负责任、有首创精神、忠诚、有自知之明、自尊；

（4）一般文化——具有不限于从事职能范围的各方面知识；

（5）专业知识——技术，或商业、财务、管理等专业职能知识；

（6）经验——从业务实践中获得的知识，这是人们自己从行动中吸取教训的记忆。

2. 主要特质

（1）专注于大事。就是在宏观上把握大局，高屋建瓴，按优先理论，把主要精力投入最重要的事情。

（2）学会推销。能够推销传媒产品和品牌。不管是对自己的员工还是广告客户，能够使其接受自己的传媒产品或理念。

（3）具备一定的财务知识。不仅要能读懂财务报告，还要能从营利角度提出和思考问题。

（4）具有策略思考能力。必须有能力看出自身在业界或大环境中最适合自己的位置。

（5）能够应变。领导人不能害怕承认自身的致命伤甚至是失败，以便做战略与计划的调整。

（6）必须懂得沟通技巧。要懂得授权，懂得带领团队，找出团队成员的共同点，容许分歧的存在，能及时化解冲突。要有把愿景变成结果的一贯的能力、激励他人的能力。此外，不戴假面具的领导最能吸引员工。

（7）有很好的执行力。要达到目标，就必须设定符合现实的目标，分派职责给员工，并且提供给他们达到这些目标的支持和资源，并留有必要时进行弹性调整的空间。①

传媒产业的管理者肩负着维系社会稳定的第四力量，权力的失衡若是用在有害的地方，对社会的损失尤其巨大。品质问题是现在传媒业一直不断重申的首要问题，因为传媒行业本身具有特殊性，它是话语权的代表，能够引导舆论、影响公众的价值观，对国民声誉、国民素质发展均有不可估量的影响。

总体而言，能力结构就是能力包括一些什么因素，即它是由什么成分构成的。能力是具有复杂结构心理特征的总和。研究能力的构成因素，对于合理地确定研究能力问题的原则，以及科学地拟订能力培养的计划，都是很有必要的。

第二节　传媒组织结构的再造

一、传媒组织结构

（一）组织结构

所谓的组织结构（organizational structure）是对于工作任务如何进行

---

① 苏东水. 管理学［M］. 上海：东方出版中心，2001.

分工、分组和协调合作的组织成员之间的分工协作关系。[①] 常见的组织结构的类型包括直线制、职能制、直线职能制、事业部制、超事业部制、矩阵制结构等（见图 12-1—图 12-6）。

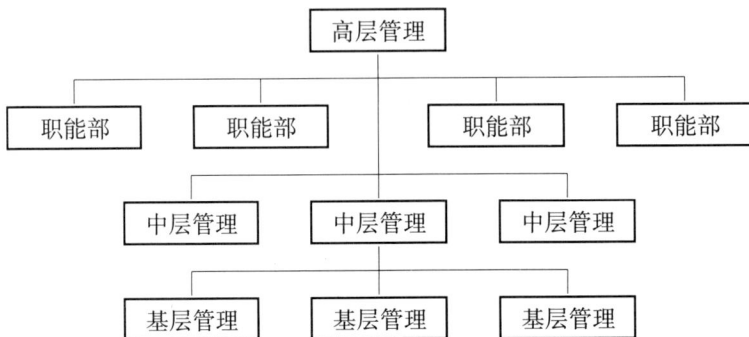

图 12-1 直线制组织结构

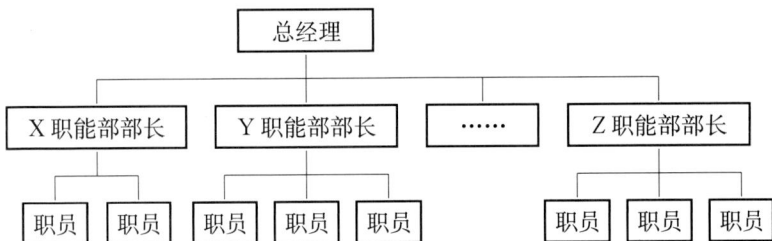

图 12-2 职能制组织结构

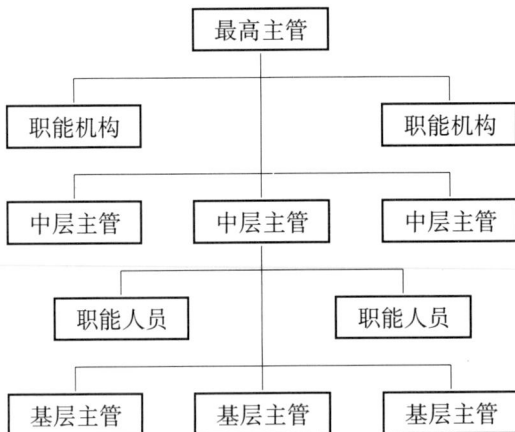

图 12-3 直线职能制组织结构

---

① 斯蒂芬·P. 罗宾斯，蒂莫西·A. 贾奇. 组织行为学 [M]. 北京：中国人民大学出版社，2000.

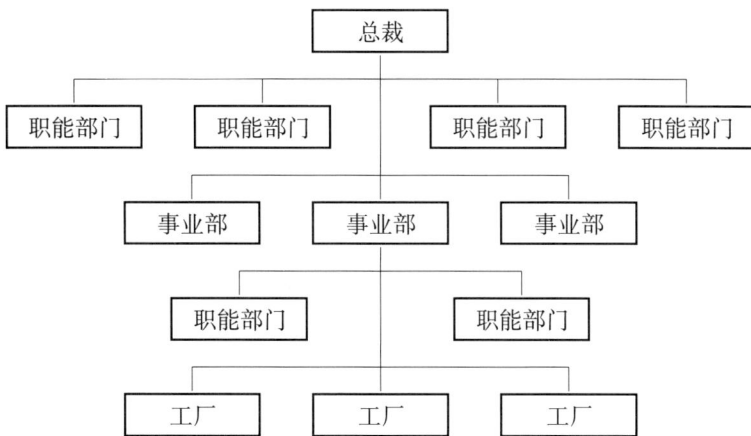

图 12－4　事业部制组织结构

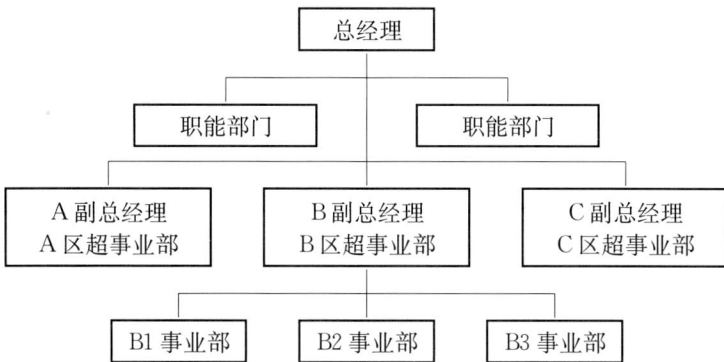

图 12－5　超事业部制组织结构

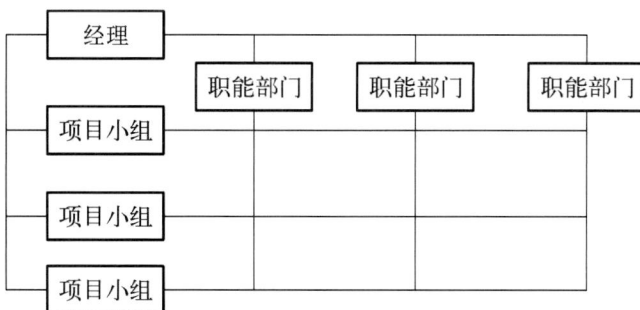

图 12－6　矩阵制组织结构

（二）媒体组织结构

传媒组织结构是指传媒集团为了实现社会和经济价值，从整体战略的角度来协调其内部战略制定、生产流程、资源分配等一系列工作的管理结构框架。由于资金、技术和人力水平往往处于相对有限的状态，所以就需要组织管理者对其进行协调和均衡。在过去，由于媒介产品相对单一，所以传媒集团通常按照职能的不同，率先设立总负责人，并将其组织架构划分为不同的部门，如市场部、编辑部、广告部门等，并在各个部门设立部门负责人，领导和监管各项任务的推进。

然而，在保证完成各部门任务时，此类传统的组织结构的不足之处也显而易见。首先，各个部门之间的工作常有重叠，极有可能造成人力资源的浪费；其次，由于传媒公司生产的多为无形的媒介产品，其市场调研、生产和推广等流程无法独立存在，而非食品、衣服这样具有明确上下游关系的产业链。因此，将各部门简单地分割开来，无益于做出一个好的媒介产品。例如，如果让一款 App 的开发者远离市场调研，就很难直接得到用户们的真实需求与反馈。

传媒组织结构是执行传媒发展战略的核心力量，是传媒稳固发展、开拓市场、打造竞争力的基础。建立高效、简化的组织结构需遵循以下几个原则：

（1）围绕提高传媒企业应变能力、价值增值能力进行传媒流程再造，划小核算单位，使组织制度非层级化、组织规模小型化。

（2）传媒组织结构扁平化，尽量减少中间管理层次，加强传媒企业内部部门间横向的联系和合作。

（3）围绕传媒面向市场的营销目标，构建、调整媒体产品供应链，建立产品上、中、下游的协商合作乃至战略联盟。

在实际的运作中，合理有效的组织结构对传媒运作相当重要，管理层级过多、部门壁垒森严，易造成效率低下、资源重置和浪费。传媒产业迫切需要优化内部组织结构，解放媒体的生产力。

（三）传媒的三大职能部门

根据职能的不同，一般将传媒组织结构分成三个部门，分别是采编、营销和管理部门。

1. 采编部门是信息产品的直接生产部门

生产的流程大致由采集信息、筛选信息和发布信息三个环节构成。因此，采编部门相应地设置记者、编辑、技术人员等职务。在采编部门这一平台上，汇集了新闻等信息产品生产链的重要环节，如信息采集、采编网络建设、流程设置、传递方式等。采编平台，是传媒对信息产品进行规模化、系统化生产的基本手段，是现代传媒运营的核心内容。

上述采编部门的内在工作环节可划分成几个子系统，这些子系统构成了该部门的内在架构。网络与数字信息时代，传媒采编平台的内在架构包括：① 统分有序的巨量稿件路径系统；② 先进通信技术所支持的采编流程、高素质的采编队伍；③ 完善的组织机制，其核心能力主要体现在对信息产品的整合力上。

如今的受众对于信息的获取不局限于一种媒体，他们需要听觉和视觉的多重享受，对信息进行全面分析和判断，最终得出自己的观点、结论。因此，借助更多元的媒介技术工具，尽可能将相关信息传递给受众，稿件的数据管理库多平台传播是一个考量。

由上可见，建立现代化的稿库式发稿机制对于采编平台的高效率运行具有举足轻重的作用。面对海量信息，针对各种用户，多层次地对信息进行规模化整理、存储、发布，增强信息的精准度、可接受性，让受众产生继续关注的热情，从而增加他们的信息接受度。建立完善采编平台内容运行机制，使得写稿、供稿、发布如流水线一样批量生产和高速发布，可形成信息加工的交叉效果，即传媒人能够以较少的时间，将传媒产品进行音频、视频、文字等多方面的技术整合，最终形成直通受众的客户导向性市场机制，建立崭新的受众客户信息库，反馈受众的阅读习惯、意见等信息，有效地为受众提供个性化服务。一整套高效率的稿库式发稿机制是采编部门组织构架的核心。

2. 营销部门有发行和销售两个环节

相对采编平台，营销平台直接面向市场传播和销售媒介产品，在采编部门的选题环节就需介入，直接参与定期的选题论证会，对采编部门提出选题设想。营销部门负责提醒诸如"受众是谁，在哪里，我们能否到达，怎么到达，是否有足够的资金进行销售活动？"等与市场相关的直接问题，事关媒介产品的有效传播与相关经济效益。

传媒产品具有双重性。传媒不仅卖信息，还将受众作为资源卖给广告商。因此，传媒的营销行为相应地可以被分成发行和销售。具体来讲，传媒营销平台担负的责任包括：① 战略上增强竞争力，如推广、促销、建设发行渠道，寻找联盟等；② 要扩展专业优势，如传媒专业运营、广告专业销售、受众客户专业服务等；③ 要建立传媒品牌优势，做好传媒自身品牌，以及作为媒体平台为其他品牌进行传播、沟通、提升等，同时对传媒关联产业、娱乐产业、体育产业等进行活动营销、互动营销，针对受众媒体接触习惯、客户广告营销的趋势和需求，对接各类数据，进行各类新兴媒体产业的拓展。

3. 管理部门负责组织内部协调

有效的管理能使得传媒组织结构高效率运转。在传媒内部，需要有一个专业的管理部门进行组织内部工作的协调。传媒机构越大，协调管理越重要。

目前，新型传媒公司的组织架构有两种较为典型的形式。一是在保持原有的"采访—写作—出版—广告"及各部门总负责人的基本框架的同时，不少进入网络平台的传统媒体，如报刊等会按照发布平台的不同，将人员分配进报刊、微博、网站等不同部门，每个部门全权负责对应平台的内容。但这种划分方式中各个部门仍然有着相当大的交叉，容易造成人力资源的浪费。二是在一些较大的传媒集团中较为流行产品部门制度。将公司部门按照产品进行划分，如字节跳动科技有限公司旗下的抖音、今日头条等产品分设不同的管理人员独立运行，有助于在各部门深耕自家产品的同时，公司能够较为平衡地调动人力财物资源，实现不同产品品牌的均衡发展。

【案例 2】创造爆款的字节跳动

北京字节跳动科技有限公司旗下的产品包含抖音、今日头条等"爆款"软件。字节跳动集团拥有庞大的业务矩阵。就国内而言，包含了十多个落地应用，涵盖资讯、视频、教育、社交等多个领域。其中，资讯类软件有今日头条、今日头条极速版和汽车资讯懂车帝；视频类软件有抖音、火山小视频、西瓜视频；教育类软件则有好好学习、Gogokid；还有社交类软件多闪、半次元。

此外，还有段子聚集地皮皮虾、网文平台番茄小说、美颜相机 Faceu、轻颜相机、办公套件 Lark 等。除了国内市场，字节跳动集团还将目光投向了海外市场，包括海外版抖 TikTok、海外版火山小视频 Vigo、海外版西瓜视频 Buzzvideo、海外版今日头条 Topbuzz。

字节跳动的人员构成与传统的互联网企业不同。员工人数较多的字节跳动有 4 万人，约半数其实在从事广告销售或内容审核工作，一部分从事与算法相关的工作，约 5 000 名员工为软件工程师。从这个意义上来说，这是一家用个性推荐算法推动的科技公司，实则也是一个劳动密集型企业。

2012 年创立后短短几年，字节跳动快速壮大，已经形成独特的人才格局，即现任字节跳动 CEO 张一鸣，直接领导了 14 名公司高管；在此 14 位高层之下直接负责的还有中层管理者 90 余人，加起来共 106 人，构成了 1—14—106 的管理层结构。独特的人才格局能够帮助集团更好地实现中国区营销以及海外拓展。

二、中国传媒产业组织结构重塑[①]

中国传媒管理是一个十分复杂的问题，触及中国社会政治生活的各点、线与面。可以说，中国所处政治、经济、文化以及社会传统等点、线、面，共同组合成为传媒生态圈的外部环境，而中国传媒本身的内部组织结构则在这一生态圈中栖息。

对于以电视、报纸为代表的传统媒体来说，以往的管理模式基于"事业单位企业化管理"，即按企业模式组织与运作，遵循企业发展规律，优化资源配置，实行自主经营、独立核算和合理营利。但身为事业单位的传统媒体性质不变，尤其是"党领导媒体"的基本原则不变，在保证完成上级主管部门下达的计划任务后，可开展多种经营服务进行创收。

经过 30 多年来的实践，尽管行政体制主导着传媒的转型，但以消费者为导向的市场又使传媒本身形成一个庞大的产业，加之后期政府对媒体产业化属性的确立等，建构起行政体制与产业体制并行的双轨机制，成为一种典型的二元结构运行模式。破除行政化体制与产业化管理造成的障碍，创新传媒组织结构，方可激活传媒生产力。

---

① 童清艳. 战略下的中国传媒产业组织结构的重塑［J］. 当代财经，2003（12）.

（一）中国传媒现行组织结构分析

从中华人民共和国成立，到党的十一届三中全会，延续 30 年的组织结构如图 12-7 所示。

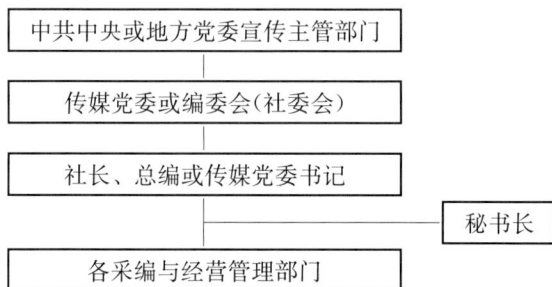

图 12-7　改革开放前我国传媒组织结构

图 12-7 清楚地表明，传媒受到中国共产党的坚强领导，由党委或编委会（社委会）集体领导，实行党委领导下的社长负责制或总编负责下的法人代表制，总编负责指挥采编、经营与管理各业务部门的工作，秘书长起着助理及协调社长、总编的作用。

随着市场经济的发展，中国经济体制、政治体制和业内改革力度的加强，各媒体逐渐将经营部分与采编操作相剥离，根据自身的运行方式采取相应的局部突破，出现一些合资和股份制的媒体，大体有下列组织结构，如图 12-8 所示。

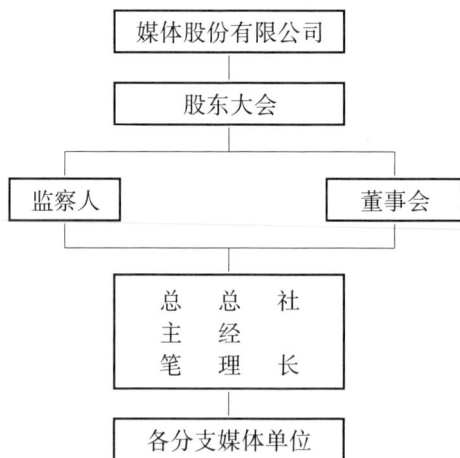

图 12-8　市场经济体制下我国传媒组织结构的局部突破

在我国现行的传媒体制框架下，传媒的所有权与经营权没有完全分离，难以实行内容独立与经营独立，在统一宣传党的指导思想与路线、方针、政策时，可以集中财力、人力，迅速形成强有力的舆论引导环境；但在产业思路下，造成的问题却是总编辑与总经理之间在各司其职时矛盾重重，整个管理流通环节不顺畅，管理效率低下。

随着传媒产业的发展，传媒集团化与经营细分特色化水平的提高，中国传媒的组织结构大体呈现如下特点：

（1）传媒的组织结构表现出多样化的趋势。有全球性的传媒机构，有各类广播影视集团、报业集团、出版集团与发行集团，还有一些规模小的行业性媒体机构，以及各类新兴传媒公司。它们之间的组织结构各有其独特性。

（2）随着媒体社会化程度的提高，传媒表现出坚定的制作与播出分离，平面媒体采写与发行、广告经营剥离，这种产业化的趋势使得广告业、媒体节目（栏目）制作等能"创收"，有盈利点部门迅速发展，这强烈地冲击着原有媒体的组织结构形式，使得原来只注重社会整合功能的媒体简化原有组织机构，由以宣传为中心轴铺设组织结构，向以资本运营为中心轴发展。

传媒产业化经营使得其组织结构发生转变，从传媒发达的美国媒体组织结构中可知大概（见图 12-9 至图 12-12）。

从图 12-9 至图 12-12 中可以看出，集团总裁位于整个组织结构命令链的最高层，其权威能够通过一定的控制跨度，在分工明确的部门里得到相应的发挥。这是一种股东控制模式。

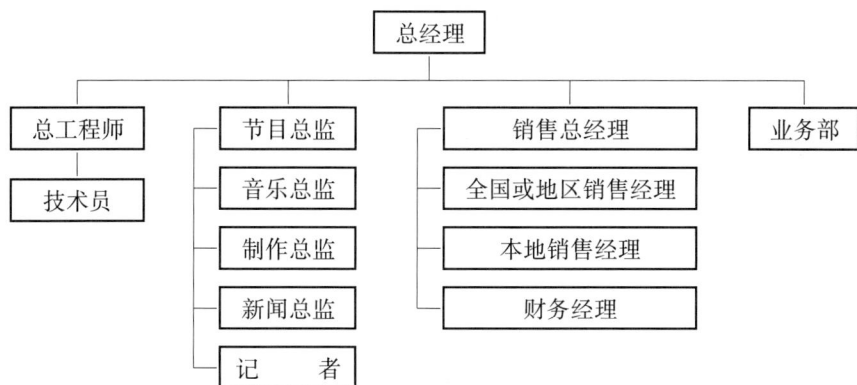

图 12-9　代表性美国广播电台组织结构

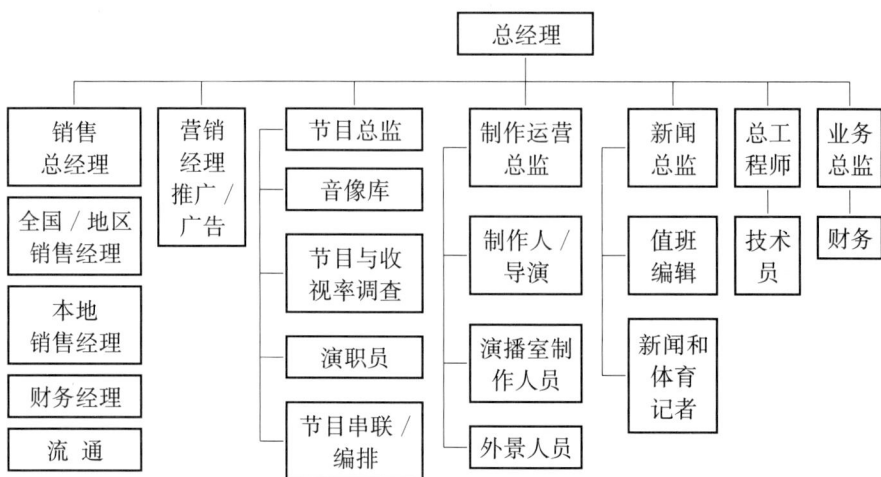

图 12-10   代表性美国电视台组织结构①

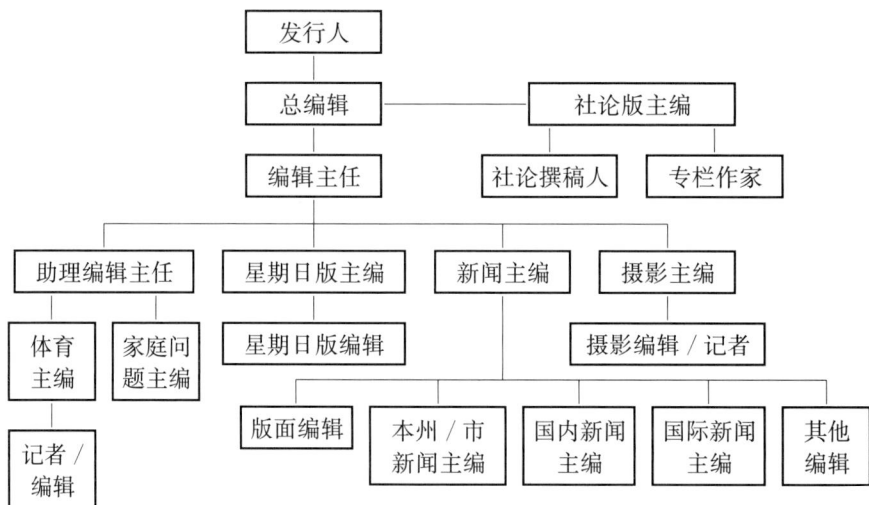

图 12-11   代表性美国报社组织结构②

中国传媒组织结构中，中共中央或地方党委宣传部门处于命令链的最高层，其权威通过一定的跨度，在以宣传为分工标准的流程里行使职能，是一种政府管理的模式。

明显可见，中国传媒多年来的组织目标是以宣传为主，忽略传媒的

①   James A. Brown，Ward L. Quaal：Radio-Television-Cable Management（3rd Ed）［M］. Boston：McCraw-Hill，1998.

②   童兵. 中西新闻比较论纲［M］. 北京：新华出版社，1999.

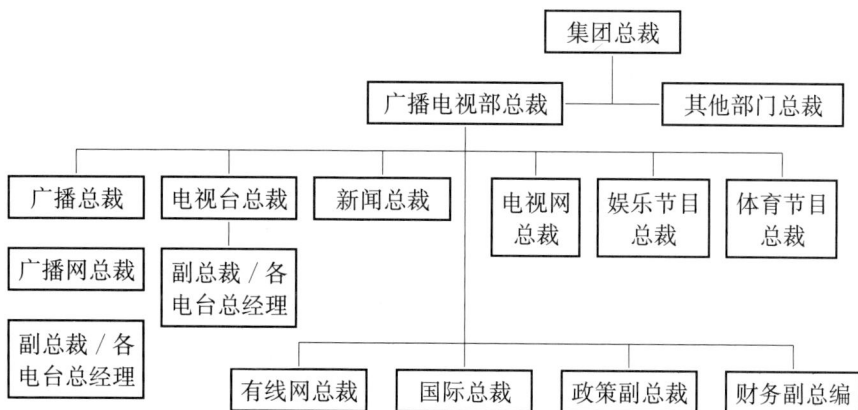

图 12‑12　代表性美国广播电视集团组织结构①

资本经营，这是一种国家行政机构方式的组织结构，显然不能适应传媒发展要求。随着传媒产业的发展，其组织结构与组织目标间的不适应与冲突加大。

再者，中国传媒多年来的组织结构控制跨度宽，机构庞杂、分工不明确，部门重复建设，职权、职能不清，界限模糊。这就造成管理成本高、效率低下，资源浪费现象严重。

更为突出的是，这种组织结构中集权化程度高，决策权集中于党的宣传部门，基层部门自主权相对弱、参与程度低，传媒人的工作积极性难以充分发挥。这种组织结构适应性与灵活性较差，难以适应市场经济发展的需要，特别是经营环节薄弱，阻碍了中国传媒产业的集团化、产业化发展的步伐，但也给各类民营媒体、新兴媒体的突破性发展带来机遇。

（二）战略创新的中国媒体组织结构

1. 战略分析基点

中国传媒横跨信息服务业与文化产业，具有经济组织与公共事业组织双重属性，对中国经济制度和政治制度的敏感性强，且受影响程度高，这就决定了中国传媒必须在战略发展的条件下寻求行之有效的组织结构，找寻出一条适应中国特殊背景的独特组织轨迹。

在考虑到传媒组织结构合理化的同时，必须将这一设计放入传媒产业

① 童兵. 中西新闻比较论纲［M］. 北京：新华出版社，1999.

的整体竞争与协调发展氛围中考虑。传媒集团的总体发展往往依靠并购、结盟来寻求扩张，而具体的传媒机构则是在不断创新与寻求支持中向前迈进。要采取多角度观察、分析，用一种战略的眼光才能看得高、看得远、看得透、看得清。

2. 中国传媒业务组织流程的重塑

中国传媒产业的组织流程是一个非常复杂的问题，触及中国政治、经济、文化等生活的方方面面。而且，同其他产业不同的是，其同时具备社会整合功能与资本运营功能，有着自身的独特性。

中国媒体的核心领导由行政权力任命，政府通过其主管部门任命报纸、电台、电视台的主要领导（台长、社长或总编辑负责媒体的日常运作），决定新闻媒体的方针，负责财政拨款。

在战略性地考虑中国传媒组织流程的设置时，我们还应考虑媒体目前产权和股权结构的关系。随着市场经济的迅速发展，特别是媒体朝集团化、规模化发展，为寻求产业扩张和资产重组而进入资本市场筹资融资时，媒体产权不清成为媒体发展的现实问题。

与此同时，媒体发展的投资风险加大，因为在国家和集团之间的责任权利没有明确界定，会带来一系列的问题。比如，集团的决策失误，造成国有资产流失，责任将无法认定。因为决策者既是经营者，又是资产所有者的代表。

在诸多传媒上市公司中，国家拥有高度集中的股权，是最大的控股股东。股权过于集中导致的问题有：国有股股东控制公司的一切，董事、监事全由国有股股东一人委派，公司机构间无法形成制约关系；有的大股东自恃股份比重高，决策只从自身利益考虑，无视少数股东的权益。

由上可知，国有媒体企业目前尚未完全改造为股份公司，尚未建立完善的现代企业制度。在中国目前的传媒管理体制下，媒体是一种非营利机构。按照经济学的理解，非营利机构是不以营利为目的、向社会提供产品或服务的组织。但媒体是介于政府组织、营利机构之间的一种社会组织。

以上是对我国传媒实际情况的剖析，在结合参考国外传媒集团公司的组织结构经验基础上，笔者认为，在战略层面上，中国媒体应设置以社委会、监事会、编委会、经理会为基本框架的组织结构，实行决策层、管理层（包括采编和经营）、监督层相互制约的领导体制。具体而言，就是上级主管部门以及出资方委派代表参加社委会，社委会下设经理会和编委会，分别由总经理和总编辑负责，媒体的经营活动和新闻编辑出版分开。

社委会由国家和有关投资方委派，代表履行所有者的权利，决定集团的发展战略等重大问题。经理会作为经营管理机构，对社委会负责，依照法律规定的职权和社委会授权，决定集团经营活动。编委会负责新闻的编辑出版，保证内容质量。监事会作为媒体的监督机构，由国家委派代表和职工代表组成，对媒体的编辑出版和经营管理进行有效监督。监事长和监事会成员不应在媒体内担任行政职务。要保证三分之一的监事由职工代表大会选举产生，为职工负责。在可能的情况下，社委会可用高薪聘请专业人士充当外部监事。

上述传媒业务的组织结构应该说是建立在六个关键性因素基础上的结果，即：工作专门化（work specialization）、部门化（departmentalization）、命令链（chain of command）、控制跨度（span of control）、集权与分权（centralization & decentralization）、正规化（formalization）。[①] 这是一种有机式的组织结构流程。而原先的媒体组织结构是一种集权性的决策机构，具有严格的层级关系，职责固定，是高度正规化的宣传机构。

第三节　传媒管理创新

一、传媒决策与计划

编制计划包括选择任务、目标和完成任务和目标的行动。媒体的经营，需要按照预算制订相应的计划，有时会以一个合理的计划（或项目）向上级申请要求预算。计划虽然不能准确地预见未来，却能帮助规划一个战略性的发展目标，使所有员工明确知道工作的方向。另外，计划是其他一切管理行为的前提，诸如组织、人力资源管理等都是围绕着如何实现计

---

① 斯蒂芬·P. 罗宾斯. 管理学［M］. 北京：中国人民大学出版社，1997.

划展开的。没有计划，工作往往陷于盲目。计划在组织管理中的基础性作用如图 12-13 所示。

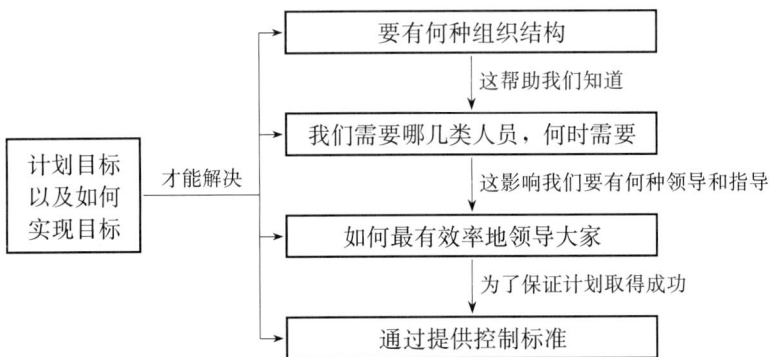

图 12-13　计划在组织管理中的基础作用

举例说明，在实际工作中，媒体的组织应随着产业环境的变化而制订有关招聘与培训计划。明确、清晰的组织目标决定着招聘与培训目标。组织能否在规模上做大、在组织体系上做实，关键之一就是看有没有明确的组织目标。招聘是媒体组织对人员的吸纳；培训规划是对一个特定时期内将要进行的相关培训工作预先拟订的规划，包括以下几个方面的内容：培训目的、目标以及要求，培训时间、地点、进度、讲师以及培训负责人；培训方式、培训内容、培训评估方式、奖惩措施，等等。

制定培训规划是传媒组织管理中极其重要的环节，必须从传媒组织的战略出发，满足组织以及员工两个方面的需求，考虑组织资源条件与员工素质基础，考虑人才培养的超前性以及培训效果的不确定性，确定职工培训目标，选择培训内容和方式。

通常，培训规划的流程如下：根据培训需求，结合组织战略目标确定一个良好的培训目标。在培训规划设计中，对培训领域与内容的规划是最基本的内容，解决"培训什么"的问题。这也对组织培训主管人员提出了较高的要求，即既要能够掌握工作分析等实用工具，又要对传媒组织特征、组织战略、组织文化有较深入的了解，还要关注培训内容开发的新趋势、新动向，结合到组织实际中，挖掘深层次需求，弄清培训领域，确定培训内容。[①]

---

① 王方华. 培训实务［M］. 北京：北京师范大学出版社，2006.

【阅读资料 2】打造明星员工，促活传媒组织变革

传媒产业的产品是信息，生成信息的传媒产业员工是成就公司的要素。在新媒体环境下，对传媒产业员工的激励，对员工潜力的挖掘，是传媒产业管理者创新的一大重点。

不同于一般意义上的高绩效员工、高技能员工、知识型员工、关键岗位、核心员工等概念，明星员工往往对组织/同事更有影响力，也更容易成为组织间"人才战争"的对象。与其他行业相比，传媒业有高社交性、高曝光度的行业特性，明星员工更易于被外部竞争对手发现和争夺。在传媒行业中，传统意义上的明星员工往往是高曝光度的岗位，比如凤凰卫视倡导的名主持人、名评论员、名记者"三名制"。而对于当下的现代传媒组织而言，明星员工已然不是以上三类岗位所能包括。在节目制作领域，随着大型综艺节目受到越来越多的市场追捧，金牌制作人、王牌导演等也相应成为传媒明星员工。在传媒产业经营领域，营销岗位已不仅仅是传统意义上的广告销售，而是一种能有效整合各类资源的岗位，高绩效传媒营销人员也成为传媒组织中的明星员工。

随着媒体融合的推进、传媒生态的演化，传媒组织跨边界竞争加剧，传媒明星员工也越来越呈现出新内涵。一是人才能力的全媒体化。例如，内容生产上，从中央媒体到地方媒体，都搭建"中央厨房""融媒体新闻中心"之类的全媒体内容采编架构，新时代的名记者、名主持人、名评论员，既要会在电视镜头前采访、主持、评论，还要会玩微信微博、视频直播等。二是工作方式的团队化。传媒明星员工呈现更高的团队互依性，团队内部分工更加精细、合作更加紧密，传媒明星员工所处的团队往往也被称为"某某团队"，传媒明星员工的团队效应进一步得到强化。三是社交传播的个人品牌化。在常规的行业曝光与内容产品署名之外，传媒明星员工有了更多的个人品牌意识和品牌塑造手段。社交传播的个人品牌化给传媒组织带来了两种截然不同的影响：组织的品牌价值越来越被稀释至个体品牌上；在组织品牌强关联前提下的个体品牌增值，有可能会增加组织品牌价值。①

---

① 张如凯，任桐，程德俊. 媒体融合背景下的传媒明星员工管理［J］. 视听界，2018（4）.

二、传媒组织的激励与控制

激励是指传媒组织通过设计适当的奖酬形式和工作环境，以一定的行为规范和惩罚措施来激发、引导、保持和规划成员行为，以有效实现组织目标的系统活动。控制是管理有效的重要保证。[①] 目前，传媒组织通过绩效考核来帮助实现传媒组织的目标。

【案例3】 国内 12 家新媒体公司的"人效贡献"分析[②]

"人效"即人均效能，它是用来衡量企业人力资源的价值，计量现有人力资源获利能力的指标。分析国内 12 家新媒体公司，我们发现其"人效贡献"可以分为三大阵营：第一阵营由垄断巨头组成，包括网易、腾讯和百度；第二阵营则是由门户、社交网站、安全服务提供商及游戏等新媒体企业组成，包括凤凰新媒体、人人网、奇虎 360、完美世界和搜狐；第三阵营则以在线旅游服务商携程和艺龙，以及新浪、当当网为代表。12 家新媒体公司的人均净利润参差不齐，这与各公司的业务类型、公司历史等密切相关。

（1）"人效贡献"高的公司通常会在企业文化、发展愿景或管理理念中明确提及人才，表现出对人才的高度重视，并且还会单独提出人才观念，阐述公司对人才的核心要求。例如，网易、腾讯和百度公司都做到了这两个方面。

（2）"人效贡献"高的公司一般具备完善的薪酬福利体系、明确的职业发展规划和全面多样的培训项目，其中不乏一些与众不同的特色项目。例如，腾讯的薪酬福利体系中的"安居计划"，为员工提供住宿问题解决方案，百度的"专家问诊"在医疗服务上为员工谋福利。

（3）"人效贡献"高的公司努力为员工创造人性化的工作环境，并安排丰富多彩的文化活动。例如，为员工提供各种免费的娱乐休闲设施，举办具有特色的文娱活动，而"人效贡献"较低的公司对工作环境重视不够。

---

① 芮明杰. 管理学 ［M］. 北京：高等教育出版社，2001.
② 罗亚伟，宋培义. 从"人效贡献"看新媒体公司的人力资源管理 ［J］. 传媒，2014（17）.

【案例4】 报业全媒体采编绩效考核①

在纸媒网站发展的 10 多年间，报纸网站始终处于纸媒的附属地位，网站采编人员在收入和地位上普遍低于纸媒采编人员。在身份编制上也是五花八门，不同身份待遇相去甚远。一些报社网站采编人员甚至被划入行政人员序列，考核不以业务绩效为导向，收入上也难以体现专业人员的价值。

随着"报网融合""数字优先"等全媒体战略的实施，报业的新媒体岗位从网站编辑扩大到视频制作师、社交媒体编辑、客户端编辑、数据分析师、视觉设计师等。全媒体生产使新媒体岗位员工工作量大增，不仅有日常采编任务，还要制作多媒体产品、维护用户关系、开拓市场运营，身兼内容和运营数职。如果仍将新媒体岗位简单地等同于行政人员，缺乏业务导向的绩效评价机制，就难以激励现有员工，吸引更多专业人才加入。

当前报业对网站编辑等新媒体岗位的考核与门户网站相比，评价指标相对粗放，经营导向也不明显，这与报业网站更多的是维护报业自身品牌与追求社会效益有关。

考核通常以完成公司阶段性任务为目标，通过页面访问地址（IP）、页面浏览数（PV）、独立访客数（UV）、用户在线数量、新闻专题制作数量、用户关系维护、网站经营收入等诸多指标进行考核。对报业网站编辑的考核可以参考商业网站的绩效考核，进一步细化考核标准，形成适应报业网站的考核方式，提升报业网站的传播效率和影响力。

对于微博、微信编辑，最直观的考核就是来自微博、微信的阅读量、转发量和评论数量，但完全依据数据考核会带来求数不求质的后果。有的微博编辑为了提高点击率、转发率，不惜放上赚取眼球的低俗新闻，虽然赢得了转发量，却损害了报社的品牌和形象。因此，对社会化媒体岗位考核不能以数据为唯一标准，最终要看能否提升报社的品牌和公信力。另外，微博、微信这类新兴岗位目前没有对从业人员的资历进行分级，导致员工职业成就感下降。尤其是在传统媒体职称评聘体系中，缺乏对新媒体岗位的评价指标，微博、微信编辑拿不出像传统记者和编辑那样的作品、版面等代表作，失去评职称的机会，这也直接导致传统媒体采编人员不愿

---

① 林颖. 报业全媒体采编绩效考核四大趋势［J］. 中国传媒科技，2015（1）.

意转型做新媒体。

据此，可以根据个人绩效和工龄对新媒体岗位设立见习、中级、高级、资深编辑等级别，将网站、微博、微信产生的社会影响力指标纳入职称评价体系，评价新媒体岗位从业者把关、策划、编辑的能力，使新媒体岗位的员工也能获得专业职称晋升的机会。

传统媒体时代，记者在新闻生产中往往是单枪匹马作战，绩效考核偏重对个人的考核。这一考核方式虽然能够激发记者的工作积极性，但也带来追求个人利益的短视行为，甚至在新闻资源紧张时，部门内部出现"你争我夺、相互倾轧"的局面。

媒介融合时代，新闻生产更多依靠团队合作，跨部门、多工种的组合协作，将是新闻报道的常态。《解放日报》在"复旦投毒案"的报道中，派出了机动部、科教部、群工部、党政部、文艺部、摄美部、数字媒体中心等多部门十多位记者组成团队，历时半年跟踪案件，以前方记者与后方新媒体团队融合传播的方式，在庭审结束后第一时间将投毒案特稿以"先网后报""报网融合"的传播方式发布到网站、微博、微信，迅速及时地以大量事实回应庭审焦点和热点，一小时内微博转发 2 000 多次，参与该项目的十多位员工也因团队合作共同获得当年《解放日报》总编辑奖。

传统媒体时代，对报纸采编水平的评价更多来自评报小组、部门主管、总编辑等报业内部评价。媒介融合时代，报业新媒体后台记录下来的各类数据，成为衡量采编绩效的另一个尺度。报社通过网站、App 应用客户端、社交媒体后台的数据，监测到新闻的点击率、浏览量、转载率、评论情况，从而了解哪条新闻被点击、转载得最多，哪个专题策划报道最受读者关注，了解读者阅读偏好，把握社会情绪，适时调整报道的内容和节奏，提供更多适合读者需求的内容产品。

比如，《三湘都市报》对纸媒好稿的评价标准之一是稿件被重要网站转载，转载在网页甚至头条，都有相应加分；杭州日报报业集团对全媒体采编人员既考核纸媒发稿量，又考核网站发稿量，不仅考核纸媒版面质量，还考核对应网站频道的点击量以及独立 IP 地址的流量。《解放日报》的 App 客户端"上海观察"将数据作为绩效考核的参考指标之一，通过"360 度评价法"，从自我评价、上级评价、下属评价、读者评价、数据评价等多个角度综合评估采编人员业绩，让绩效考核更加准确、科学、公平。

第四节　传媒创意人才及领导力

一、传媒创意人才

传媒产业说到底属于创意产业，传媒人才，即创意产业人才，指工作在传媒创意经济各个领域的专业人才，为传媒创意经济带来无限可能的从业人员，有所谓链上人才和链下人才之说。链上人才主要包括采编、制片人、编剧、导演、演员以及相关管理人员（社长、台长、媒体总裁等）；链下人才包括发行、广告等贸易人员，以及具体制作和技术人员等。

人才是指具有一定的专业知识或专门技能，进行创造性劳动并对社会做出贡献的人，是人力资源中能力和素质较高的劳动者。人才是任何组织中最大的财富，传媒业也不例外。传媒独特的功能使其对人才需求与其他行业不一样。

传媒创意人才有独特的创意魅力，具有一定的传媒专业知识和专门技能。区别于其他人才的最主要特点就是"创意能力"，具备发现创意的眼光和不断开发创意的能力；有审美辨别力和创意价值鉴别力；有冒险创新精神和创意控制力；有文化政策运用力和文化资源人脉力[①]，是人力资源中能力和素质较高的智慧密集型劳动者。

传媒人才的素质要求包括以下几个方面：首先，要有敏感的政治意识；其次，要有很强的市场判断能力，只有这样才会为传媒创意产业带来最大利益；最后，要有高超的创意以及策划能力，而不是简单的"原材料+制作"思维。好的传媒创意来自对周边的人和事物的观察。

此外，传媒创意人还要保持激情。大胆的创意能捕获人们的注意力并带来反馈，无法让人忽视，并且迫使人们重新思考过去的故事，敢于坚定自己的信仰的传媒人才会拥有大胆而吸引眼球的创意，创造出吸引受众的

---

① 向勇. 创意领导力：创意经理人胜任力研究 [M]. 北京：北京大学出版社，2010.

各类媒体内容，从广告到影视剧、综艺节目、直播等。

二、传媒的社会领导力

这个世界从来不缺少资源，缺少的是对资源优化调度配置、整合的能力。作为连接政治、经济与文化的社会媒介机构，传媒链上人才与链下人才服务社会，在发挥其社会整合功能的同时，不断积聚智慧优化与整合社会资源，配置资源就成了传媒人的社会领导力非常重要的一种本事。

资源是指社会经济活动中人力、物力和财力的总和，是社会经济发展的基本物质条件。资源具有稀缺性。传媒借助舆论引导、协调社会、传承文化与娱乐功能，协助金融、政策之力，将有限的资源合理分配到社会的各个领域中去，以实现资源的最佳利用。

传媒的社会领导力表现在其强大的传播引领作用及其强大的社会资源配置能力上，可以推动社会以最小的成本办成所需的事，提高整个社会办事效率。传媒领导者是传媒社会领导力的关键，与一般员工的区别在于，传媒领导者"会提问"。

处于监督与协调社会的传媒领导在遇到问题时，一般都会向自己提以下几个问题：

（1）处理这个问题对社会有什么帮助？

（2）现有社会能从这个问题中学到什么？

（3）这个问题中存在哪些可能的机会和转机？

（4）有哪些有效的方法来解决这个问题？

（5）如何能有效地解决这个问题？

（6）媒体在传播相应内容以及协助社会解决问题的过程中，会如何促进媒体自身发展？

对待问题的态度是评判传媒领导者是否具备领导力的关键因素之一。面对问题，如何进行提问，是不断提升传媒自我领导力的重要策略。

传媒领导力需要不断地修炼，从掌握传媒业务技能，到管理技能，想要具备一定领导力，在着手做事之前需要明白以下一些问题："想有什么成就？想做哪些改变？在这种状况中感受最强烈的是什么？这么做是为了谁或是为了什么？这样做如何与目前的工作次序相符？对于行动的过程有没有任何冲突？有没有觉得你的行动过程有什么不妥？在此事上获得的成功意味着什么？为什么想那样做？真正想要什么？"认真思考这些问题之后再着手行动，并逐步走向成功。

思考题：

1. 判断一下你的领导力

（1）你知道你上司的上司是谁吗？你能帮助你的上司做些什么使他在上司面前"好做人，做好人"？

（2）想方设法为你上司提供最新的信息和数据，包括各类文章、行业分析报告，你所知道的书籍或课程，表明你不仅乐于自我学习，也愿意帮你的上司关注一些主要的信息。

（3）你对公司其他部门所面临的挑战知道多少？对那些与你的部门有相似挑战的部门可以多去了解相关情况。

（4）你能列数出每个业务部门的主要客户吗？哪些与你的部门是重叠的？你可以怎样利用资源使你们的营销活动最优化？

（5）其他部门的运作情况如何？你能否通过资源共享来帮助其他比较落后的部门？

（6）列一张公司里其他部门与你关系良好的人员名单，在今后的一年半载，你会把名单加到多少？

（7）公司里是否有你至今仍没接触过的其他一些主要的部门？你会如何改进？

2. 请分析"西天取经"中唐僧的领导力以及此团队的组合力。

第十二章
传媒经营的变革

传媒的市场行为多样，存在多种博弈，需借助产业经济学中的卡特尔行为、兼并收购行为来分析；各类新兴媒体的竞争行为更为激烈，需用战略眼光审视、判断。本章解读传媒特殊的定价行为、资本运作行为，并分析中国传媒的特殊经营方式。

第一节　传媒定价行为

一、复杂的定价

传媒的定价行为比较复杂。传媒通常会涉及"多次销售"的问题，一方面，其提供的产品或服务可以多种形式直接面向受众；另一方面，受众的注意力也可为广告商所利用。因此，传媒的定价包括提供给受众的"销售定价"和提供给广告商的"购买定价"两大类。

这两类定价的平衡点是传媒人难以抉择之处，由此就诞生出不同时段、时长、版面、收视率、覆盖率、阅读率等复杂而灵动的价格和琳琅满目的定价"菜单"。

二、传媒掠夺性定价

传媒的定价行为常会涉及掠夺性定价，是指为了实现扩大市场份额、挤压对手所采取的降价策略。这里，既包括销售价格的降低，又包括购买价格的降低。在我国传媒发展历史上，曾经出现过"南京报业大战"，其中几家报社使用的就是掠夺性的销售定价，以低于成本的价格销售报纸，当占有一定的市场份额后，通过结成卡特尔的形式又提升价格，保障获利；上海文广集团下属的东方卫视就有集团的特许，可以动用掠夺性购买定价，在其他频道的广告价格基础上降低一定比例，以吸引广告商。

在掠夺性定价中，价格的下降一般都是暂时的，而且是由实力雄厚的大传媒企业发起的，一旦把竞争对手驱逐出市场之后，发起的传媒企业往往会再度把价格提升到可获经济利润的水平上。

在传媒产业日益规范的我国，对传统媒体来说，掠夺性定价并不是经常发生的。因为作为"同一面党旗下"的各种媒体除了有各自的经济利益之外，还有着共同的社会利益，这使它们能够依靠政策导向或是行政审批而走到一起。

三、用户直接付费价

对于视频网站来说，视频内容质量越高，对用户吸引力越大，用户访问量越大，"会员制"越易达成；越多的用户加入平台，从而对内容提供商广告收入贡献越大。广告的定价也水涨船高。

电视等传统视频业务和 IPTV、手机电视、网络视频等新兴视频业务的运营营利模式也主要是收取广告费，电视台高价购买电视剧也主要是为了提高收视率，赚取更多的广告收益，而让用户直接为视频付费的可能性很小。电视台不断进行视频内容的创新，主要目的是吸引更多用户观看，从而吸引企业投放广告，获取更多广告收入。视频网站也呈现出另外的局面，就是在掠夺性定价产生效果后，付费点播逐渐演变成了未来趋势。但从实际情况来看，这一新兴事物目前仍处于"腹背受敌"的境地，要想突围并不容易。网络上的"免费午餐"仍是主流，盗版视频下载资源也很多，观众付费收视的习惯正在养成，付费可获得一些跳过广告等优先观看权利。

【资料阅读 1】4K 高清电视的付费之路与经营模式

"4K"是指分辨率高达 3 840×2 160 像素的电视产品，由于用户日益增长的对分辨率与清晰度的要求，超高分辨率视频应运而生，4K 电视开启了其普及之路，并借由"内容付费"之大趋势，4K 技术被运用到多个视频内容载体与平台。视频网站、电信运营商、终端制造商等纷纷参与到超高清电视产业中，并积极向产业链上、下游延伸，呈现多主体、多样化的运营模式①。

（一）视频网站付费点播

美国著名视频流媒体网站，奈飞（Netflix）、亚马逊（amazon）和 YouTube 率先启用"付费收看 4K 内容"的服务模式，用户可经由订阅型付费点播的方式观看 4K 视频节目。

目前国外观看 4K 视频内容主要的付费模式为包月订阅和按点播节目相应付费。奈飞是包月订阅的典型，用户可以通过 4K 智能电视内置的 App 接入互联网观看清晰的 4K 在线视频节目，包月费的资费标准是新注册用户 11.99 美元/月，老用户 8.99 美元/月。国内的主流收费模式是包月付费。爱奇艺率先于 2014 年正式推出 4K 超高清视频服务，设立 4K 专区，上线近 400 部 4K 清晰度视频内容，并不断扩充片库。搜狐视频则在业内首先独立开发针对互联网环境的 H.265 编解码系统，并且集成在搜狐影音客户端中。②

（二）IPTV 点播

目前国内 IPTV 的主要供应与服务商为中国的电信运营商，电信运营商们也逐渐开始将"4K""武装于"其部署的 IPTV 终端中。但是相较于流媒体服务商，电信 4K 端到端业务仍然有一些技术与操作问题亟待解决。例如，如何获取超高清的视频版权？如何实现"家庭—平台"的光纤架设与传输？如何推出更好的 4K 电视机与机顶盒？一些电信运营商在视频供应的出路方面，目前主要是向美国制片公司购买版权电影作品，但由于数量少、规模小，且用户付费意愿不高，IPTV 的 4K 付费还有很长的路要走。

（三）传统广播电视频道

在传统广播电视的业务布局中，4K 在上星卫视电视的发展状况要优

---

① 余莉，袁智敏，计景妍，施剑平，范金慧.4K 超高清电视节目运营模式现状研究［J］. 现代传播（中国传媒大学学报），2017（2）.
② 同上。

于地面与有线电视。日本的 CS 卫星电视、法国的 Eutelsatcommu-
nication、印度的 Vidcocond2h、巴西的 Globosat、亚洲的 AsiaSat 和美国
的 DirectTV 都已经推出或即将推出 4K 超高清付费直播频道，借助卫星的
传输优势，为观众提供稳定的 4K 服务。① 而国内各大上星卫视虽正尝试播
送一些 4K 电视内容，但也仅止步于小试牛刀。

【资料阅读 2】新闻的付费阅读

　　新闻是否应该付费？这是进入数字新闻时代后全球新闻业界始终热议
的话题。早在 2011 年，当《纽约时报》宣布推出数字新闻"付费墙"，成
为"第一个吃螃蟹的人"时，反对声不绝于耳。而今订阅收入已经占到公
司总收入的三分之二，付费阅读在西方读者中已实现。②

　　另一边，美国《连线》杂志结束了提供免费内容的时代，开始向数字用
户收费；《华盛顿邮报》采取的特殊付费策略也帮助其于 2016 年开始获利；
英国《卫报》首席执行官曾对外公开表示，这是基于对付费模式的成功
实践。

　　在国内，财新网成为效仿《纽约时报》的"第一个吃螃蟹的人"，
于 2017 年 11 月开始了全网收费的实验。据悉，"财新通"上线一年累计付费
个人用户超过 20 万，付费内容覆盖机构用户数近百万，并保持持续、稳定
增长。此外，注册用户数超 200 万，阅读时长持续增长、页读数高于业内水
平。2018 年 8 月，《南方周末》也开始实施付费会员制度，告别内容免费时
代，非付费会员每月阅读量受到严格限制；11 月，又将会员制覆盖到《南方周
末》所有的自有网络。相关数据显示，在广告业务出现下滑的背景下，付费阅
读收入已占到财新传媒总体收入的 15％左右，这一数字将有望达到 30％。③

　　可见，新闻的付费阅读已被越来越多主流媒体采纳，各家媒体都在不
断尝试、调整付费策略，分析用户使用数据，旨在营造一种更好的用户体
验和用户关系。

---

① 余莉，袁智敏，计景妍，施剑平，范金慧.4K 超高清电视节目运营模式现状研究［J］. 现
代传播（中国传媒大学学报），2017（2）.
② 财新网：纽约时报掌门人披露新闻付费阅读迅猛增长秘密［EB/OL］.［2019 - 9 - 23］
http：//international. caixin. com/2018 - 11 - 16/101347848. html.
③ 中国出版传媒商报：主流媒体线上付费阅读渐成气候［EB/OL］.［2019 - 9 - 23］http：//
www. cnepaper. com/zgtssb/html/2018 - 11/30/content ＿ 1 ＿ 3. html.

目前，新闻付费模式仍需要解决三大问题：

一是提高经营收入。受新媒体发展的影响，传统媒体的广告投入出现了大幅度下滑，且未出现明显的好转迹象。比如，《纽约时报》2017年纸质版广告额下降了14%。传统媒体不得不把广告等营利重心转到了互联网上。在这种情形之下，付费墙的建立，成为传统媒体弥补广告下滑的重要举措。自从建立付费墙后，2017年《纽约时报》拥有超过260万份数字订阅，数字订阅创造的收入增长了46%，超过了广告下滑速度。

二是深化用户关系。人是社会正常运转最重要的组成部分。无论是传媒发展还是国家运行，人都是不可缺少的要素。强调了解用户需求、与用户建立一种深远的联系，是传媒长远发展的前提和保证。用户比广告主更能影响一个传媒的未来。有人质疑付费阅读将用户越推越远，因为互联网带来免费阅读的原罪，让用户难以转变观念，抛下免费午餐而去花钱购买信息。其实并不尽然。2016年美国总统大选期间，美国一些知名媒体为了争夺用户，开放了自己的付费墙。《华尔街日报》仍然坚持付费制度，最后却发现，非但没有流失用户，反而吸引到了更多付费用户。在选举前后几天，《华尔街日报》新增的付费用户是平常增量的2～4倍，一度达到历史新增数值的最高峰。

三是激励优质内容。移动媒体快速发展，信息变得随时随处可得。视频化、碎片化的内容更受用户的青睐。在这样的环境下，有些媒体不再关注内容的精雕细琢，而是考虑如何让信息变得又快又短，既让人轻松接受，又不需要费时太久。用户和编辑记者的关系越来越远，那种通过文字了解一个记者、感受一个栏目的时光一去不复返。对于追求高品质、高格调内容产品的媒体来说，付费方式有利于提高信息筛选的有效性和质量，更能激励高品质的内容生产。内容付费将记者、编辑和用户放到了一个逻辑框内。用户的付费行为激励编辑对内容进行更严格的把关，促进作者推出更加优质的内容产品，吸引更多用户，最终形成一种生产、收益的良性循环。[①]

【案例1】以算法为核心的音乐流媒体声破天（Spotify）

Spotify于2008年在瑞典推出，是一家流媒体音乐提供商。它为免费

---

① 张天培. 国外媒体付费阅读模式的新探索［J］. 新闻战线，2018（5）.

用户提供拥有版权的流媒体音乐服务，为付费用户提供月度和年度的订阅包，可获得更高的流媒体质量和下载功能。其商业模式是典型的免费增值业务模式，它的主要收入来源为付费订阅和广告。和其他互联网公司相似，Spotify 推出免费服务和付费会员服务。付费会员可以享受无广告打扰的畅听服务和特别的每周推荐音乐的服务。

与苹果、腾讯、亚马逊等对手相比，Spotify 在资金和整体市场影响力上并不算特别突出，但它拥有的高达 46% 的付费用户比例证明了自己对用户的吸引力，也证明了自己商业模式的成功。

对于免费就可以享受版权音乐服务的用户来说，是什么促使他们选择成为付费会员呢？最主要是归功于 Spotify 的三种推荐模式：协调过滤、自然语言处理以及独特的音频模型。

（1）算法模式协同过滤的主要工作机理是分析目标用户行为和其他人的用户行为。为了解用户的音乐喜好，把代表目标用户的向量和其他所有用户对比，进而找到与其趣味相投的人。这对于代表歌曲的向量也同样适用。比较所有歌曲向量，可以找到相似程度高的相关音乐。

（2）算法模式自然语言处理，用来处理分析文本。Spotify 会爬取网上的各种音乐资讯，包括乐评人写的博客、音乐爱好者发的文章等。通过这种方法来了解当下人们在讨论什么样的音乐、在评论时他们使用了什么样的语言描述他们的感受，并且还会发现风格相似的音乐人和歌曲。

（3）创建音频模型，分析音乐源文件音轨和声道来判断和预测音乐的受欢迎程度。这种音乐模型会拆分一首音乐中的拍子记号、音调、风格、节奏等，在掌握了这些最根本的音乐特性之后，便可以发现音乐之间的相似性，向用户推荐与他们历史记录中相似的音乐。

除了上述三种主要的推荐模型之外，Spotify 还拥有储存大量数据的数据库，处理庞大矩阵和音乐资讯的机器等来帮助他们实现向用户的精准推送。

第二节　传媒并购行为

并购泛指在市场机制作用下，企业为了获得其他企业的控制权而进行的产权交易活动。

在我国，一个巨大的文化传媒市场空间慢慢形成，传媒行业并购事例增多，一些外资被允许入股国内媒体，世界媒体巨头以并购概念坦然入境，中国传媒业的发展内藏于看似平等市场主体之间的竞争之中，出现了经济学中所称的并购行为，即收购与合并。①

一、并购的类型

当代中国传媒业中的并购行为不能完全用一般的动因来解释，因为其背后必然还存在同政府、市场以及人们普遍心理的博弈。鉴于传媒在中国各产业中的特殊地位，在分析其并购动因时，可从其外在表象将传媒并购行为分为三类：传媒业并购非传媒业；传媒业并购传媒业；非传媒业并购传媒业。

（一）传媒业并购非传媒业

并购是传媒企业着眼于未来竞争的战略性行为，不应该只是出于目前经营或财务上的压力而进行的股票市场炒作的短期战术行为。此类并购行为大体属于以下两种情况。

1. 实现多元化经营

多元化战略是指传媒企业通过在多个相关和不相关的领域中扩大规模，创造效益以实现增加回报、降低风险的目的。中国传媒业中如电广传媒（000917）以3.2亿元自有资金收购其控股大股东湖南广播电视产业中心所持有的深圳市荣涵投资有限公司96.97%的股权，成为荣涵投资的第一大股东。从一直以来的"广告、节目、网络"三大主业拓展到房地产业，在全国房产一片火热的背景下，这一行为无疑给公司带来了极大的收益。

2. 投机性的资本输出

中国的主体传媒在发展过程中受到市场（主要是地域）和法规两个方面的影响，资产收益不断扩大而规模扩张却相当有限，两者不能配比。要解决这一矛盾，只有通过寻求其他资本输出途径。而这些途径往往又同传媒业没有相关性，风险很大，投机性较强。中视股份在历史上就因为投机性资本输出造成了大幅亏损。

---

① 童清艳，王卓铭. 中国传媒并购行为动因及风险规避 [J]. 新闻记者，2006（3）.

（二）传媒业并购传媒业

1. 协同作用

协同作用（synergy）是指两个公司兼并后，其实际价值得以增加。这种价值的增加来自规模经济。从产业结构上讲，传媒产业属于智力密集型产业，巨大的市场规模使传媒产业能够较容易地实现规模经济。传媒产业的协同作用表现在三个方面：

（1）媒体产品的价值实现必须通过发布，而且制作和发布是可脱离、可重组的。这就使不同的发布渠道之间形成潜在的并购优效。在具体的实践中，企业往往"合纵连横"，集合横向并购和纵向并购两种产业关联之优势。

如互联网泡沫未破之时，阳光卫视和新浪的"光水联姻"一度成为美谈，给了人们关于规模经济的无限联想。阳光卫视靠并购起家：买壳"良记"、入股澳门卫视旅游台、换股"新浪"、牵手"四通"，收购台湾"卫星娱乐""京文娱乐"和"成报传媒"，与"北大青鸟""北大文化""联想集团"达成合作协议，联盟贝塔斯曼、合资青岛"澳柯玛"，出售股权给台湾东森电视台遇挫后又转手星美传媒……短短两年内，阳光卫视迅速扩张，但遗憾的是，在不断并购中，其新增价值没有出现，以致最终不得不更名为"泰德阳光"。

如今，新媒体领域不断发生并购案例，由于不存在跨媒体发展的限制，因此追逐规模经济就成了各个传媒企业理所当然的选择。

（2）财务方面的原因比较复杂。国家对传媒业作为"幼稚产业"加以保护和对待，对于增值税和所得税都有一定的优惠税率。合理避税的动因也驱使一些并购的形成。

（3）迅速提升媒体特有的感召力。精神产品的感召力的构成有很多因素，诸如内容质量、表现方式、人员素质、覆盖规模等。

（4）传媒跨国公司改变以往非控股全资、非资产合资和许可生产方式，大规模采取协议并购和合资企业内通过股权转让或增资扩股稀释中方股权的方式并购进入中国传媒市场。国内很多传媒企业客观上有并购的需求，但由于人为垄断、政府干预和行政区划的分割，这种需求根本得不到满足。这时候，跨国传媒来做就很合适。这同样也使得国内传媒企业产生新的并购趋势，即国内传媒企业相对国际传媒集团而言，规模小，市场占有率低，所以溢价能力不强，卖不了好价钱。但几个小媒体企业并购在一起就大不一样了，一方面有利于传媒企业进一步发展，另一方面，即使将来由于战略变革需要将企业部分经营环节出售，价格也会比几个小企业分别出售高得多。因为一个小企业市场占有率可能只有20%，而并购后的企业可能达到60%的占有率，国外的买家就会非常重视。

2. 获取专门资产

这常用在公司的产品或市场扩展非常快，而专门知识相对缺乏或者开发成本过高的时候。例如，曾以 QQ 闻名的腾讯公司收购了著名的电子邮件客户端软件 Foxmail，原因就在于 QQ 的邮箱业务不尽如人意，而腾讯有意发展免费邮箱，使之成为其娱乐型门户网站的重要卖点之一。

（三）非传媒业并购传媒业

外部资本并购传媒，除了出于一般的多元化、追求增值、避税等动因以外，还有中国特色的特有动因。这与中国传媒业长期依赖政策造成垄断，以至于成为稀缺渠道资源是分不开的。

一般认为，传媒产业是高投资、高利润产业，然而通常被忽略的是：传媒产业专业化程度高，投资回报周期长，规模效应明显。公司管理者一般都有所谓"时间偏好"的非理性概念。这意味着在并购活动中双方都更倾向于短期利益的获取。[①] 而传媒产业的种种特点决定了它不可能满足这种时间偏好。因此，外部资本，特别是民间资本若看不到传媒产业的生产规律和营利模式，而只是出于炒作概念、盲目自信或者追求高回报的目的，必然是一种非理性的行为。例如，吉利集团在传媒业上的失利，以及"像生产打火机一样生产汽车"的思维，试图像造汽车一样打造传媒，结果可想而知。

外部资本进军传媒也有较为成功的案例，如上海复星集团投资《21世纪经济报道》，山东三联集团投资《经济观察报》等。这里，理解传媒产业的运作模式是关键。北大青鸟在资本市场上素有"猛禽"之称，通过资本运作和旗下"北大文化""青鸟华光"等子公司，直接或间接控制了《京华时报》《中国青年报》、上海的《青年报》、海南"旅游卫视"等一系列媒体，其市场震撼力已经不是一个地区、一份报纸所能比。

---

① 陈硕. 并购动因的行为经济学分析［J］. 中国物价，2004（6）.

【案例 2】阿里巴巴收购媒体动作频频

从 2013 年开始，阿里在传媒行业的收购就没有中断过：

（1）2013 年 4 月，阿里投资了《商业评论》杂志；

（2）2013 年 4 月，阿里收购了新浪微博的优先股和普通股，占其约 18% 的股份；

（3）2014 年 3 月，阿里投资 8.04 亿美元巨资，成为文化中国的最大股东，而该公司持有著名都市报《京华时报》的经营权；

（4）2014 年 4 月，马云等对华数传媒投资 10.5 亿美元；

（5）2014 年 4 月，马云旗下的云峰基金为优酷、土豆注资 12.2 亿美元；

（6）2014 年 6 月，阿里旗下的云鑫投资了知名新媒体虎嗅网；

（7）2014 年 11 月，阿里和腾讯联合向华谊兄弟电影公司投资 36 亿元；

（8）2015 年 3 月，阿里投资 24 亿元入股光线传媒并成为其第二大股东；

（9）2015 年 5 月，阿里投资了《北青社区报》；

（10）2015 年 6 月，阿里投资 12 亿元，成为第一财经传媒的第二大股东。

阿里为什么要在媒体领域投入这么多的资金？难道仅仅是因为"有钱任性"吗？显然不是，阿里的目的，还是探索更多的大数据商业模式。如今的阿里，拥有国内最全面和完善的电商交易大数据、最强大的大数据分析团队，一旦这些大数据与媒体有针对性的精品内容结合起来，就有望发挥出更大的商业价值。

从目前美国的情况来看，互联网公司收购传统媒体之后，似乎还没有产生足够强烈的化学反应，传统媒体在经营上的窘境似乎也并没有得到太多的改善。究其原因，还是在于互联网公司和传统媒体有完全不同的企业文化，融合起来困难重重。号称 20 世纪全球最大的传媒收购案——美国在线对时代华纳的惊天大收购，最后只不过落得一地鸡毛。

在这两种不同文化的众多冲突中，有一个非常大的冲突，就是对内容的不同理解。无论是国内还是海外的知名传统媒体，在被资本方收购之后，往往都会对内容进行重大调整，从而引发采编团队的大量离职，而随着采编团队的大量离职，该媒体的影响力也会有不同程度的下降。

【案例 3】迪士尼收购 21 世纪福克斯

迪士尼以 713 亿美元收购 21 世纪福克斯公司。这笔交易空前绝后，是"House of Mouse"一系列重大收购中的最新也是最浓墨重彩的一笔。

作为"六大"好莱坞电影公司之一，福克斯已经存在很长一段时间了。电影制片厂成立于 1935 年，当时是 20 世纪福克斯电影公司；该公司于 1949 年成立了一家名为 TCF Television Productions 的电视部门。几十年来，福克斯已经制作了数十部高票房收入且长期播放的电视节目，而现在，迪士尼拥有这些电视节目，加上之前收购 Marvel Entertainment 和 Lucasfilm，迪士尼已然成为媒体内容服务商中的"巨无霸"。

迪士尼收购包括 20 世纪福克斯电影部门和电视业务，但不包括福克斯广播网络和福克斯新闻频道等电视台。当时，收购的价格估计约为 524 亿美元。福克斯广播公司、福克斯新闻频道、福克斯商业网络、十大网络、FS1、FS2 和西班牙语体育频道 Fox Deportes 均不包括在此次收购中。相反，人们同意将成立一家名为 New Fox（后来改名为 Fox Corporation）的新子公司，并与 21 世纪福克斯达成分离协议，创建两家独立的公司：其中一家将保持独立，而另一家则成为迪士尼子公司。这将使迪士尼成为 20 世纪福克斯电影部门的全部，包括 X-Men、Deadpool、Avatar、Die Hard 和 Kingsman 等主要特许经营，以及像《辛普森一家》这样的 20 世纪福克斯经典动画节目，和屡受艾美奖青睐、拥有好观众缘的 This is Us 等。

迪士尼和福克斯的合并，是传媒综合体与传媒优质内容（影视）集合体的"强强联手"，这将把"六大"好莱坞电影公司缩减到"五大"，并且可以让迪士尼控制多达 40% 的票房。这也将不可避免地导致迪士尼和福克斯的员工数千人失业。因此，虽然漫画迷可能会对最终看到 X-Men 和 Fantastic Four 加入 Marvel Cinematic Universe 的前景感到兴奋，但有很多理由担心迪士尼—福克斯的交易对好莱坞的未来意味着什么。①

【案例 4】从澳大利亚小镇到默多克传媒帝国

从澳大利亚小镇到英国再到美国，最终走向全球，在新闻集团的势力

---

① SHAW-WILLIAMS Hannah. A Complete Timeline Of The Disney-Fox Deal. [EB/OL]. https：//screenrant. com/disney-fox-deal-buyout-timeline/. 访问时间：2019 - 9 - 23。

慢慢从非主流地区向主流地区渗透的同时，其旗下的媒体资产也不断多元化，新闻集团靠的就是不断兼并、收购。

新闻集团媒体帝国是从澳大利亚一份发行量不到 10 万份的《阿德莱德新闻报》（Adelaide News）发展而来的。它不断在本土兼并收购其他媒体，在接手该报后的第 10 个年头，默多克于 1964 年创立了当地第一份全国性报纸《澳大利亚人》（The Australian）。新闻集团开始向主流地区阵地转移。第一站是传统的报业大国英国。新闻集团首先在 1969 年收购了《世界新闻》（News of the World）和《太阳报》（The Sun），随后以 1 200 万英镑的价格拿下了《泰晤士报》和《星期日泰晤士报》。

新闻集团开始扎根主流市场。以英国为跳板，新闻集团积极扩展美国市场：1976 年购买了《纽约邮报》；1985 年将 20 世纪福克斯电影的母公司和 7 家美国电视台收入旗下，默多克本人更在同年加入美国籍，化解了美国当局对外国人拥有本土电视台的限制；1988 年，新闻集团又把《电视指南》的母公司三角出版社揽入怀中。

新闻集团的年报将互联网业务称为其第三代资产。从 2005 年开始，错失互联网业发展先机的默多克终于坐不住了，斥资 12 亿美元收购 MySpace 的母公司 Intermix 以及 IGN 娱乐公司，开始"由传统媒体巨头向数字媒体巨擘转变"。新闻集团收购了"相桶"（Photobucket）和战略数据公司（Strategic Data Corp.）。前者占有图片网站 30％的市场，后者则主要对用户数据进行整理，并分析消费者偏好，以方便精准投放广告。

跨国媒体集团是否越大越好？2003 年，新闻集团、维亚康姆、时代华纳、迪士尼（The Walt Disney Company）与属于通用电气资产的 NBC 环球一起成了五大媒体巨头。然而，合并对媒体集团而言真的是一剂万灵丹吗？美国在线与时代华纳联姻"至今仍未完全走出并购失败的阴影"。但是，整个欧美国家的媒体发展史就是一部媒体并购重组的历史，并购重组是媒体企业发展的主要手段之一。

二、中国传媒并购行为中的"短路"及规避

当代中国传媒业并购行为毕竟处于新兴态势，其并购动因复杂，并购操作也各式各样，难免出现这样或那样"短路"现象。

（一）并购深度不够，大体处于投机行为

许多公司并购是为了修饰财务报表，达到"借壳上市"的融资目的，或是出于低价收购再转卖的投机目的，企业并购缺乏长期战略意图。而与之相对应的是国际传媒无不着眼于长远，有的甚至牺牲企业一阶段的利益即局部市场和辅助行业来完成并购，并将目标企业完全融合进来。例如，新闻集团自 1993 年收购卫视以来，卫视在华语整体市场尚未获得盈利，但是当时是数以万计的家庭在收看电视，这是谁也不愿意放弃的巨大宝藏。[①]

（二）并购市场风险难免

（1）信息失误风险。一些关键性的信息，如交易主体无资格、产权交易客体不明确等。

（2）财务风险。企业有无足够的财力资源或资金融通能力，采用何种方式向并购企业支付，并购后的企业能否保持目标资本结构等。

（3）人力资源风险。目标企业富余职工、劳动力熟练程度、接受新技术能力，以及并购后关键员工是否离职，均是影响生产成本的因素。

（4）直接市场风险。目标企业原供销渠道的范围和保留的可能性会影响目标企业的预期盈利。

（5）一体化的风险。不同的企业一旦合为一体，功能重叠及文化理念差异而产生的人员冲突，在一定的磨合期内，若得不到有效解决，会导致失败的危机。

（6）法律风险。作为并购方，企业在并购中因违反法律被追究责任，所造成的经济损失和社会影响是难以估算的。

（三）传媒企业规避策略

有种说法，恐龙的灭亡是因为它的身体同胞子相比变得越来越大了，其神经通路的传导作用越来越迟钝。传媒企业也一样，是否具备快速反应和灵活应变能力，决定着它的生死存亡。传媒企业通过各种方式并购，形成新的机构，同样存在类似恐龙生存方面的威胁。如何有效规避呢？

---

① 高振强. 全球著名媒体经典案例剖析［M］. 北京：中国国际广播出版社，2003.

1. 并购前信息收集与分析的力度极其重要

在收购之前，并购方一定要到目标企业深入调研，了解其经营获利状况，并从外部掌握相关诉讼、争议的真相，详细分析可能导致风险的资料，了解其企业文化的差异性，对目标企业的发展历史、经营宗旨、创业者的个性特征进行详尽分析。

2. 调查市场并做出法律安排

借助中介服务机构力量，聘请有关专家对相关市场进行调查，提供管理咨询并做出法律安排，这样能对目标企业因经营不当、急于脱手有充分的应对。

3. 充分关注传媒文化的融合

并购企业应关注被收购方各层面员工的创造心与责任心，增强团队精神培训。例如，节奏较快、较年轻的美国在线的文化与时代华纳的文化相差很多，美国在线与时代华纳合并之后，一些原先由时代华纳员工担任的重要职位立刻被指定由美国在线员工担任。这样一来，公司内部气氛立刻显得不团结，时代华纳员工有被操纵的感觉。这种文化冲突导致"那些把不同媒体结合在一起的人没有能够将他们的设想变为现实"。

4. 穿越价值观与价值之间的壁垒

传媒企业不是机器，它是由人员、关系、学习过程组成的。传媒价值观是影响和左右传媒发展的关键因素，这在管理学界和企业界已经达成共识。而传媒凝聚力是传媒成员之间的合力和传媒对成员的吸引力，这一切均以传媒成员共同的思想、认识、信仰、态度、情感为基础。传媒价值观的功能就在于促进这种共同的心理状态，提高企业的凝聚力水平。①

5. 提高传媒竞争力

提高传媒竞争力是实现利润最大化的根本手段，因而是传媒并购的直接目标。这取决于传媒整合策略、创新策略及适度的外部催化策略，在技术、管理、结构、制度与经营模式上共同创新。

6. 政府制度上宏观规范

综上所述，传媒并购的根本动因是追求利润最大化。只有在并购双方

---

① 张旖旎. 企业价值观与企业凝聚力关系研究［D］. 重庆：重庆大学，2009.

的动因和目标一致时，传媒并购才有可能实现。^①

　　诚然，在并购之前，每家企业都有自己的预期，就看这家传媒的期望值是什么，能够达到期望值就是成功的并购。有时候会出现一种有趣的情况，就是在外面人看来，某一例并购是失败的，但事实上局内人认为并购是成功的。比如，有的跨国公司实施某一并购的目的很可能就是掌握销售渠道，并不在乎短期内的亏损。在局外人的评判中，并购后出现亏损是并购失败，但在这家公司眼里，掌握销售渠道的预期达到，那么并购就是成功的。"鞋合不合脚只有自己知道，判断并购成效也是这个道理。"^② 能达到期望值的并购就是成功的并购。

　　当一个行业的巨头们都需要抱在一起取暖或者转向新增长点的时候，大规模的并购浪潮就会产生。

【案例5】媒体收购之争

　　近年来，我国的上市公司收购自媒体运营平台的案例并不少见。但是，截至目前尚未出现成功的案例。

　　2018年6月8日，瀚叶股份发布公告称，拟作价38亿元收购981个公众号运营商量子云。这一公告引发市场热议。公告显示，量子云运营的微信公众号涵盖情感、生活、时尚、亲子、文化、旅游等诸多领域，粉丝数量合计超过2.4亿。从量子云的业绩来看，2016年，该公司实现营收1.3亿元，净利润为8700万元；2017年，实现营收2.3亿元，净利润为1.53亿元。

　　不过，这笔高溢价的收购行为，引发市场对自媒体运营持续性、合规性的争议。如果量子云的业绩承诺无法实现，可能导致瀚叶股份计提大额商誉减值冲减利润，进而损失中小投资者利益。最终，瀚叶股份放弃了此次收购。

　　同年9月12日，利欧股份发布公告称，拟作价23.4亿元收购苏州梦嘉75%的股权。前有瀚叶股份的前车之鉴，市场对标的资产估值合理性、业绩承诺能否兑现等质疑扑面而来。利欧股份公告显示，苏州梦嘉目前已积累约2.8亿名订阅用户，为约2500家客户提供服务。正是这2.8亿名订

---

① 张峰. 企业并购战略的策略和出发点 [J]. 安徽师范大学学报，2004 (1).
② 相关资料来自中华传媒网等。

阅用户的数据，让资本市场质疑不断。截至 2018 年 8 月 31 日，苏州梦嘉共运营 4 825 个公众号，对应的订阅用户数为 2.8 亿。2017 年，苏州梦嘉实现营收 1.95 亿元，净利润为 6 390 万元；2018 年前 8 个月，苏州梦嘉实现营收 3.4 亿元，净利润为 1.2 亿元。然而，2.8 亿名订阅用户的数据，引发资本市场质疑。最终，在一片争议声中，利欧股份终止了此次收购。

上市公司收购自媒体运营平台虽然连续失败，但总有勇敢者屡屡尝试。2018 年 9 月 28 日，骅威文化发布公告称，拟作价 15 亿元收购旭航网络 100% 的股权。公告显示，截至 2018 年 6 月 30 日，以该日为基准日，旭航网络 100% 股权采用收益法评估的预估值为 15.10 亿元，净资产账面值为 3 085.51 万元，增值 14.79 亿元，增值率高达 4 793.84%。作为被收购方，旭航网络承诺，2018 年度实现的净利润不低于 1 亿元；2018—2019 年累计实现的净利润不低于 2.5 亿元；2018—2020 年累计实现的净利润不低于 4.3 亿元；2018—2021 年累计实现的净利润不低于 6.46 亿元。最终，由于资本市场环境发生重要变化，2018 年 11 月 21 日，骅威文化宣布终止收购旭航网络。

第三节　传媒卡特尔博弈行为

一、卡特尔行为

卡特尔（Cartel）一词源自现代产业经济学，指各个厂商通过签订价格协议的"串谋"（collusion）方式谋求共同利润最大化。卖者的数量决定串谋是否达成，串谋较多地发生在垄断行业；产品同质性也是达成串谋的条件，易统一管理价格。这种卡特尔利润取决于成员彼此间的信任度。

在寡头市场上，尤其是在非合作的条件下，单个媒体的利润都有赖于传媒行业中其他媒体的反应活动。如果将这种相互反应的活动内生化，那么，每个媒体都不会独立地而是会联合地进行产量和价格决策。这种合作的好处就是每个媒体都能得到比非合作策略更多的利润，从而使得联合利润达到最大化。

虽然有可能如此，但每个媒体也可能随时通过削价增加其销售量而提高自己的利润水平。这种欺骗动机的存在使串谋（卡特尔）具有天然的不稳定性。

卡特尔行为使得传媒在优化资源配置的同时，形成一定的传媒进入壁垒。然而，媒体与媒体之间的价格串谋一旦达成，无形中为传媒业新的进入者设置了一道壁垒，同时也会制约传媒内部的竞争。

【案例6】 智能音箱与文化产品

无论是国际传媒巨头时代华纳、迪士尼、默多克新闻集团，还是国内BAT（百度、阿里、腾讯）和字节跳动公司之间，都存在着既竞争又合作的复杂关系。一方面，各公司在业务重叠的部分不断推出更具有竞争力的产品和服务，从其他传媒品牌处争取市场；另一方面，这些传媒巨头也联起手来，通过提高运营成本、凭借自身能力进行价格战等手段，抬高其他企业进入市场的门槛，避免潜在竞争者的大量出现。

以近年来关注率较高的智能音箱市场为例。自亚马逊率先推出Echo智能音箱开始，在我国国内经历了几年探索和调研之后，2018年阿里巴巴的天猫精灵、百度的"小度"音响和小米的小爱智能音箱占据了国内约九成的市场份额。目前，尽管此类产品的智能性仍然有待增强，其功能也仅停留在初步的语音交互和资源点播方面，然而，三大公司投入巨大成本掀起的价格战，无疑对智能音箱行业的后续开发者造成了一定程度的威胁：2017年"双11"期间，阿里的天猫精灵由原价499元降至99元，当日卖出超过100万台。随后，百度和小米也将其一代产品大幅降价，其市场占有率大幅提升。这意味着三大巨头之间的价格战将持久地比拼下去，使同样试图开发更"聪明"的智能音箱的中小型企业减小了营利的可能，极有可能造成行业内的某种"垄断"。

二、博弈行为

通常认为，企业[①]是在技术和市场约束下追求利润最大化，企业是

---

① 这里的"企业"即所谓的"产业"概念，表达方式差异而已。

所谓的"经济人"，具有经济理性；但是，传媒是特殊的文化信息产业，同时还担负着为受众解疑、娱乐、引导等社会整合功能，它是具备一定情感的"经济人"。传媒产业与生俱来存在着这两种功能之间的博弈。这里仅从"经济人"角度来看其市场行为，当然，决不回避其随时存在的感性之"颤抖手"（trembling）的因素，而且产业经营中难免存在各种博弈行为。

所谓的博弈论（game theory），是研究相互依赖、相互影响的决策主体的理性决策行为，以及这些决策的均衡结果的理论。一些相互依赖、相互影响的决策行为及其结果的组合被称为博弈。

一个博弈一般由以下几个要素组成：参与者、行动、信息、策略、得益、结果、均衡等。通常将博弈分为合作性博弈与非合作性博弈两大类。①

在一种既有合作又有竞争冲突的情形下，传媒集团的同类媒体之间、不同质媒体之间、异地域媒体之间不断进行着这样和那样的争夺受众市场，以提高传播效果的博弈，这是一种由两个或多个集团参与的、为追求自身传媒利益但无人能预测结果的竞争。例如，在上海，东方卫视频道与新闻频道之间如何设置晚间新闻联播时间段以获取各自最大收视率的问题就是一场博弈。

在传媒卡特尔里，谁背离合同，谁就能得到更多的利润。传媒卡特尔是企业间的相互依赖关系所致的，通过结盟来避免竞争。若干个媒体为稳固地垄断市场地位而结成联盟，这样的组织就是卡特尔。正如囚徒困境中所展示的，博弈学中有一个经典的"囚徒困境"问题，两个人因犯罪而被捕，警察把他们分别关在不同的牢房里并提出以下条件："如果你坦白而你的同伙不坦白，你将被关押两年而他将被关押 12 年。"每个人都知道，他们都坦白的话，每个人都将被关押 10 年（因为与警察合作，所以不是 12 年）；如果两人都不坦白，每个人只会被关押 3 年，因为指控他们的证据并不充分。

在这里，双方最优的选择是选择坦白。这是局中人的最优选择，但是应看到，这比两个人都不坦白要差。如果两人都相信对方不会坦白，或者

① 张维迎. 博弈论与信息经济学 ［M］. 上海：上海人民出版社，1996.

他们之间能交流，每人就只会服 3 年而非 10 年的刑期。追求利润的公司均会以打破约定来获取最大利益。而实际上，彼此之间互相信任才能得到更多的利益，但现实中，往往是不相信对方会遵守协议。

如果媒体与媒体之间只是合作一次，一方打破和约，而其余方遵守和约，或许该方可以获利；但事实上，他们必须不断地和市场消费者打交道，这是一种不断进行的博弈。比如，我们将现在的中央电视台按照表面形式理解为一个商业机构，通过提供新闻、娱乐等节目来吸引观众，以广告收入来赚取利润。其覆盖全国的收视明显是一种人为的政策垄断，所以各家卫视达成卡特尔协议，联合成同盟，应对央视的垄断行为。其中一家卫视率先打破同盟约定则可能获利，但一定会遭受其他成员的不信任与反击，后果可想而知。

因此，媒体在采取行动时，应考虑到对手可能会采取威胁性的报复行动以及这些报复行为发生的快慢及有效性。为此，媒体为防止对手采取威胁性的行为，媒体应使其对手们相信，如果他们采取威胁性行动，将会受到快速、有效的反击。

这种策略行动重要的一环便是承诺，即让对手相信如若采取行动，便会遭到反击，以遏止对手采取行动。各类报业、杂志和广播电视集团的成立，均表示其背景支持下的媒体会有多年来积累下来的雄厚资金、信息网络采编和经营等力量。当然，传媒的公信力是最好的信誉承诺。

中国传媒现处于较为集中的市场结构条件下，应该比竞争性企业的利润高。因为目前传媒集团化趋势使得进入传媒的门槛越来越高，于是各类社会化媒体便应运而生。

有经济学家认为，这同寡头垄断的高效率传媒相关。[①] 传媒一方面阻止外来入侵者，另一方面又不断改进经营与管理模式、传播报道方式。[②]

---

①　J. Bain. Relation of Profit Rateto Industry Concentration：American Manufacturing 1936 - 1940 ［J］. Quarterly Journal of Economics，August 1951；H. Demsetz. Industry Structure，Market Rivalry，and Public Policy ［J］. Journal of Lawand Economics，April 1973；L. Weiss. The Concentration- Profits Relationshipand Antitrust ［M］//H. Goldschmid，H. M. Mann，J. F. Weston. Industrial Concentration：The New Learning. Boston：Little，Brown，19740；J. Kwoka. The Effect of Market Share Distributionon Industry Performance ［J］. Review of Economics and Statistics，February 1979.

②　埃德温·曼斯菲尔德. 应用微观经济学 ［M］. 北京：经济科学出版社，1999.

现有的传媒集团在考虑是否扩大经营规模，增加发行量、覆盖率，创办新台、新报纸或杂志时，往往采取先占策略。在一些价格竞争之外，许多传媒集团还会选择非价格竞争手段，如在盈利点上深挖，或是不断改进传播手段和内容等。

对于个体媒体而言，自我品牌建立成本相对于其他产业低得多，因而准确的受众定位、风格设定，将自己与其他媒体的特色区分开更为重要。①

【案例7】社会化媒体中电商争夺战②

淘宝网曾发布公告称，将全面屏蔽指向其他平台的外链二维码图片，尽管没有明言目标，但明显是指向微信等移动应用程序的电商平台。围绕移动电子商务，阿里巴巴旗下的淘宝与腾讯旗下的微信之间的明争暗斗再次"升级"。

两大巨头并非初次"交火"。阿里巴巴在5.86亿美元入股新浪微博后，宣布新浪微博与淘宝账户互通，微博用户可直接登录淘宝平台完成交易、支付等功能，同时针对卖家推出"微博淘宝版"。而就在此前不到24小时，阿里巴巴屏蔽微信淘宝营销应用数据接口，暂停面向微信的第三方应用服务。腾讯随后"礼尚往来"，同样大张旗鼓地"清理"微信营销账号，其中大多是发布淘宝广告的公共账号。

作为移动互联网最重量级的超级入口，微信在移动互联网中的地位已几近不可动摇。淘宝与微信之战，不仅是对未来的争夺，而且也是对现实意义的考量。两大巨头之间的博弈已不可避免。无论是渗透率还是月活跃用户数量均已超过京东，微信已成为仅次于淘宝的电商平台。

作为一匹黑马，与京东的思路不同，拼多多主要的用户群体多为三四线城市的人群，人均消费金额平均达到了1 127元。虽然从客单价来看，远远低于京东的5 000元，但是呈现的增幅却是前所未有的。以拼多多为代表的电商平台做下沉市场，其销售额虽然较低，但是人数庞大，而且目标群体较为精准。

而对于淘宝来说，显然感受到来自拼多多的压力，虽然自己仍然是电

---

① 童清艳. 当代中国博弈行为分析 [J]. 新闻记者，2003 (10).

② 参见：陈静. 阿里巴巴与腾讯博弈升级 [N]. 2013 - 8 - 16.

商平台的老大，但是做下沉市场，拼多多却遥遥领先，于是淘宝的移动端也推出了特卖区，在于标榜价格优势。

【案例8】微信与抖音的流量之战[①]

多位网友称，发现微信朋友圈屏蔽了抖音短视频的分享链接。这一消息迅速在网上发酵，"将抖音的视频链接分享到朋友圈，只有发布者自己可见，其他人看不到"。这样的情况第一时间在朋友圈引起热议，有人认为，头条的威胁让微信开始提防了，这或许是腾讯和头条"开战"的信号。

腾讯就微信朋友圈屏蔽抖音一事回应，称这只是对链接进行了防刷屏设置，并没有屏蔽一说。此前，微博也选择屏蔽抖音。

从抖音的分享设置来看，依次为 Instagram、QQ 好友、QQ 空间、微信好友、朋友圈、微博和美拍。目前，腾讯系产品和微博几乎都对其进行了防御。

表面上，是腾讯怕影响朋友圈体验或公平竞争，背后却是一场社交短视频之战。

其实，早在2013年9月28日，腾讯就上线了自己的8秒短视频应用微视。其在应用商店的下载量一度冲到免费榜前五的位置，日用户数激增至4 500万人。不过，微视最终关闭该应用，有分析称是定位不清晰、战略失误等。

从数据来看，除了投资快手，腾讯一直没有放弃自己做短视频。马化腾多次公开强调，腾讯的重点是社交和内容，剩下的半条命交给合作伙伴。所以，短视频是万万不会交出去的。

这次朋友圈对抖音的限制，也可视为腾讯对威胁其社交命脉的竞品的又一次反击。

腾讯不仅亲自入场短视频，还在进行多线条布局。腾讯2017年3月领投快手3.5亿美元融资。在马化腾眼里，快手是"非常贴近用户，有温度、有生命力的产品"。

---

① 高小倩.《微信屏蔽抖音》是个乌龙，但腾讯和今日头条的确大战在即高小倩.［EB/OL］.［2019-9-23］https：//mp.weixin.qq.com/s/YtRF-kKQFkX4lZOKXFwMCg.

在自家微视没有起来的情况下，腾讯用惯有的投资手法押注了短视频赛道里的老大——快手，提前建立行业壁垒。而抖音想要灭掉快手，并非易事——今日头条已组织西瓜、抖音、火山三款产品来狙击快手。

俗话说，敌人的敌人是朋友。所以除了投资快手，腾讯也与微博建立了合作，或者说，微博已站队腾讯来对抗头条。

微博与头条的关系向来紧张。2018 年 4 月头条上线了"微头条"，就被认为剑指微博。同年 8 月，微博以"微头条非法抓取微博内容，窃取用户信息"为由，暂停了与头条的全部接口和其他合作。今日头条高级公关总监曾回应："微博封杀抖音，影响用户体验。我们欢迎市场竞争，也希望同行能以开放的心态，通过为用户提供更好的产品公平竞争。"

对此，微博公关总监曾公开表示："微博作为开放平台，一直对各类合作持开放态度，但前提是要遵循规则。比如，在短视频领域，微博与存在竞争关系的快手、美拍均保持着合作。"目前，微博已经与腾讯视频、爱奇艺、优酷等平台建立合作。在短视频领域，微博与快手、美拍也在推进合作。

思考题：

1. 为什么移动媒体中常采用免费的策略？
2. 你认为媒体市场行为还可挖掘哪些创新之处？

第十三章

传媒产业的发展

传媒产业的发展，从技术支撑下的"内容为王"，到智媒时代呈现出智能支撑的"精准到达"发展趋势。知识经济、信息付费、文化创意、算法推荐……成了传媒竞争的核心要素。传媒内容产品的生成需要丰富的知识供养，是靠智力支撑的知识经济，知识信息生产力贯穿于整个传媒产业，它的虚拟性、传递性和渗透性在传媒产业中表现明显，这给传媒产业的结构调整和资源配置也带来了新的挑战。

第一节　智能支撑下的传媒发展

一、智能支撑下的知识经济

（一）知识经济内涵

知识经济，通俗地说就是"以知识为基础的经济"。从内涵来看，知识经济是指经济增长直接依赖于知识和信息的生产、传播和使用，它以高技术产业为第一产业支柱，以智力资源为首要依托，是可持续发展的经济。按照世界经合组织的说法，知识经济就是以现代科学技术为核心的，建立在知识和信息的生产、存储、使用和消费之上的经济。

知识经济的繁荣不是直接取决于资源、资本及硬件技术的数量、规模和增量，而是直接依赖于知识、技术特别是高技术，以及有效信息的积累和利用。

知识经济的出现，标志着人类社会正步入以知识资源为依托的新经济时代，在这个新时代，知识将成为最重要的经济因素。知识经济的兴起，使知识上升到社会经济发展的基础地位，知识成了最重要的资源。

20 世纪 70 年代以来，以信息技术及其产业化进程迅速推进为标志，人类社会逐渐进入了一个全新的经济时代即知识经济时代。其本质是一种信息经济，主要表现为，信息技术在全社会广泛渗透和使用，信息和知识成为重要的资源和财富，信息产业成为国民经济的主要经济部门；经济表现为一种创新型，技术创新速度大大加快，并成为经济增长最重要的动力；知识经济是一种智力支撑型经济，对智力资源的占有、配置、生产、分配、使用成为最具决定性的经济因素。

知识经济概念的使用由来已久。20 世纪 70 年代托夫勒在《第三次浪潮》中提出的“后工业经济”，80 年代奈斯比特在《大趋势》中提出“信息经济”，福莱斯特在《高科技社会》中提出的“高技术经济”；进入 90 年代，欧美国家尤其是美国的经济形势发生了巨大变化，知识代替了传统经济中的资本、劳动力和自然资源，成为推动经济增长和社会进步的首要因素。据统计，发达国家国民生产总值（GNP）的 50% 来源于知识产业的产出。为此，早在 1996 年，经济合作与发展组织（OECD）首先正式使用了“基于知识的经济”（knowledge-based economy）的概念，1997 年美国总统克林顿更将其直接称为“知识经济”（knowledge economy），从而成为发达国家进入知识经济时代的一个重要标志。[①]

（二）知识经济中的传媒发展

随着互联网的进步和发展，以网络为载体的知识传播形态更为多样化，知识创业、知识变现等领域十分火爆，引发了一场知识领域的消费升级，如各类“知识付费”的出现。当前在我国主要可分为两类：一类是内容平台，生产方式包括 PGC（专业内容生产）和 UGC（用户内容生产），前者以得到、喜马拉雅为典型代表，后者以分答、简书为代表；另一类是第三方支持类服务商。其中，内容平台按照知识展现形式又可分为课程专

---

① 邱均平，岳亚，段宇锋. 论知识经济中的知识管理及其实施 [J]. 图书情报知识，1999（3）.

栏类、直播类、问答互动类和线下约见类。课程专栏类以结构化的内容为主，品质具有一定保障；直播类互动性较强，但门槛较低，内容以 UGC 为主；问答互动类以网红、名人为主要内容生产者，娱乐化和生活化偏向明显，网络围观的现象较普遍，价格也比较低廉；线下约见类价格比较昂贵，大多采取的是咨询授课方式。伴随着移动化趋势，知识付费领域的企业陆续推出 App 产品，使得知识付费更加便捷，知识习得更加便利。

传媒内容产品的生成需要丰富的知识供养，是靠智力支撑的知识经济，知识信息生产力贯穿整个传媒产业，它的虚拟性、传递性和渗透性在传媒产业中也表现明显。

（1）虚拟性。体现在传媒信息生产力的虚拟和无形的外在表现与存在状态，以及表现形式的多种多样性，如图像、文字、音频、声频等。知识信息生产力的虚拟性虽然难以刻画或者描述，但其生产各类虚拟传媒产品，如广告、影视剧、综艺节目等却是可触可感的，其虚拟只是一种不同于实物形态的表现形式。

（2）扩散性。表明传媒信息生产力可传播的时空性。知识信息生产力可以打破物理限制，使得媒体信息能够在社会中共享，帮助人们决策，推动社会和经济的进步，让有价值的内容在更大范围内自由地流通、扩散，并产生价值，发挥巨大的生产力效应。

（3）渗透性。传媒信息生产力存在于政治、经济、文化等社会生活中的各个领域，在经济领域中的渗透尤为突出，被应用到生产、消费和流通中，促进社会生产力的高速发展和社会经济运行。①

【案例 1】知识付费产品再构"知识付费"内涵②

所谓"知识付费"，与传统媒体中"知识"大有不同。学界目前对"知识付费"概念尚无明确的定义，常与"内容付费"概念混用。内容付费可被看作知识付费的原型，其形态包括媒体订阅、在线教育、音乐视频版权付费、会员制，以及各类媒体平台所推出的、以营利为目的的内容售卖服务。

---

① 陆汉明. 知识经济环境下的信息生产力特征探究 ［J］. 教育教学论坛，2013（29）.
② 徐敬宏，程雪梅，胡世明. 知识付费发展现状、问题与趋势 ［J］. 编辑之友，2018（5）.

随着内容付费领域的发展、移动支付手段及用户信息获取方式和消费结构的改变，知识信息内容逐渐从内容付费中独立出来。这里的"知识"，其本质是通过交易手段使得更多的人愿意共享自己的知识积累和认知盈余，通过市场规律和便利的互联网传播达到信息的优化配置，其形态包括线上教育、数字出版及咨询业等多种形态，因此知识付费可以被看作"信息付费"，即在信息生产和消费者之间存在消费差，并且可以通过平台进行信息沟通和变现。

知识付费风口的到来给整个内容生产领域带来了新的生机。对于知识生产者来说，知识付费能够在某种程度上保护知识信息生产者的知识版权，激励优质内容的生产；对于知识付费的用户来说，在互联网信息爆炸时代，真正有价值的信息却相对稀缺，知识付费能够使用户高效地筛选知识，获得更个性化的信息服务。在这种形势下，各类知识付费产品层出不穷，火速占领资本市场。根据知识付费内容形态的不同，可以将知识付费产品分为付费问答、专栏订阅、直播互动以及线下咨询等形式。"分答"是付费语音问答产品的代表，用户可以向特定的人员提问，答主通过回答提问来赚取收益。问答类产品迅速、及时，提问者和答主之间能够及时沟通，互动性较强。"罗辑思维"推出的"得到"以及豆瓣推出的"豆瓣问答"则以付费专栏的形式为主，用户可以通过按年或按月的订阅形式来获取系统性的课程。这类产品价格相对较高，但用户黏性较强。"得到"上线的第一个付费订阅产品上线20天后，营收就过百万元，成为现象级的订阅产品。直播互动则是通过语音或者视频直播的形式来进行知识分享，荔枝微课、知乎是这类产品的代表。此外，线下咨询则是O2O咨询或授课的形式，果壳网推出的"在行"是这类产品的典型代表，其为用户提供了线下见面的场景，这种形式效率较高，但也存在着较大的疑问。

总体上看，时下知识付费产品呈现几个明显的特征。一是从内容生产来看，内容生产以"UGC + PGC"的生产模式为主，既有付费平台携手内容生产商制作的专业生产内容，也有大量大V、网红所生产的内容及UGC内容；这种生产模式生产的多元内容既包含门槛较高的专业内容，如理财、金融等，也包括生活娱乐等低门槛的内容，多元的内容生产体系、垂直细分趋势使得知识付费产品能够满足不同用户的信息需求。二是从传播特点来看，知识付费平台作为一种开放型内容平台，其将信息发布的权力下沉，使每个个体充分参与到信息生产的过程中，那些原本散落在个体身上的闲置时间与知识（认知盈余）被激活，得以在内容平台中被聚合、被发掘、被检索。

在这样一个过程中，用户的参与性被充分调动，如在荔枝微课上，用户不仅可以购买课程，收听直播，还能创建自己的直播，实现自身变现。

二、传媒产业的知识经济特征

（一）传媒产业靠人力资本的积累

传媒产业是一种智力密集型产业，靠创造力发展，知识积累和专业化的人力资本起着决定性的作用。

曾获诺贝尔经济学奖的舒尔茨认为，技术进步主要是靠人力资本积累。所谓人力资本是指人的知识和技能。他认为，人力资本和物质资本不一样，物质资本是报酬递减的，人力资本是报酬递增的；物质资本投进去以后，你用了别人就不能用，而知识不存在这个问题，你用了别人照样用，它是报酬递增的。

发展经济学认为知识、科学，一方面是收益递增的，会给社会带来很大贡献，但另一方面也存在一个问题，就是很难排他地使用。就是说，只要拿出去了，就很难禁止别人使用。当然，知识、科学的发展要靠市场制度，当然也包括一些法律制度，比如说知识产权的保护制度。[①]

【资料阅读1】达·芬奇密码为何让人迷：揭秘创意经济新解码

当科学与宗教交织的一个又一个悬念紧紧抓住读者和观众的心时，《达·芬奇密码》在全世界获得了前所未有的成功。当世界走入创意经济时代后，这部著作的巨大成功，无疑又引领着创意经济步入一个新的阶段。聪明的商人们，凭着他们的奇思妙想，让《达·芬奇密码》的能量辐射到电影、手表、汽车，甚至食用油上，给世界展现了一个无限延展的创意经济新解码时代。

---

① 苏东水. 产业经济学［M］. 北京：高等教育出版社，2001.

"密码"掀起文化创意"风暴"

《达·芬奇密码》是一本"科学＋宗教"的悬疑小说，热到已经脱销；也是一部电影，火到甚至在各大影院上演一票难求。看过书的人渴望带着书中的悬念去电影中和主角再次进行解码之旅，看过电影的人又希望回到书中去仔细琢磨那些秘密。于是，看了又看，一场"文化解码风暴"骤然而起。

解读创意产业的"密码"链条

丹·布朗本人曾经说过，《达·芬奇密码》所衍生出的相关产业，至今已创造出大约 10 亿美元的营业额。但如今看来，实际上远远不止这个数字。电影、腕表、游戏、旅游……越来越多的产品和行业在沾光《达·芬奇密码》的神奇，迅速火爆市场。

一只达·芬奇腕表卖 2 万美金

哥伦比亚国际影片发行公司已经授权给一位珠宝商做达·芬奇腕表，这种表的最高售价可达 2 万美金一只。GOOGLE 已经推出了《达·芬奇密码》的游戏网站，放了许多解谜游戏。不知道那些酷爱"杀人"游戏的玩家，是否会纷纷"倒戈"？此外，还有人生产相关的玩具等。

旅游因此而"火"

《达·芬奇密码》对于旅游的促进更是不可忽视。有媒体报道，这部电影借巴黎近郊的维蕾特城堡拍摄，已让这座城堡成为著名旅游景点。现在前来参观的人络绎不绝，城堡的主人如今只需坐拥豪宅，就财源滚滚了。据说，《达·芬奇密码》是首部能够进入卢浮宫拍摄的外国影片，让法国人如此重视的一部电影，其意义明显早已突破了书或电影本身的魅力，一个国家借此扩大影响力，同时带来的丰厚的旅游收入，恐怕也在其中占了足够重的分量。

同样是小说中提及的苏格兰罗斯林教堂，自 2003 年《达·芬奇密码》一书出版后，也成了一个热门旅游景点，仅 2005 年前 10 个月游客人数就超过 10 万。

游戏吸引追随者

此外，电影《达·芬奇密码》的中国香港地区发行商则别具匠心，投资 200 万港元，以电影中男女主角"走遍各地破解密码"的情节为蓝本，在香港开展了"达·芬奇解码之旅"游戏活动，获奖者将追随电影中男女主角的足迹，畅游巴黎、伦敦、爱丁堡等地。

思考：

(1)《达·芬奇密码》出版书籍营造了何种传媒产业链？

(2)"文化解码风暴"是靠怎样的创意完成的？体现了何种人力资本因素？

(二) 传媒产业的知识经济特征

传媒产业是文化产业的重要组成部分，也是国民经济的重要产业部门。作为知识密集、智力密集的传媒产业，具备知识经济的特征。

(1) 高科技改造了传媒产业，不断为传媒产业提供新的载体。计算机和网络技术实现了传媒产业采编工作和经营管理的自动化、网络化，提升了管理水平和工作效率，如开展电子商务和网络出版，促进传媒产业升级。图书、期刊、音像制品和电子出版物更是从事电子商务最适宜的产品。各类新兴媒体融声、像、图、文为一体，还挟其信息传播的高度实时性、参与性和交互性等前所未有之优势呼啸而来，席卷全球，既丰富了信息内容，也使信息需求者可以更深入和有选择地享受信息服务。

(2) 传媒产业从本质上说是内容产业，横跨娱乐和信息产业两大领域。从事"信息产品"的内容生产、加工和传播，并通过交换来实现信息资源的增值和对生产过程中劳动成本的补偿，获取最大的经济收益。

(3) 传媒产业的各种创新，包括观念、制度、管理、科技、产品创新，都以满足市场需求为最终目的，其效果也靠市场来检验。为了扩大市场占有份额，传媒业必须进行市场创新。

现代经济总体上已以"文化意义"为基础，现代经济活动、社会活动与文化活动的界限已经模糊。以娱乐性、消遣性、益智性为特征的经营性文化拥有相对广大的消费人群。这样，随着产品的需求者增多，市场也就越大。传媒产业娱乐性内容的发展，若建立在"数字化"技术基础之上，则无成本复制和传播、个性化与互动式服务、多媒体界面、虚拟现实、生活性的渗入，在一定意义上体现了人类发展的需求。

(4) 传媒产业娱乐化表现是现代高科技发展的结果，是现代社会的产物。现代社会，随着人的放松和对深层心理的理解与宽恕，伴随着信息社会的来临，"传媒娱乐产业"随之发展起来。首先出现了传统音像业。以 1877 年留声机的发明、1895 年电影的产生为标志，人们可通过媒体、以间接的方式获得娱乐。音像作品进入千家万户，成为大众消费对象；音像作品使娱乐成为大众日常生活的一部分，大批迎合大众的音像作品涌现。接着出现了以广播电视为主要传媒的"在线传媒娱乐作品"。广播和电视的出现，使得在线传媒娱乐作品音画效果生动，可实时直播也可以转播，对受众影响面大，成为传媒娱乐业的主体，使欣赏者重新获得了一种虚拟的"在场感"。世界上许多老牌传媒公司在建立音像制品连锁店的同时，更致力于占有电视频道资源，从而使娱乐作品的离线传播和在线传播相得益彰。最后出现了以互联网为代表的互动式传媒娱乐。人们不单是作为"受众"而接受媒体中的娱乐作品，而且可以作为"参与者"直接参加娱乐活动。如今各种 AI、VR 等智能技术更使传媒产品的体验感具有沉浸式效果。

【资料阅读 2】数字媒体观与传媒运行模式变革[①]

现代传媒的诞生、发展都基于科技发明在传播领域的广泛应用，科技革命与传媒运行、发展模式有着天然的联系。

所谓数字媒体观，就是把一切基于电子技术的传媒形态都视为具有共同技术内核、运作规则、分享基础的统一体；不同形态的传媒，如广播、电视、互联网、短信、数据库，都是基于数字技术内核及其运作规则，分享基础的不同传播方式、不同传播手段。数字技术为不同传媒提供了资源整合的平台和基础，也就为不同传媒形态或业态的聚集，如广播、电视、互联网、短信、数据库、报刊等，提供了新的基础，提供了分享资源和影响力空间的内在机制与条件。

广播、电视的产生是基于模拟技术的。最早催生广播电视媒体的声音传播技术、图像传播技术就属于模拟技术。随着传媒产业的发展，统筹协调的发展观与发展模式得以形成，建立了广播、电视、互联网、数据库等统一而又适应不同传播形式需要的分类标准，使得采集、处理的内容得到更深程度的共享与互用，从而得到更快发展。依据数字媒体观，就可以把

[①]　陆小华. 数字媒体观与传媒运行模式变革［J］. 新闻记者，2006 (1).

广播、电视、网络等资源与运作流程都整合在新的基础上，在新模式下运行、操作。

从传媒与人的关系角度着眼，当今已经进入个性化移动接收时代。基于数字媒体观，人们会发现所追求的人性化运作模式最终会改变受众与传媒间的关系，改变信息消费方式，可以期望做到所谓"一对一"贴身服务，做到成为受众的"信息顾问"，按照受众需求、在受众方便的时候提供电子信息，在更为方便的时候，提供互联网和数据库产品。

概言之，传媒产业生产的产品富含丰富创造力和独创效应，是信息类产品。可以说，一切以信息传播和影响力放大为目的的产品生产都属于传媒产业产品。传媒的信息产品在生产过程中，需要凝聚传媒创作团队的创造力，是建立在一定的知识学习基础上的知识再创造，知识含量很高。传媒产业产品的表现形式多样，尤其是智能媒体时代，其运营和营利模式所要求的知识含量很高。

【案例2】知乎电子书上线

流量虽然是知乎开设电子书商店的天然优势，但知乎的意图却明显不限于卖出更多的书。目前知乎作者可以通过专栏文章的读者赞赏、通过语音直播组织知乎 Live 的方式获得收益。知乎书店的上线运营，补足了知乎社区中文字内容有偿付费获取的缺失。未来作者有可能将自己的文字、音频甚至视频内容打包出售给用户，并根据用户反馈进行调整，形成一个完整的价值闭环。而电子书在其中起到了引出话题、吸引关注和讨论的作用，成为用户交流讨论的共同前提。

然而，这实际上也给知乎书店运营和管理带来更大的挑战。要实现这一价值闭环，尤其是引发关注与讨论，对书籍的选题和写作质量就有明显的要求，如必须有"干货"、有鲜明独到的见解和观点等。这实际上对书店运营编辑的能力提出了极高的要求。除此之外，书籍的推广信息会出现在哪些用户的信息流上，从而实现较高的转化率，也对知乎的话题推荐算法机制有了更高的要求。

除了与出版社合作发行电子书外，未来知乎还可与相关出版社合作来挖掘一些优质知乎作者。这也意味着知乎作者多了一条内容变现的途径；而出版社也愿意通过知乎牵线搭桥，挖掘选题，签约推出这些优质作者的电子出版物甚至纸质出版物，从而在自媒体知识经济中分得一杯羹。

第二节　传媒产业结构的优化

一、传媒产业结构优化方式

传媒产业遵循产业集聚的普遍规律和运行机制，主要为消费者提供政治、经济、文化娱乐等信息服务，信息源在产业链和价值链中占据重要位置。传媒产业结构优化是指推动传媒产业结构合理化和高度化发展的过程，其目标就是要实现产业结构的合理化和高度化，最终实现经济的持续快速增长。

传媒产业结构优化主要包括如下几个方面：

（1）传媒产业结构合理化，即遵循再生产过程对比例性的要求，追求传媒产业规模适度、增长速度均衡。

（2）传媒产业结构高度化，即在技术进步作用下，传媒产业结构系统从较低级的形式向较高级形式的演变，也可将其称为传媒产业结构的升级。

传媒产业结构优化过程主要是建立在传媒产业之间的关联效应基础之上，通过资源配置的方式，与创新相结合，形成聚合质量与整合效应，以达到传媒产业结构的合理化和高度化，最终优化产业结构。

【案例3】从今日头条到抖音，看字节跳动的战略调整[①]

35岁的张一鸣执掌今日头条已超过8年，此次卸任，将今日头条交给产品负责人陈林，预示着张一鸣将重心放到管理公司整个层面，也昭示着今日头条阶段性退出了历史舞台。

---

① 投黑马.张一鸣卸任背后，今日头条不再是字节跳动的核心[EB/OL]．[2019-9-23] http：//wemedia．ifeng．com/90412574/wemedia．shtml.

今日头条早就把公司对外全部的名称介绍改为"字节跳动"。根据行业数据调查机构 QuestMobile 的统计，在 2018 年第三季度中，今日头条的月活跃用户数达到 2.54 亿，而上升势头明显的抖音则是 2.31 亿，两者的差距已经抹平。除了抖音之外，西瓜视频也贡献了 1.16 亿的月活数据，火山小视频与 FaceU 也贡献了不小的用户规模。

这些数据足以说明今日头条早已不再是字节跳动唯一的旗舰，张一鸣的野心是构建一个像 BAT 一样的生态。这一点从今日头条发布传闻已久的"小程序"产品也能够侧面看出，因为 BAT 都已经被验证过了，小程序能够承载更多元化的功能与价值。

二、传媒产业的资源配置内容

（一）资源配置机理

传媒产业结构优化的机理就是通过调整影响传媒产业结构的主要因素（即对资源进行合理有效的配置），使得传媒产业结构得到优化，发挥传媒产业结构效应，最终促进国民经济的增长。

一般来说，传媒产业的资源配置可以通过市场自发调整和政府行政干预两种手段进行。在市场经济环境下，资源配置应由市场来主导。大量事实表明，市场是配置资源和提供激励的有效方式。一方面，市场经济可以通过竞争杠杆和价格杠杆把稀缺资源配置到能创造最好效益的传媒产业或企业；另一方面，市场对各种信号的反应灵敏迅速。

然而，传媒市场也有其自身的明显弱点和局限性：一是传媒市场的盲目性，难以平衡和稳定宏观传媒经济总量；二是传媒市场难以对相当一部分带有公共设施和消费性质的传媒产业或企业进行调节，特别是一些社会效益高于经济效益的传媒产业，市场调节不可能达到预期的社会目标；三是在一些垄断性、规模经济显著的传媒产业，市场调节也会出现失灵的现象。由此可见，传媒产业恰好是一个市场机制因自身缺陷而无法进行合理资源配置与结构优化的特殊产业。

首先，传媒产业的外部性特征决定了其社会效益的重要性。传媒产业是一种依靠社会影响力实现经济效益与价值最大化的特殊产业，传媒产品作为一种价值实现过程，必须通过大众传播与受众精神接受才能实现，是一种特殊的产品，对社会文化、价值观念、道德规范等社会意识形态均产生重大影响。

其次，传媒产业的不完全竞争性导致其越来越呈现市场失灵趋势，市场主要表现为传媒产业的规模经济和范围经济的迅猛发展。规模经济是指生产同一种产品达到一定规模之后，平均成本降低；范围经济是指横跨传媒市场的多种产品组合，以实现效益最大化。在规模经济与范围经济的双重作用下，"马歇尔冲突"有时也会产生，即大规模生产能为传媒企业带来规模经济性，使这些传媒企业的产品单位成本不断下降、市场占有率不断提高，其结果必然导致市场结构中的垄断因素不断增强，而垄断的形成又必然阻碍竞争机制在资源合理配置中所发挥的作用，使经济丧失活力，从而扼杀自由竞争。[①]　随着传媒产业中一个个"巨无霸"的崛起，市场占有率与集中度不断提高，垄断因素不断增加，甚至在很多国家与地区的传媒产业已经步入了寡头垄断的阶段，导致了市场自由竞争机制的失灵，只能依靠政府的宏观调控来实现最佳资源配置。

最后，传媒产业的信息产业特征决定了其计划调控的可行性。越来越多的证据表明，随着以电脑、互联网、电子商务等为基本内容的信息技术的发展，人类社会无须通过市场价格的"猜测"，可以直接沟通生产与消费信息并准确地把握供求数量，这个技术上的可能性愈来愈大。

因此，政府的政策保证是推动传媒产业结构优化的主要手段。

新的媒体时代，用户从信息的消费者逐渐转变为信息的生产者，信息生产方式的改变催生了资源配置的新路径。随着生产力的发展，人们的注意力成了稀缺资源。这个问题在于，大众传媒的注意力资源配置是止于少数专业人士的，而互联网群体传播将注意力的资源配置手段拓展到了草根阶层。例如，一些网红，李佳琦、薇娅的直播，在一定程度上改变了社会资源配置。传媒对资源的配置已经参与到了社会结构的再生产。

与其他产业不同，传媒产业不仅直接贡献 GDP，还能创造出可渗透到经济社会各个领域的媒体社会影响力。[②]

---

①　马歇尔. 产业经济学［M］. 北京：高等教育出版社，2001.

②　包礼祥，周欢. 中国传媒产业在经济发展中的主要功能及其实现［J］. 江西财经大学学报，2013（3）.

（二）传媒产业的资源配置内容

根据哈佛学派提出的产业组织理论，有一个既能深入具体环节又有系统逻辑体系的"市场结构—市场行为—市场绩效"的分析框架。政府对传媒产业资源配置同样可以从市场结构、市场行为和市场绩效三个方面来进行。

1. 控制市场结构

它是对传媒的市场结构变动实行监测和控制，保障其合理性，具体措施包括：控制垄断行为，降低市场集中度，降低市场进入壁垒，建立企业合并审批制度，对中小企业实施必要的扶持政策等。比如，美国在1975年开始实行的广播/报纸所有权禁令，防止一家媒体公司同时在一个城市中拥有一家电视台和一家报纸。

然而，随着产业组织理论中芝加哥学派的兴起，政府的反垄断资源配置干预被认为不利于传媒产业提高生产效率，特别是在经济全球化的态势下，一些政府为了保证本国传媒产业在全球范围内的竞争力，开始调整资源配置政策，放松对市场集中度的控制。比如2003年，美国通讯委员会新的媒体管制决议规定：放宽美国媒体公司的电视观众在全国家庭总数中占有率的上限，从原先的35％调高到45％，也取消了对媒体集团在同一地方市场同时拥有报纸和电视台的限制等。

2. 控制市场行为

它是对传媒企业的市场行为实施监督和控制，遏制垄断势力的扩大，保障公平竞争，具体措施包括：禁止和限制竞争者的共谋、卡特尔及不正当的价格歧视，即以不同的价格向不同顾客出售同一种产品的经营做法，如电影票、飞机票、折扣券、奖学金、数量折扣；对传媒产品的价格、质量实行全面监督，增加市场信息的透明度；对欺骗、行贿和中伤竞争者的各种不道德乃至非法的商业行为进行取缔和必要处罚。比如，我国传媒业实行严格的进入管制制度，不允许私人办报（台）和传媒集团办报（台），不允许民营资本控股传媒企业等。

3. 控制市场绩效

这主要是指政府对传媒产业"市场失灵"领域的直接干预。比如，政府直接投资于传媒基础设施部门，对赢利不多但具有相当社会效益的传媒产业部门提供资金援助等；传媒产业在绝大多数国家都享受各种各样的增值税优惠。其优惠幅度大约为三类：① 以德国为代表，传媒业享受一般增值税的税率优惠，德国增值税率一般为 7％～16％，报刊业与食品、水一样享受 7％的优惠税率；② 以法国为代表，传媒业享受特别的增值税税率优惠，法国增值税率一般为 5.5％～19.6％，但是报业与医疗业一样享受 2.1％的优惠税率，图书与食品、水一样享受 5.5％的优惠税率；③ 以美国为代表，传媒业不缴纳增值税，美国的增值税率一般为 17.5％，但是报刊业、图书与食品、水、医疗一样优惠，增值税率为零，无论是印刷、纸张还是广告都免除增值税。①

第三节　传媒产业结构的高度化

一、传媒产业结构高度化的含义

传媒产业结构高度化主要是指传媒产业结构从低水平状态向高水平状态的发展，是一个动态的过程。传媒产业结构的发展方向一般是顺着劳动密集型、资本密集型、技术密集型、知识密集型产业占优势地位的方向，顺着低附加值和低加工度、高附加值和高加工度型产业占优势地位的方向发展。是从低水平状态向高水平状态的发展，是一个动态的过程。

二、创新是传媒产业结构高度化的表现

在封闭经济条件下，传媒产业结构的变化是需求结构变动和供给结构变动相互作用的结果；在开放经济条件下，再加上国际贸易和国际投资因素，真正在促使传媒产业结构高度化中起核心作用的是创新。

所谓创新，按照熊彼特的观点，是指引入一种新的生产函数，以提高社会潜在的产出能力，具体表现为：创造出新的传媒商品和服务；在既定的劳动力和资金的情况下，提高原有传媒商品和服务的产出数量，具有一种扩散效应的功能，这种扩散效应能促进传媒产业的快速发展。

---

① 陈中原. 试论我国传媒的幼稚产业政策［EB/OL］.［2019 - 9 - 23］http：//media.people. com. cn/GB/40628/3232153. html.

在传媒产业中，创新表现为两个方面的发展：

第一，可以提高传媒生产产品和服务的能力。传媒产业的产品主要是信息，服务则是通过向受众提供各种载体来传播信息的。大量传媒新技术的使用，极大地提高了传媒产业生产和服务的能力。

第二，可以增加传媒产品种类，也就是我们现在常说的各类"新兴媒体"。这可以从以下几个方面来把握：它是一种以小部分受众甚至个人为指向的分众媒体而非大众媒体，传播模式是窄播而非广播；它是一种信息的发送者与信息的接收者之间具有充分互动性的媒体；它是一种复合媒体（多媒体），其内容呈现方式可以根据需要，在文本、视频和音频之间任意转换或兼而有之；它是一种跨越国界的全球化媒体，全球的网络市场消除了国与国的界限，家庭甚至个人与跨国公司一样有机会拓展全球市场，信息以最低的成本让无数的人共享。① 各类新兴媒体在技术上依赖于网络与数字技术的发展，是一个典型意义的高新技术密集型产业。因此，可以说各类新兴媒体的诞生与发展对传媒产业高度化具有历史性的意义。

三、创新对传媒产业结构高度化的影响

创新对传媒产业结构的影响既有直接的，也有间接的。

社会资源可以自由地流动，当传媒产业内部产生了某种创新时（即新的传媒产品品种诞生，或是传媒产品或服务能力的提升），就会导致其他传媒产业部门特别是传媒产业的关联产业的生产要素向这个产生创新的传媒产业部门流动。

这是因为，当创新带来的是传媒新产品开发或原有产品服务改善时，由于传媒新产品的需求弹性较大，会吸引生产要素流入该部门；传媒新产品刚上市时，其价格对成本的反应、需求对价格的反应都比较敏感，从而使其产量的提高能获得较高的收益，当该部门能够获得高于传媒产业部门平均水平的收益时，传媒其他部门的生产要素就会向它转移。因而，这种

---

① 吴征. 媒体业发展趋势与新媒体的文化使命［EB/OL］.［2019 - 9 - 23］http：//tech. sina. com. cn/it/t/66496. shtml.

方式的创新将倾向于该传媒产业部门的扩张。

　　传媒产业中新兴媒体的发展就是如此。各类传统媒体都开始将生产要素注入这个新的媒体，也就是说，当创新仅仅导致了原有传媒产品的生产效率提高时，如果这些传媒产品的需求弹性较小，就会促使该部门的传媒生产要素向外流出。因为原有传媒产品已趋于成熟，其价格对成本的反应、需求对价格的反应已不再特别敏感，从而其产量的大幅度提高将大幅度降低该产品的价格，使其收益下降。所以，这种方式的创新更倾向于使该传媒产业部门收缩，尤其表现为该部门劳动力数量的锐减。

　　创新也会对传媒产业结构产生间接影响。创新通过对传媒产业中生产要素相对收益的影响而间接影响产业结构的变化。创新可使消费者改变对传媒产业产品的消费方式，这样会在产业链中衍生新的产品，从而间接影响传媒产业结构的变化。创新往往会创造新的或某些潜在的巨大需求（最终或中间需求），并且有可能通过连锁反应对需求产生更广泛的影响。

　　当然，一项创新有可能以相同的比例，同时提高劳动与资本的边际生产率。然而，这种情况是十分罕见的。更常见的是，创新对它们的非平衡影响，即资本边际生产率的提高比劳动边际生产率的提高更快。在这种情况下，就会刺激生产要素之间的替代，即资本替代劳动或劳动替代资本。前者就是所谓的"劳动节约型创新"，后者就是"资本节约型创新"。比如，如今的电子媒体大行其道，资本和技术等生产要素的收益率已经大大超过了劳动。显然，这种要素之间的替代会影响传媒产业结构的变动。

　　产业结构高度化是一个变化过程，而且是一个向前发展的变化过程，所以创新是传媒产业结构高度化的重要动力，产业结构有序发展的核心动因导致传统媒体向新兴媒体不断演进。

　　对于传媒产业来说，互联网不仅是一种新的生产要素，更是一种产业基础和创新模式。从印刷、无线电、广播电视到互联网，传播技术和渠道的更新升级缔造着新的产业形态与业态，从而推动传媒产业的快速发展。移动互联网、大数据、云计算、物联网、人工智能等信息技术相继成为近年来传媒产业快速发展的阶段性重要助推力。其中，移动互联网从根本上摆脱了固定互联网的限制和束缚，拓展了互联网应用场景，促进了移动应用的广泛创新。从 3G、4G 发展到 5G，移动互联网开始向物联网应用领域扩展，以满足未来上千倍流量增长和上千亿设备的联网需求。虚拟现实、区块链等新兴技术未来将推动数字经济持续发展。[①]

第四节　传媒产业结构的合理化

　　传媒产业结构优化的过程主要是通过政府有关产业政策调整来影响供给结构和需求结构，实现资源优化配置与再配置，以推进产业结构的高度化和合理化发展。[②] 因此，传媒产业结构优化是包括推动传媒产业结构高度化和合理化发展的过程。高度化主要遵循传媒产业结构演化规律，通过创新，加速传媒产业结构的高度化演进；而合理化主要依据传媒产业与其他关联技术经济以及传媒产业内部各行业的关联技术经济的客观比例关系，来调整不协调的产业结构，促进传媒产业内部各行业之间以及传媒产业与其他国民经济各产业间的协调发展。所以，传媒产业结构合理化的标志是：能充分有效地利用国内的人力、物力、财力以及国际分工的优势，使传媒产业各部门之间以及传媒产业与其他产业协调发展；使传媒产业经济持续稳定地增长，对社会各部门需求和供给得以顺利实现；能实现人口、资源、环境的良性循环。

一、传媒产业供给结构的合理化

　　传媒产业的供给结构是指在一定价格条件下，作为生产要素的资本、劳动力、技术、自然资源等在传媒产业中可以供应的比例，以及这种供给关系带来的产业关联关系。供给结构包括资本（资金）结构、作为供应因素的投资结构、劳动力供给结构、技术供给结构，以及自然资源结构等。传媒产业结构合理化就是对这些因素进行结构性调整，使得各因素之间达到一种和谐发展的状态。

---

　　① 崔保国，郑维雄，何丹嵋. 数字经济时代的传媒产业创新发展［J］. 新闻战线，2018（11）.
　　② 苏东水. 产业经济学［M］. 北京：高等教育出版社，2001.

传媒产业的供给结构是一个动态的结构，会随着需求结构的变化而变化。当需求结构变化时，由于供给结构的刚性特征与市场信息不对称的现实情况使得供给结构没有变化或者反应不够灵敏，都会造成市场资源的配置效率降低和经济发展的减速。

二、传媒产业需求结构的合理化

传媒产业需求结构是指在一定的收入水平条件下，政府、企业、家庭或个人所能承担的对传媒产业产品或服务的需求比例，以及这种需求关系所带来的产业关联关系。它包括政府（公共）需求结构、企业需求结构、家庭需求结构和个人需求结构，以及以上各种需求的比例；它也包括中间（产品）需求结构、最终产品需求结构，以及中间产品需求与最终产品需求的比例；还包括作为需求因素的投资结构、消费结构，以及投资与消费的比例等。产业结构优化也要对这些因素进行结构性调整。

一般来说，需求结构变化先于供给结构的变化，但是在科学技术发展与创新越来越迅速的今天，特别是作为技术密集型产业的传媒产业，供给结构变化有时会快于需求结构。这种暂时的不协调往往是良性的，会迅速被市场机制所协调。但是传媒产业的需求结构，除了政府的宣传性需求结构外，其他如企业需求结构、家庭或个人需求结构、投资消费结构等都受到整个国家甚至整个世界宏观经济状况的影响。因此，当由于经济萧条导致的传媒产业需求结构的变化落后于供给结构时，就形成一种恶性的不协调，会形成资源的浪费。

三、传媒产业结构的优化

在传媒集团化和跨媒体、跨地区经营政策的推动下，传媒间的并购重组成为下一步传媒业的发展重点，这为传媒融资渠道拓宽开辟了路径，并为业外资金介入传统影视制作、出版发行等领域提供了难得的机遇；传媒经营业务分拆上市仍将是传媒产业通过资本市场融资的主要方式。这也是传媒产业结构向合理化、高度化发展的有效路径。

【资料阅读3】智媒时代我国媒体融合创新发展研究①

　　各类智能媒体以其自身独特优势迅速获得受众认可，驱使传统媒体不得不向其融合；与此同时，智能媒体也在主动与传统媒体进行内容融合。智能技术加速各媒体之间融合创新，"怎样融"成为未来我国媒体创新发展的必由之路。中国媒体"融什么，如何融"？中国媒体融合思路局限于新闻内容，未深入影视剧、综艺等娱乐内容；需关注受众演变规律，让受众容易获取有质量的内容才是重点；需建立融媒体传播效果评价维度。中国的媒体融合尚未找到最佳发展路径，绝大多数的传统媒体依然把新兴媒体只当作增量来看待，但其影响力明显受到新兴媒体急剧冲击，受众大量流失。

　　我国传统媒体如何高效、合理、科学地与各类新兴媒体进行融合？如何产生媒体聚合共振效应？

　　一、媒体融合究竟"融什么?"

　　关于媒体融合的探索性研究不断涌现，目前尚未形成清晰思路，但有两个趋向可以观察：

　　一是传统媒体已经跨越 PC 互联网渠道，选择入驻智能手机移动媒体，但是目前融媒体思路常局限在新闻这块内容，未深入影视剧、综艺等娱乐内容。具体表现为，原先通过报纸、广播以及电视载体发布的内容，目前以手机 App 应用软件、微信公号等内容呈现，以"内容找渠道"的路径向各类新兴媒体融合，甚至延展出"内容＋电商"媒体。

　　二是智能手机载体上各类社会化媒体，如腾讯、爱奇艺、优酷、B 站、今日头条等纷纷主动推出传统媒体上的新闻、综艺、影视剧等内容，以"内容找受众"的路径向传统媒体获取内容资源，并完成"电商＋内容"的精准推送型媒体。

　　显然，媒体融合绝不是传统媒体简单地向新的媒体"整体转型"，也不是移动互联媒体粗暴地对传统媒体的取代与颠覆，而是两者之间彼此互相需要、相向而行的融合之路。融媒体是现阶段媒体发展的必经历程。

　　但现状是，"新闻融合"是传统媒体的一种融媒体策略行为，以内部自建方式，向新兴媒体空间传播拓展，以至于同一媒体组织自身结构内的

　　① 童清艳. 智媒时代我国媒体融合创新发展研究 [J]. 人民论坛・学术前沿,2018 (10).

联合远超于媒体对外部新兴媒体的联合，即由传统媒体自身内部孵化一些所谓新媒体项目，实质思维、内容传播形式均未创新。这种"融媒体矩阵"后，原先内部之间的配合规律被肢解，迅速出现内容生产部门与发送等部门间配合困难。于是，野蛮生长，部门间人力、财力等资源协调麻烦，甚至出现"姿态性融合"，即简单地将原有传统媒体新闻内容搬运到新兴媒体渠道。大多数新闻从业者虽然感到媒体融合的必要性，但其传统的新闻惯常思维与互联网思维之间尚未达成有效的对话，缺乏实际操作新媒体的技能，退而行动上便不由自主地沿用传统媒体经营方式，态度上也很难规避路径依赖，一定程度上连新闻融合都难以实现。

传统媒体的融合不是局限于"新闻融合"，而是关注"社交＋"这个移动互联网随时、随地传播交流信息的特质，需实现影视娱乐、综艺等内容全方位的融合；要和运营商合作获得新的传播渠道，要借用第三方平台的影响力来获得媒体用户资源，甚至进行产业 IP 拓展，与相关传媒产业结合，将媒体内容生产、线上传播与线下实体经营融合，是立体、全方位的融合创新与引导服务的媒体融合。

我国当下融媒体的建设，分两种类型：一是"传统媒体"去"＋新媒体"，传统媒体被迫相融，既受政府行政力量的推动，也是媒体生存所迫；二是腾讯、阿里这样的科技平台公司向传统媒体的新闻、综艺、动漫、影视剧等内容生产与发布主动渗透，是资本资源、技术力量、市场拓展的驱动，不断为受众建立随时、随地可触媒体。

未来，人工智能、计算推送、大数据等技术会催生各类新型媒体，一定程度上规定了媒体发展走向，可解读媒体格局和舆论生态，从技术发展趋势可以识别融媒体该融什么，朝何处融。

二、关注受众演变

受众（audience），这个概念，虽然永远是传播学研究的核心对象，但其内涵与外延均发生演变，即已经成为积极主动的内容传播者、再造者，颠覆原先那种与传者相对而言的消极而被动的"受者"概念；受众在技术提供的便利中，对不同媒体通道的各类信息自我获取、自我选择、自我判断、自我集成，乃至轻松成为"内容生产者"，不断模糊"传—受"过程，从而使得媒体融合传播格局发生变化。

"媒体顾客价值"时代已经形成，受众的媒体消费创造新的媒体。受众在不断演变，与媒体间关系不断再造，受众对媒体的选择、受众的媒体体验与参与，直接导致媒体内容生产、经营模式的变革，催生出与往常不一样的商业营利模式、创造新的舆论传播空间场域。所以，受众演变流动的波向一定程度上构成"融媒体如何融"最有效的切入点。

传统媒体必须接受受众演变的现实，严格遵循受众迁移的速度和时间，对照受众的媒体接触习惯、消费习惯来调整、规划媒体资源的分配、内容生产与传播策略。媒体融合的重点不是简单地开通了多少微信账号、手机 App应用软件，放大了自己媒体矩阵，重点在于这些账号、应用软件最终到达了多少人群，内容是否被受众再转发，是否形成媒体互联网传播中的涟漪效应。提升融媒体的传播效果就是要关注受众，舍得花精力研究受众，特别是以社群思路研究自身媒体的特定受众，研究其媒体使用行为，舍得在受众身上花钱、花资源、花心思。这一点，传统媒体缺乏此基因，但融媒体需要具备。

三、易于获取的有价值内容才是重点

受众易获取并认可所接收的内容才有传播效果，这是评判媒体融合成果的唯一标准。我国融媒体建设中的"中央厨房"模式，同样需要考虑是否只是改进产能，但并没有改善传播效率。

传统媒体时代，优质内容是获得受众的唯一保障。融媒时代，一定程度上是受众找媒体内容，因而融媒体提供的优质且可以互动的自助式内容尤为关键，特别是可以被受众轻松获取的内容。正如信息选择公式"信息选择或然率＝报偿的保证÷费力程度"所表明，融媒体在内容传播方面需首先考虑到媒体用户体验，充分考虑受众的主体作用和认知能量的反作用力。

融媒体时代，如果一味满足受众的媒体需求，就会诞生出碎片观点，违背媒体的原则，背离其追求真相、统一意识的专业主义。因此，融媒传播如何规避智能媒体、社会化媒体负面效应也是难点。

四、我国媒体融合的效果评价维度

（一）以人为根基的社群文化服务融合

我国融媒体需要建立一个权威的整合型新兴融媒体传播平台。其过程中，如何满足受众的需要和偏好，最适合于这种方式的内容产品和服务，提供这些内容产品和服务的投入要素，以及使用这些投入要素的关键资产

与核心能力等都是建设中不容回避的问题。

融媒体的内容与受众之间是一种界面传播，特别是在 VR、AR、AI 等智能界面里，传者与受者之间关系不断变化、重塑。因此，融媒体要融，首先是需要转变思维模式，清零原先办传统媒体的心智模式，始终如一地与受众思维模式保持契合且在同一思维频率，始终保持对受众使用媒体场景的空间、环境、实时状态、生活惯性、社交氛围等基本要素的细致分析，才能实现融媒体之融效果。

（二）过程把关的"人工＋智能"的融合

人工智能算法分发新闻等信息流一定程度上是同步受众的媒体需求，进行受众定位，了解受众喜好，进行喜好检测（taste test），但机器识别存在相当多的 BUG，有着难以规避的个性化偏见。因此，推荐与过滤信息机制需要巧用，在信息传播过程中，将人工与机器智能相结合以及进行过程中的动态把关，不失为媒体融合中的一种良策。

（三）以产业融合为突破点的媒体融合

传媒产业融合发展是一个长期、动态的，需要合理与科学发展的过程。我国媒体融合也存在着从技术融合到业务融合，再到产业融合的过程。

信息产品网络与数字化后，传媒产业向受众提供的各类传媒产品、服务不再具有产业的稀缺性、专属性，其他产业完全可以提供具有替代性的信息内容产品，这些可替代产品与服务的出现，使得媒体融合反而导致传媒产业核心优势消失与减弱。因为数字和网络技术在不断推进传媒产业与其他产业融合，打破传媒市场的垄断，导致传媒产业核心优势瓦解。数字产品的无限复制与广泛传播使得传媒内容产品稀缺性降低，从而削弱了传媒产业的利润，这就迫使传媒产业需扩大原先业务范围，在更大的市场范围内进行配置，促进与相关产业之间的并购与重组，实现产业融合。

在国家层面，要健全传媒产业相关融合机制，支持传媒产业与信息产业服务平台建设；提供专项扶持资金以及政策优惠，解决融合发展过程中的资金问题，协调各方利益需求。例如，可从政府调控角度，将广播、影视等传统媒体和移动互联网等新媒体横向整合，实现同一内容的不同产品的渠道发布，促成范围经济效应。

（四）传媒产业与文化产业的融合

传媒产业毫无疑问是文化产业的核心，但我国传媒产业对文化产业的发展尚未达到其应有的效能。长期以来，我国传媒产业以广告作为其主营收入。其实，拓展广告之外的其他文化产业收入来源，也是媒体融合时需要特别思考的命题。

以往，传统媒体基本只限两项业务，一是信息，二是娱乐，但在智能媒体时代，需要往前延伸产业边界，将线上的内容与线下的产业结合起来，在体育、时尚、教育、饮食、旅游等文化领域有非常大的想象空间。

以大数据、云计算、人工智能为代表的智能媒体时代，各类智能技术正在重塑传统视听业务流程，在受众媒体使用习惯的演变中，不断推动媒体技术融合、业务融合、服务融合，加速媒体视听选题、内容生产、内容传播、内容营销、传播效果评估等各个方面的创新。媒体融合是历史的必然，是智能技术和受众演变共同驱动，把握智能技术、把握受众，让科技、受众与媒体创意进行融合，让受众的媒体消费过程化成优质的数字体验，同时，未来的融媒体还可以使得受众不只是沉迷在虚拟媒体世界，只是媒体消费与消遣，还将深深根植于现实社会，形成实体产业。

第五节　传媒产业的发展：知识经济
形势下的全球合作

一、传媒产业的国际分工与转移

在传媒全球化战略趋势下，各国传媒产业的发展和结构调整的目标和任务相应也发生新的变化，即在新的知识经济态势下，如何投入传媒全球战略的轨道，朝文化传媒产业迈进，守住本土传媒阵地，同时在国际化合作中赢得本土传媒资源跨越疆土的张扬优势，是各国传媒产业战略发展首要考虑的问题。

例如，好莱坞产业资本通过"文化劳动的新国际分工"在全球范围内强化自身优势的典型事例是数字特效行业：为了压缩成本，好莱坞的特效公司将项目分解，留下技术含量较高的部分在美国完成，其余以外包或设立分公司的形式在全球范围内寻找廉价数字特效代工。

而其他国家政府为发展文化创意产业也以税收优惠或直接补贴的方式扶持本国的数字特效企业，并进一步拉低服务价格并提升技术水平。为了与不断增长的海外公司竞争，基于项目签订短期合约成为好莱坞特效行业的惯例，大量从事技术工作的线下文化劳工缺乏基本的福利保障，而同样的劳资关系又通过这一分工体系在全球范围内复制。

其结果是，虽然数字特效在电影工业中的地位越来越突出，但它却成为利润低、工时长、不稳定和缺乏创造性的劳动密集行业，而从中获益最多的是高度依赖数字特效的好莱坞大片。

其他国家并没有借发展数字特效行业而从根本上改变本国在全球电影工业中的地位，却在事实上间接补贴了好莱坞巨头，巩固了其优势。[①]

【案例4】西方新闻传媒集团的国际化进程[②]

西方传媒集团的国际扩张开始于20世纪初，如时代华纳、新闻集团等早在20世纪二三十年代就开始了其国际化经营。但是美国传媒业国际扩张的加速发展出现在20世纪80年代以后，这一时期以来，新自由主义的兴起和美国传媒管制政策的放松、传媒技术的发展、经济全球化的宏观背景和非传媒业跨国公司的加速发展、新兴市场的开放等为传媒业的国际化创造了条件。

在此背景下，欧洲传媒业、美国传媒业分别走向了私有化和自由化。传媒业在商业化、私有化、集中化的过程中，通过自身积累、兼并等各种方式成长为实力雄厚的传媒集团。这些实力雄厚的美国传媒集团不再满足于在国内市场上的纵横，而是开始在国际市场上大肆扩张。西方传媒集团在全球化进程中同其他跨国公司一样，按照利润最大化原则进行国际扩张，在全球抢占市场，奠定自己的帝国版图，时代华纳、迪士尼、贝塔斯曼、维亚康姆、新闻集团等超级传媒集团的身影更是频频出现于跨国公司世界500强的名单里。早在1998年，调查数据就显示，传播于世界各地的

①　易莲媛. 全球好莱坞的地方化空间——印度与中国大陆的多厅影院 [J]. 文化研究，2016（3）.

②　参见：刘军. 新华网股份有限公司国际化战略研究 [D]. 合肥：安徽大学，2013.

新闻，90％以上由美国和西方国家垄断，其中又有70％是由跨国大公司控制。美国控制了全球75％的电视节目的生产和制作，许多第三世界国家的电视节目有60％～80％的栏目内容来自美国。时至今日，美国传媒集团垄断世界传媒业的状况没有根本性的变化，仍然牢牢占据着世界传媒业的霸主地位。

在经济全球化的信息时代，传媒要想做强做大就必然走国际化的道路。多年以来西方传媒集团一直控制着国际舆论，掌控着绝对的话语权。我国的传媒在影响国际对华舆论方面仍显得力不从心，因而抓紧推动国内传媒企业的国际化进程，缓解中国在国际舆论中的被动地位，成为亟待解决的战略性问题。

二、中国传媒国际合作的资源优势

传统意义的区域市场不复存在，所有媒体基本上都能面向同一个市场——全球市场，而且都能提供多种媒体产品服务。

中国具有五千年的发展史，具有丰富的文化遗存物与极具特色的文化风俗，这些文化资源成为传媒具有经济开发价值的丰富源泉。在知识经济时代，中国无疑成为世界上的"资源大国"。仅仅以传媒产业链上的旅游产业为例，中国的历史文化古迹越来越成为国际性的旅游吸引物，其潜在价值无法估量。

并且，由于许多产业将越来越依靠文化符号为其生产附加价值，文化活动从创作、制作、传播到接受，都已经具有越来越大的经济价值，中国传媒完全有机会通过国际化销售网络，实现高产出和高利润大型"规模经济"，与国际化文化传媒巨头实行跨行业多方面合作经营，以实现范围经济利润。

这里需要思考的是，我国传媒在跨国活动中需采取何种有效的运作方式，以什么价值观念进入，以及会面临怎样的世界市场结构，会遭遇哪些经济上的制约，等等。

对于我国传媒来说，品牌、版权、发行网、人才以及技术等皆是在传媒全球性战略合作中需要面对的问题。一方面，在市场驱动力下，通过政府行政性力量，对传媒结构进行有效的资源配合；另一方面，对境外相关性传媒资源进行有益吸纳。

如今欧洲一些传统大国的平面媒体都面临着自第二次世界大战以来最大的危机，而一些发展中国家如印度、巴西和中国的媒体却正在兴起。[①] 我国传媒在实施传媒全球化战略时，不仅要考虑全球的传媒布局、产业波及问题，同时也要吸取一些发展中国家的经验。

三、如何成为具有国际传达效果的文化传媒资源

中华民族文化资源丰富，如何将这些丰富的民族文化资源推广成为具备国际传达效果的传媒资源，这是值得探究的问题。

第一，中华文化是东亚文化的核心，自古以来便对周边国家形成强大的文化辐射。因此，必须整理和创作优秀的本国作品、节目、栏目、版面，注意受众本位，建构自己的传媒文化优势。建立起拥有中华各民族共同指认的文化特性（identity），因而在它们之间培育起新的、经得起现实压力和未来考验的文化向心力，是首要的难题。

文化传媒产业本质上是由智力创造所决定的，属于集约型文化经济形态，适宜对外输出。现阶段我国对外文化贸易与西方发达国家相比，一个最大的战略性差异就是：中国输出产品，西方输出版权，成本与效益呈现出截然的反差。因此，以版权产业为核心的文化产业将成为文化产业发展的主流和文化产业综合竞争力强弱的战略性标志。中国文化产业发展的国际化战略不能走低端产品发展的老路。[②] 传媒产业也是同样的道理。

第二，组建自己的传媒跨国公司，将中华文化更多地传播海外，让世界人民领略中华文化的魅力，从而扩大民族文化的发展空间。

第三，中华文化全球传播需考虑中国语言突破表意文字特性，打破语言障碍。

当今经济全球化迅猛发展，毫无疑问会对各个民族和地域的文化产生巨大的冲击，在相当程度上改变它们原有的面貌，但不同民族的各自特点包括文化差异依然会存在，它们之间需和谐共处。

---

① 法国里尔高等新闻学院 Thierry Guidee 教授于 2003 年在上海大学国际学术研讨会上发表演讲，题目是"西方媒体的发展趋向与媒体的市场化"。
② 胡惠林. 中国文化产业发展的新阶段［N］. 文汇报，2006 - 1 - 23.

【阅读资料 4】中国文化的国际传播①

网络与数字时代，中华文化全球传播内容呈现出"数字化"趋势，网络文学、动漫、游戏、网络符号等数字内容成为中华文化新的话语表达方式。

基于认同为目标的文化内容选择

从传播效果来看，中华文化在全球内容传播以及模式创新上面临着相对僵化和落后的问题，这要求中华文化传播及时搭上网络与数字传播的快道。唯有各类传播技术才可打破文化传播的单一效应，让文化实现随时随地的传播效果，冲破时空限制，将不同地域、不同国家的人们联结在一起，形成更加高效率的"文化盈余"效应，使商业价值和社会价值都得以即时呈现。互联网最大限度地拓展了时空范围，突破了物理空间对文化传播的限制。文化传播因技术达成了无国界的全球传播。

传统文化的继承、创新与发展需要打破传统文化与流行文化的二元对立，而网络与数字技术是搭建两者继承与发展的最佳支撑。

"以认同为目标的内容选择"使得科技与文化走到一起，"网络与数字＝开放共享＋共同创造"，文化资源的数字化，将使更多的人能够便捷地共享人类积累的历史文化成果。

从文化学意义上来看，科技本身也是当代文化发展中不可忽视的一种文化形态，并重度影响和重构当代文化的形态、结构和价值取向：随着人们移动性、体验性、交互性、场景性的文化需求，网络与数字技术正重构着人与人、人与信息、人与商品、人与服务间的联结，颠覆传统文化内容的生产、传播和接受模式。

基于文化共享的"新网络与数字文化"

网络与数字文化绝不是简单地把文化处理成数字和网络内容，而是一种再创造，一种全新的文化生产与传播方式，是"科技＋文化"的"新文创"，是人类创造力的延伸，是迅速达成人类与外界联结的基本交换物，是新时代中国文化符号的 IP 构建。新文创是一次文化媒介整合与文化内容适应性的创新，是不同文化之间的交融与碰撞，是一种易于流传的数字文化，是全球视野下中国的新型国家印象。

---

① 童清艳. 中国文化的国际传播还能这么玩？［EB/OL］. 文化产业评论,2019：01-07.

这种以网络数字技术为基础的科技，对文化生产、传播、接受、消费带来颠覆性变化，形成了科技传播，可以从科技视角审视文化内容创意、传播形式与传播效果，从而形成新兴的公共文化服务模式和新兴文化业态。

技术不仅是手段和平台，还带来文化演变。

技术带来了人类认知文化、社交文化和商业文明的深刻变革，技术带来了人类对现实与虚拟的重构，技术带来了主体与客体、自我与他者的新逻辑和新框架，技术形成了一种"创意者经济"的新生态，构建了包括网络游戏、文学、动漫、影视、音乐、电子竞技以及其他各类视频等在内的整个新文创体系。诸如虚拟现实 VR、增强现实 AR、全息成像、裸眼三维图形显示、交互娱乐引擎开发、互动影视等新的沉浸式技术催生新一轮文化体验革命。这些技术的发展、设备普及和内容创新，给人们的视听感官交互体验带来全面升级，并且在游戏、影视娱乐、旅游等产业最先爆发，带来新一轮的文化体验革命。

体验是连接消费者与文化产品，形成情感共鸣的关键。文化内容创作因新技术而不断颠覆受众传统的视听体验，获取崭新的视听享受。因此，体验类文化产品和技术或许成为中华文化全球代播发展的未来方向。交互体验类文化产品生产、交互体验类硬件设备、交互体验类文化媒体、交互体验类创意服务、交互体验类装备制造等体验类文化产品和技术将成为新的趋势。

基于网络与数字传播的中华文化全球影响力

文化传播作为非器物性形式传递的精神内涵，在任何形式的传播中，其内容始终是核心。中华文化最鲜明的特征是多元、开放、包容。不管什么文明，只要一进入中国，就会并入具有中国特色的生活方式。这种开放、强大的融合与创新能力，正是中国文化历久弥新的特质，而敦煌文化恰是此特质的代表。

一是科技拓展了中华文化表达的空间。新技术在描摹、记录、呈现、传播、弘扬、振兴中华传统优秀文化中，可以创造性地转化和创新性地发展，赋予文化新的生命力。

二是科技拉近人与文化的距离。现代信息技术包括计算机图形、计算机视觉、无线和移动计算、视频处理、机器人、人机交互、行为科学、材料研究等，这些研究成果将人与文化的距离拉近，3D 触感算法、魔法手环、光线追踪渲染软件、Hyperion、LED 灯通信技术等高新科技，将人类带入一个沉浸式的文化娱乐世界。

三是科技提升文化感知的温度。科技是冰冷的，文化是沉寂的，而"科技＋文化"却让文化复活、灵动起来，虚拟现实技术 AR 和 VR 等人工智能将从根本上改变人类的文化娱乐体验，也创造了更多的个性化体验。

中华文化资源丰富，灿烂的民族文化历史遗产和区域特色鲜明的民俗文化资产，在现代信息技术条件下，将原本琐碎、分散、失修的中华传统文化得到数字化保存。各类具有收集、整合、保存、开放等多功能的中华文化视觉资源库的建设，多样的大数据使文化信息传播更加具有趣味性。

网络数字技术为中华文化产品升级提供机遇，如何将优秀中华文化有效融入科技这一生产力，注入中华文化向上的力量，实现"科技＋文化"的完美融合，离不开如下思考：

文化内容的社交契合度：中华文化内容的流行度与其得以大范围社交传播有正向关联；中华文化内容趣味度与其得以大范围社交传播有正向关联，需要找到中华文化得以在社交媒体上流行的诱因，挖掘中华文化的实用性价值、公共性价值以及故事性等。

文化内容的社交分享度：中华文化内容除了要满足用户文化信息获取需求，还要能帮助用户在社交圈中刷存在感、归属感、充实感、参与感，提升用户的社交形象，活跃其社交热度，需要挖掘中华文化共享性，唤起用户传播情绪。

文化内容的社交感染度：中华文化内容能唤起用户的感同身受，产生共情，易于情绪传染，便于他人参与，方式便捷，可以实现一键式社交分享。社交化传播的目标是利用社交平台来扩张文化内容的影响力，其本质是让用户成为渠道，要实现这一点，需要为内容和用户注入社交动力。这包括内容传播的社交动力和用户参与的社交动力。一方面，内容传播除了要满足用户的知晓愿望外，还要能帮助用户在社交圈中刷存在感的同时，提升用户的社交形象，活跃社交热度。另一方面，媒体设计的参与方式应能唤起用户的感同身受，易于"传染"，参与方式便捷，可以实现一键式社交分享。

文化内容的用户可创造度：这就要求把用户作为文化新生产力嵌入文

化的生产系统，用户可以自发生产与再加工文化内容。这就需要思考用户
再创造的哪些文化内容更容易传播。让用户成为生产力，利用用户自主形
成的社群进行推广，同时进行用户资源开发。

思考题：

1. 你认为传媒产业是智力密集型产业吗？

2. 你认为中国传媒产业应如何进行全球化运营？

参 考 文 献
References

一、中文文献

1. 著作

陈威如，等. 平台战略：正在席卷全球的商业模式革命［M］. 北京：中信出版社，2013.

雷米·里埃菲尔. 传媒是什么［M］. 北京：中国传媒大学出版社，2009.

安德森. 免费：商业的未来［M］. 北京：中信出版社，2013.

保罗. 新新媒介［M］. 上海：复旦大学出版社，2014.

舍基. 认知盈余：自由时间的力量［M］. 北京：中国人民大学出版社，2012.

莫伊塞斯·纳伊姆. 权力的终结［M］. 北京：中信出版社，2013.

徐志斌. 社交红利［M］. 北京：北京联合出版公司，2013.

张国良. 传播学原理［M］. 上海：复旦大学出版社，2009.

阿芒·马特拉，米歇尔·马特拉. 传播学简史［M］. 北京：中国人民大学出版社，2008.

波德里亚. 消费社会［M］. 南京：南京大学出版社，2000.

国家体改委，等. 中国国际竞争力发展报告1997［M］. 北京：中国人民大学出版社，1998.

埃德温·曼斯菲尔德. 应用微观经济学［M］. 北京：经济科学出版社，1999.

曼昆. 经济学原理［M］. 北京：机械工业出版社，2003.

米切尔·波特. 竞争战略［M］. 北京：华夏出版社，1997.

邵培仁. 传播学［M］，北京：高等教育出版社，2000.

苏东水. 产业经济学［M］. 北京：高等教育出版社，2010.

童清艳. 传媒产业经济学导论［M］. 上海：复旦大学出版社，2007.

童清艳. 超越传媒：揭开媒介影响受众的面纱［M］. 北京：中国广播电视出版社，2002.

王旭东，史朝，吴楚克. 知识经济全书［M］. 北京：中国经济出版社，1998.

吉莉·安道尔. 理解传媒经济学［M］. 北京：清华大学出版社，2004.

周鸿铎. 中国广播电视经营管理概论［M］. 北京：国际文化出版公司，1994.

胡建绩. 产业发展学［M］. 上海：上海财经大学出版社，2008.

芮明杰. 产业经济学［M］. 上海：上海财经大学出版社，2016.

熊彼特. 经济发展理论［M］. 北京：中国画报出版社，2012.

吴信训. 新媒体与传媒经济 [M]. 上海：上海三联书店，2008.

于立宏. 资源与环境约束强化条件下重化工产业发展模式研究：资源替代的视角 [M]. 上海：华东理工大学出版社，2012.

陈威如. 平台战略 [M]. 北京：中信出版社，2013.

董观志，李立志. 盈利与成长：迪士尼的关键策略 [M]. 北京：清华大学出版社，2006.

彼得·圣吉. 五项修炼 [M]. 上海：上海三联书店，2001.

苏东水. 管理学 [M]. 北京：东方出版中心，2001.

斯蒂芬·P. 罗宾斯. 组织行为学 [M]. 北京：中国人民大学出版社，2000.

芮明杰. 管理学 [M]. 北京：高等教育出版社，2001.

童兵. 中西新闻比较论纲 [M]. 北京：新华出版社，1999.

项保华. 战略管理：艺术与实务 [M]. 北京：华夏出版社，2001.

斯蒂芬·P. 罗宾斯. 管理学 [M]. 北京：中国人民大学出版社，1997.

彭剑锋. 人力资源管理概论 [M]. 上海：复旦大学出版社，2004.

向勇. 创意领导力：创意经理人胜任力研究 [M]. 北京：北京大学出版社，2010.

沃尔夫. 娱乐经济 [M]. 北京：光明日报出版社，2001.

高振强. 全球著名媒体经典案例剖析 [M]. 北京：中国国际广播出版社，2003.

张维迎. 博弈论与信息经济学 [M]. 上海：上海人民出版社，1996.

麦奎尔. 大众传播理论 [M]. 北京：清华大学出版社，2006.

约书亚·梅罗维茨. 消失的地域 [M]. 北京：清华大学出版社，2002.

唐忠朴，等. 实用广告学 [M]. 北京：工商出版社，1981.

庾为. 广告学教程 [M]. 北京：首都经济贸易大学出版社，2017.

丁罗男. 电影观念史：新版 [M]. 上海：上海书店出版社，2015.

乔纳·伯杰. 疯传 [M]. 北京：电子工业出版社，2015.

菲利普·科特勒. 营销管理：新千年版（第 10 版）[M]. 北京：中国人民大学出版社，2001.

陈姣. 科特勒营销全书 [M]. 北京：中国华侨出版社，2013.

2. 报刊

苏培. 引导融媒体健康发展：访上海交通大学媒介素养研究中心主任童清艳 [N]. 中国社会科学报，2018 - 2 - 6.

邓建国. 机器人新闻：原理、风险和影响 [J]. 新闻记者，2016（9）.

刘世文. 新媒体和新媒体艺术 [J]. 艺术科技，2013，26（4）.

童清艳. 中国新媒体产业发展的现实议题 [J]. 新闻记者，2012（2）.

张国华，雷雳. 网络游戏体验的概念、测量及相关因素 [J]. 心理与行为研究，2016，14（3）.

仲钌霏，杜志红. UGC 时代电视媒体的被动与主动 [J]. 视听界，2013（2）.

詹正茂，赵晶. 香港上市传媒公司业务结构分析 [J]. 传媒，2006（2）.

陈曦. 创新驱动发展战略的路径选择 [J]. 经济问题，2013（3）.

郭熙保. 改变投资驱动型发展模式 [N]. 经济日报，2013 - 3 - 29（14）.

郭熙保，苏甫. 发展阶段论与投资驱动发展模式及其转变 [J]. 中南民族大学学报（人文社会科学版），2014，34（2）.

胡钰. 激发全民族文化创新创造活力. ［N］. 中国文化报, 2017 - 11 - 4.

李福荣, 王恒. 中国传媒产业资本运营发展模式探索 ［J］. 经济研究导刊, 2012 (18).

李靖华, 郭耀煌. 国外产业生命周期理论的演变 ［J］. 人文杂志, 2001 (6).

刘世文. 新媒体和新媒体艺术 ［J］. 艺术科技, 2013, 26 (4).

刘艳辉. 文化产业助力区域经济发展 ［J］. 人民论坛, 2017 (22).

彭兰. 智媒化：未来媒体浪潮：新媒体发展趋势报告 (2016) ［J］. 国际新闻界, 2016, 38 (11).

邱越. 从产品生命周期看媒体的创新发展：以《楚天都市报》为例 ［J］. 武汉理工大学学报 (社会科学版), 2005, 18 (3).

任太增. 比较优势理论与梯级产业转移 ［J］. 当代经济研究, 2001 (11).

张会恒. 论产业生命周期理论 ［J］. 财贸研究, 2004, 15 (6).

周勇, 赵璇. 大数据新闻生产的实践与反思 ［J］. 新闻与写作, 2016 (6).

丁柏铨. 传媒生态环境的变化与文化建设面临的挑战 ［J］. 西南民族大学学报 (人文社科版), 2018 (1).

彭兰. 未来传媒生态：消失的边界与重构的版图 ［J］. 现代传播 (中国传媒大学学报), 2017, 39 (1).

崔保国, 何丹嵋. 世界传播体系重构下的中国传媒发展战略机遇 ［J］. 传媒, 2017 (12).

谢清果, 杜恺健. 媒介环境学派与"技术决定论"关联的再思考 ［J］. 现代传播 (中国传媒大学学报), 2018, 40 (2).

何道宽. 媒介即文化：麦克卢汉媒介理论批评 ［J］. 现代传播 (北京广播学院学报), 2000 (6).

张成良, 甘险峰. 论融媒体形态演进与智媒时代的开启 ［J］. 中州学刊, 2017 (9).

喻国明, 张文豪. VR 新闻：对新闻传媒业态的重构 ［J］. 新闻与写作, 2016 (12).

仇筠茜, 陈昌凤. 黑箱：人工智能技术与新闻生产格局嬗变 ［J］. 新闻界, 2018 (1).

武旻, 王毅蕾. 独立科技媒体盈利模式问题研究分析 ［J］. 科技传播, 2017 (9).

张成龙. 人工智能商业逻辑初探 ［J］. 企业家信息, 2017 (2).

喻国明, 赵睿. 从"下半场"到"集成经济模式"：中国传媒产业的新趋势：2017 我国媒体融合最新发展之年终盘点 ［J］. 新闻与写作, 2017 (12).

张政、刘强：《基于社群经济的自媒体内容营销》［J］. 现代营销, 2018 (8).

王卫兵. 网红经济的生成逻辑、伦理反思及规范引导 ［J］. 求实, 2016 (8).

冯琳. 传媒消费主义视角下"网红3.0"现象的理论重构：以自媒体 Papi 酱为例 ［J］. 新闻研究导刊, 2017, 8 (20).

杨东润. VR 全景视频广告探析：以 YouTube 全景广告为例 ［J］. 传媒, 2016 (19).

黄若瑿. 虚拟现实技术对广告传播的影响：以 VR 技术在市场营销中的应用为例 ［J］. 新闻战线, 2016 (24).

张淑萍. App 广告的跨界互动创意拓展 ［J］. 传媒, 2015 (1).

马昱宇, 唐英. 微信信息流广告的传播特征及优化路径 ［J］. 青年记者, 2017 (29).

徐智, 杨莉明. 微信朋友圈信息流广告用户参与效果研究 ［J］. 国际新闻界, 2016 (5).

施琴. 社会化媒体信息流广告研究：以微信朋友圈信息流广告为例 ［J］. 传媒,

2015（17）.

严璇. 信息流广告的优势及应用［J］. 新闻战线，2018（13）.

罗晟，肖毅. 微信朋友圈信息流广告优化探索［J］. 电子商务，2016（6）.

张芳. 今日头条信息流广告推送经验及启示［J］. 新闻战线，2017（2）.

崔保国，孙平. 近十年来我国网络剧发展趋势探析［J］. 电视研究，2016（8）.

司若. 描述与分析：中国网络剧市场发展现状与趋势［J］. 当代电影，2018（6）.

蔡晴蕾. 浅析中国电影社会化媒体营销策略［J］. 中国管理信息化.2018（6）.

峻冰. 论世界电影史的分期问题（1895 年以来）：在"互联网＋"与新媒体时代语境下
　　［J］. 西南民族大学学报（人文社会科学版），2018（10）.

韩晓强. Cinema 2.0 时代的电影经验［J］. 电影艺术，2018.

孙江华，王思雅. VR 时代在家看院线电影的可行性研究［J］. 当代电影，2017（8）.

刘畅. 虚拟现实技术与电影理论的未来构建［J］. 传媒，2017（14）.

李侃. 弹幕电影：媒介与艺术的博弈与融合 论媒介语境下电影弹幕的三次生成［J］. 北
　　京电影学院学报，2018（2）.

顾杨丽. 互联网时代国产动画电影的"IP＋"之路［J］. 当代电影，2018（5）.

崔小娟. 主旋律电影商业化转型路径探索——以电影《战狼 2》为例［J］. 出版广
　　角，2017（21）：72 - 74.

徐晓眉. 对偶像养成真人秀产业模式的思考——以韩综《PRODUCE 101》为例［J］. 今
　　传媒，2017（25）.

冷淞，张丽平. 网络综艺节目的创新发展、营销传播与价值解析［J］. 电影评介，
　　2017（17）.

刘家楠. 网络综艺节目多元创收策略研究［J］. 西部学刊，2018（04）.

刘晗. 以数字化营销促品牌升级与行业转型［N］. 中国新闻出版广电报，2018 - 10 -
　　23（004）.

卢家银，段莉. 孤儿作品版权保护的三大模式评析［J］. 编辑之友 2016（1）.

朱鸿军. 冲突与调适：微信空间版权正当性的反思［J］. 国际新闻界 2016，（12）.

郝苗苗. 从"美剧下架"审视视频网站版权运营策略［J］. 今传媒：学术版，2015（4）.

崔国斌. 认真对待游戏著作权［J］. 知识产权，2016（2）.

马世钰，吴以源，刘东奥. 网络游戏直播的著作权问题：由"耀宇诉斗鱼案"引发的思
　　考［J］. 法制与社会，2017（10）.

李文怡. 全版权运营模式初探［J］. 出版广角，2018（4）.

张雨涵，严功军. 上海迪士尼乐园传播策略分析［J］. 新闻界，2016（24）.

李娜. 浅析国内主题公园的发展现状及趋势［J］. 魅力中国，2017（12）.

童清艳. 中国影视旅游兴起、问题、前景［J］. 徽商旅游，2015（4）.

童清艳. 战略下的中国传媒产业组织结构的重塑［J］. 当代财经，2003（12）.

张如凯，任桐，程德俊. 媒体融合背景下的传媒明星员工管理［J］. 视听界，2018（04）.

林颖. 报业全媒体采编绩效考核四大趋势［J］. 中国传媒科技，2015（01）.

余莉，袁智敏，计景妍，施剑平，范金慧.4K 超高清电视节目运营模式现状研究［J］.
　　现代传播（中国传媒大学学报），2017,39（02）.

张天培. 国外媒体付费阅读模式的新探索［J］. 新闻战线，2018（5）.

童清艳，王卓铭. 中国传媒并购行为动因及风险规避［J］. 新闻记者，2006（03）.

童清艳. 当代中国博弈行为分析［J］. 新闻记者，2003（10）.

徐敬宏，程雪梅，胡世明. 知识付费发展现状、问题与趋势［J］. 编辑之友，2018（05）.

崔保国，郑维雄，何丹崛. 数字经济时代的传媒产业创新发展［J］. 新闻战线，2018（11）.

童清艳. 智媒时代我国媒体融合创新发展研究［J］. 人民论坛·学术前沿，2018（10）

易莲媛. 全球好莱坞的地方化空间——印度与中国大陆的多厅影院［J］. 文化研究，2016（3）.

3. 网络资源

虚拟现实（VR）技术特点介绍与发展历程详解［OL］，http：//www. askci. com/news/chanye/2015/11/24/151122qjfz＿2. shtml.

太平洋电脑网. 谷歌 AI 版"你画我猜"刷屏朋友圈. 背后是这样原理 EB/OL］.［2018‐10‐29］https：//baijiahao. baidu. com/s? id＝1606399769189443062&wfr＝spider&for＝pc.

网络传播杂志. 关于县级融媒体中心，22 位传媒大咖奉上干货！［EB/OL］. https：//www. sohu. com/a/277068425＿181884.［访问时间：2018‐10‐22］

百度百科：可穿戴设备［EB/OL］，https：//baike. baidu. com/item/可穿戴设备/5968591? fr＝aladdin

百家号. 史上首档"强人工智能"新闻栏目诞生，主持人是微软小冰［EB/OL］.［2018‐11‐26］http：//baijiahao. baidu. com/s? id＝1569157644219344&wfr＝spider&for＝pc.

区块链见闻. 区块链有这 3 大特点，你都知道吗？［EB/OL］.［2018‐6‐4］http：//qkljw. com/article/2033. html.

芮明杰. 产业发展理论演进以及我的研究历程［EB/OL］.［2018‐11‐16］https：//www. sohu. com/a/213120507＿466843.

抖音与人工智能审核，让你浏览无忧：https：//cloud. tencent. com/developer/news/249639.

出版是否要步入人工智能新时代？http：//www. chinaxwcb. com/2017‐12/28/content＿365562. htm.

中华精选. 起底《创造 101》：疯狂资本豪赌中国偶像产业［EB/OL］. https：//baijiahao. baidu. com/s? id＝1605429484114274230&wfr＝spider&for＝pc，2018‐7‐8.

网红经济到底能走多远？https：//finance. ifeng. com/a/20180518/16334451＿0. shtml

钛媒体. 上海报业大力变革：东方早报停刊，澎湃新闻引进 6.1 亿元国有战略投资. http：//www. tmtpost. com/2551368. html.

点击量上百亿，揭秘优质网络自制剧如何盈利：http：//www. sohu. com/a/148716510＿730713.

全媒派.200 多档真人秀在中国"野蛮生长"，明星与卫视开启"互虐模式"［EB/OL］.［2019‐09‐22］https：//mp. weixin. qq. com/s/8xceEyWlYZb4mNbU＿mQ5DQ,20151210.

2018 综艺行业调研报告［EB/OL］.［2019‐08‐12］http：//wemedia. ifeng. com/

93750570/wemedia. shtml. 20181218.

宋彤彤，彭侃. 从渠道到内容从内容到生态：网络综艺的变革与转型［EB/OL］.［2019 -
09 -22］https：//mp. weixin. qq. com/s/bDKUxrC-XEDPNj5xXMOgXw. 20180216.

网络综艺投资报告：一篇文章读懂"娱乐至死"新时代［EB/OL］.［2019 - 09 - 22］
https：//36kr. com/p/5045166. html. 20160328.

章琰. 网络综艺节目崛起十年，改变的不仅仅是生活方式［EB/OL］.［2019 -
09 -22］http：//media. people. com. cn/n1/2017/1121/c40606 - 29657782. html. 2017
1121.

程征.《南方周末》的品牌理念［EB/OL］.［2019 - 09 - 23］http：//media. people. com. cn/
GB/40628/11195536. html. 20100322.

佚名. 企业版权价值评估［EB/OL］.［2019 - 09 - 24］https：//www. 66law. cn/
topic2010/bqpg/80047. shtml.

中国网. 音乐涉嫌抄袭法律人士称目前尚没"法"界定［EB/OL］.［2019 -09 -24］
http：//www. china. com. cn/chinese/MATERIAL/1167897. html.

最极客，拿下世界杯版权跨界请解说，优酷准备发力体育内容了？［EB/OL］.［2019 -
09 -24］https：//mp. weixin. qq. com/s/IQvOermmomAvxYzotJmDeg.

周玲. 英特尔：5G 网络将为传媒与娱乐产业带来 1.3 万亿美元营收［EB/OL］.［2019 -
03 -22］https：//www. thepaper. cn/newsDetail _ forward _ 2529867

凤凰资讯. 走进怀柔影视城 畅游电影嘉年华.［EB/OL］.［2019 - 03 - 22］http：//news.
ifeng. com/a/20170420/50969168 _ 0. shtml.

执惠旅游. 横店影视城运营核心点全公开.　［EB/OL］.［2019 - 09 - 24］http：//k. sina.
com. cn/article _ 5177555999 _ 1349b3c1f001004wad. html

潘元俊. 职业经理人如何面对心理问题［EB/OL］.［2006 - 10 - 26］http：//ishare. iask.
sina. com. cn/f/31Gu1fOj3Jb. html.

北京普尔摩企管顾问有限公司培训部. 职业经理人的八项能力［EB/OL］.［2019 -
09 -24］http：//info. ceo. hc360. com/2004/10/2808247304. shtml.

麦东东. 互联网产品经理的工作职责［EB/OL］.［2019 - 04 - 27］http：//www.
woshipm. com/pmd/132348. html.

量子位. 字节跳动架构首次曝光：张一鸣领衔 14 大将 106 位高管［EB/OL］.［2019 - 09 - 23］
https：//tech. sina. com. cn/csj/2019 - 04 - 07/doc-ihvhiqax0462587. shtml

娱乐圈速报.《奇葩说》下架一周后，创始人马东成为了最会赚钱的人［EB/OL］.
［2019 -09 -23］http：//baijiahao. baidu. com/s？id＝1598086334748283721&wfr＝
spider&for＝pc.

关于米未和《奇葩说》，马东总结了他的 12 条内容创业心得［EB/OL］.［2019 - 09 - 23］
http：//baijiahao. baidu. com/s？id＝1598086334748283721&wfr＝spider&for＝pc.

P迪. 互联网的那点事：《张小龙：创新的生命力来自于不满与反抗》［EB/OL］.
［2019 -09 -23］http：//www. alibuybuy. com/posts/84856. html.

界面新闻. 今日头条张一鸣：科技企业的创新与责任.　［EB/OL］.［2019 - 09 - 23］
https：//baijiahao. baidu. com/s？id ＝ 1595542336653511316&wfr ＝ spider&for ＝
pc.

财新网. 纽约时报掌门人披露新闻付费阅读迅猛增长秘密［EB/OL］.［2019 - 09 - 23］
　　http：//international. caixin. com/2018 - 11 - 16/101347848. html.

中国出版传媒商报. 主流媒体线上付费阅读渐成气候［EB/OL］.［2019 - 09 - 23］http：//
　　www. cnepaper. com/zgtssb/html/2018 - 11/30/content _ 1 _ 3. html.

陈中原. 试论我国传媒的幼稚产业政策［EB/OL］.［2019 - 09 - 23］http：//media.
　　people. com. cn/GB/40628/3232153. html.

吴征. 媒体业发展趋势与新媒体的文化使命［EB/OL］.［2019 - 09 - 23］http：//tech.
　　sina. com. cn/it/t/66496. shtml.

4. 其他

抖音研究报告，2018 年 9 月.

彭兰：《智媒来临与人机边界：2016 中国新媒体发展报告》.

［美］阿尔巴朗有关传媒经济课程讲义. 见上海交通大学传媒 EMBA 课件，2005 年 4 月.

盛大文学全版权运营模式研究，第三届数字时代出版产业发展与人才培养国际学术研讨
　　会，2012 年.

游小俪. 基于游客感知的主题公园吸引力研究［D］. 广州：广东外语外贸大学，
　　2018 年.

中国国家标准《主题公园服务规范》(GB/T 26992 - 2011).

二、英文文献

Chao-Chen, Lin. Convergence of new and old media：new media representation in
　　traditional news［J］. Chinese Journal of Communication，2013，6（2）：183 - 201.

Chatzichristodoulou, Maria. New Media Art, Participation, Social Engagement and Public
　　Funding［J］. Visual Culture in Britain，2013，14（3）：301 - 318.

Miller, William J. We Can't All Be Obama：The Use of New Media in Modern Political
　　Campaigns［J］. Journal of Political Marketing，2013，12（4）：326 - 347.

Noor Al-Deen H S, Hendricks J A. Social Media and Strategic Communications［J］. Social
　　Media and Public Relations，2013，10.1057/9781137287052.

Hollander E H. D. McQuail. McQuail's Mass Communication Theory［M］. London：
　　Sage，2002.

Lin C C. Convergence of New and Old Media：New Media Representation in Traditional
　　News［J］. Chinese Journal of Communication，2013，6（2）：183 - 201.

Silverstone R. Television and Everyday Life［M］. Routledge，1994.

Moran A，Keane M. Introduction：The Global Flow of Creative Ideas［J］.
　　Continuum，2009，23（2）：107 - 114.